누구나
생은
처음이니까

하나님의 마음 만짐

| 소강석 지음 |

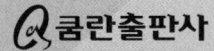
쿰란출판사

서문

　인생을 살다 보면 이해되지 않는 일들이 일어날 때가 있습니다. 사람들이 승승장구할 때는 스스로가 똑똑하고 능력이 있어서 일이 잘 풀린다고 생각합니다. 하지만 뜻밖의 고난이 닥치면 어찌할 바를 모르고 절망하고 길을 잃어버립니다. 왜 이런 일들이 벌어지는 것일까요? 우리가 진정으로 하나님을 만나지 못하고, 붙잡혀 있지 못하기 때문입니다.

　하나님은 길이 끝나는 곳에서 새 길을 만들고, 벽에서조차 길을 만드시는 분이십니다. 우리가 길을 만드는 게 아닙니다. 우리는 그저 하나님이 만들어 놓으신 길을 발견하는 존재에 불과합니다. 이런 하나님의 사랑에 감격하여 날마다, 시간마다 찬양과 경배를 드려도 조금도 넘치는 것이 없습니다. 이 지극히 기본적인 진리를 깨달을 때 우리는 어떤 순간에도 절망하지 않고 하나님이 만들어 주신 길을 찾아 나설 수 있습니다.

　코로나를 거치면서 마음이 황폐해지고 절망에 빠져 신음하고 있는 사람들이 많습니다. 아니, 삶의 목적을 잃어버리고 어디로 갈지 몰라 방황하며 순간적인 욕망과 쾌락의 늪에 빠져 살기도 합니다. 다시 하나님께로 돌아가야 합니다. 절망이 깊어질수록 1퍼센트의 가능성이라도 남아 있을 때, 하나님을 찾아야 합니다. 아니, 상처 입은 마음을 어루만져 주시는 하나님의 손길을 느껴야 합니다. 그럴 때 다시 일어나 걸어갈 수 있습니다. 아무리 힘든 고난과 절망의 절벽 끝에 서게 될지라도, 우리의 차가운 마음을 어루만져 주시는 부드럽고 따뜻한 '하나님의 마음 만짐'을 느낄 수 있다면 다시 희망이 생겨날 것입니다.

　누구나 인생은 처음이기에 서툴고 아프고 힘겹기도 합니다. 이 책이 상처와 절망에 빠져 힘들어하는 이들에게 '하나님의 따스한 마음 만짐'을 느끼게 하는 책이 되었으면 좋겠습니다. 길을 잃은 사람들이 다시 길을 찾고 절망의 하늘에 희망의 연을 날리기를 소망합니다.

　하나님은 길을 만드시고 절망을 희망으로 바꾸시는 분이십니다. 지금도 우리의 상한 마음을 어루만져 주시는 분이십니다. 그 하나님의 손길을 경험하고 사랑과 희망의 삶을 살아가기를 원합니다.

　언제나 저의 목회사역을 응원하고 기도해 주시는 새에덴의 장로님들과 성도님들, 믿음의 어머니 정금성 권사님, 배정숙 사모, 원고 교정을 위해 수고해 준 홍종화 전도사님, 쿰란출판사 이형규 장로님께 감사드립니다. 우리의 상한 마음을 어루만져 주시는 하나님께 모든 영광 올려 드립니다.

2023년 9월 1일
소강석 목사(새에덴교회)

차례

서문 ··· 2

1. 힘들다고 말해도 괜찮아 ··· 7
2. 누구나 생은 처음이니까 ··· 25
3. 소중한 사람이 아프게 할 때 ··· 41
4. 그리움이 당신을 아프게 하나요? ··· 59
5. 거울아, 누가 제일 예쁘지? ··· 77
6. 내가 싫어질 때가 있나요? ··· 93
7. 누가 나를 위로해 주나 ··· 110
8. 너를 사랑이라 부른다 ··· 127
9. 내 인생의 버킷리스트 ··· 145

10. 마음에 돌덩이가 있나요?	··· **161**
11. 기대하지 말 것을 기다린 이유	··· **177**
12. 외로워야 길을 떠난다	··· **194**
13. 당신을 위한 분노 처방전	··· **211**
14. 당신의 10할은 무엇인가요?	··· **227**
15. 겨울, 생의 마지막 계절	··· **243**
16. 길이 끝나는 곳에서 새길을 열라	··· **265**
17. 절망의 바람에 희망의 연을 날려라	··· **280**

1.
힘들다고 말해도 괜찮아

그러나 사람이 넘어질 때에 어찌 손을 펴지 아니하며 재앙을 당할 때에 어찌 도움을 부르짖지 아니하리이까 고생의 날을 보내는 자를 위하여 내가 울지 아니하였는가 빈궁한 자를 위하여 내 마음에 근심하지 아니하였는가 내가 복을 바랐더니 화가 왔고 광명을 기다렸더니 흑암이 왔구나 내 마음이 들끓어 고요함이 없구나 환난 날이 내게 임하였구나 나는 햇볕에 쬐지 않고도 검어진 피부를 가지고 걸으며 회중 가운데 서서 도움을 부르짖고 있느니라 나는 이리의 형제요 타조의 벗이로구나 나를 덮고 있는 피부는 검어졌고 내 뼈는 열기로 말미암아 탔구나 내 수금은 통곡이 되었고 내 피리는 애곡이 되었구나(욥 30:24-31)

내려올 때 추락을 조심해야

강지윤 씨가 쓴 《괜찮아, 힘들다고 말해도 돼》라는 책에 보면 이런 내용이 나옵니다.

"왜 많은 사람들이 기쁜 일은 쉽게 말하면서도 힘든 일은 이야기하지 않는 걸까요? 최대한 티 내지 않는 게 잘한 행동이고 성숙한 태도라고 생각하는 거지요. 하지만 그렇게 마음에 숨겨놓은 부정적인 감정들은 어떻게 될까요? 마음 가장 밑바닥에 차곡차곡 쌓이면서 결국에는 폭발하게 될 거예요."

우리는 좋은 일, 기쁜 일은 쉽게 말하는데, 힘든 일, 고통스러운 일, 상처받은 일은 좀처럼 이야기하려고 하지 않습니다. 혼자 마음에 쌓아놓고 드러내려고 하지 않습니다. 그러다 보면 칼 융이 말한 대로 우리 내면의 지하실에서 울고 있는 어린아이의 울음소리와 신음이 더 크게 들리게 되고 말 것입니다.

독일의 유명한 여류 소설가 루이제 린저가 쓴 《생의 한가운데》라는 장편 소설이 있습니다. 거기 보면 남자 주인공 슈타인이 암에 걸려 죽음이 임박하자 자신이 사랑했던 여자 니나에게 보낸 일기와 편지를 소개하면서 소설은 시작됩니다.

남자 주인공은 대학교수이며 의사입니다. 그런데 그가 18년 동안 사랑했던 여인 니나에게 마지막 편지를 보냅니다. 남자 주인공 슈타인은 니나라는 소녀를 처음 만났을 때부터 계속해서 사랑의 일기를 써왔습니다.

그런데 사랑하는 여자 니나는 자기보다 스무 살이나 어립니다. 그는 니나가 소녀 때부터 성년으로 성장하는 과정을 옆에서 18년 동안이나 지켜봅니다. 이렇게 지켜보면서 니나를 진정으로 사랑하지만,

그녀와 결혼을 하지는 못합니다.

오히려 슈타인은 사랑하는 여자 니나가 다른 남자와 연애하며 다른 남자의 아이를 임신하는 모습을 지켜봐야 했습니다. 그리고 또 다른 남자와 결혼하는 모습도 지켜봤습니다. 그러다 사랑하는 여인이 자살 시도를 할 때 자살하지 못하도록 도와주기까지 합니다.

그토록 니나를 사랑했지만, 슈타인은 아무것도 할 수 없었습니다. 그저 그녀를 지켜만 보면서 한숨을 짓고 사랑의 아픔과 슬픔을 녹여 내기만 했습니다. 그러다 슈타인은 암에 걸려 죽게 되었습니다. 그래서 죽음을 앞두고 지나온 삶을 통찰하며 고통스러운 운명을 받아들입니다. 마침내 그는 니나에게 "내가 18년 동안 그대를 사랑했다"는 편지를 보냅니다.

그리고 지금까지 써왔던 사랑의 일기장을 다 보냅니다. 그때 슈타인은 드디어 마음의 해방과 자유를 얻으며 죽습니다. 작가는 그것이 슈타인의 해방이고 자유이고 구원이라고 말합니다. 그러나 정작 슈타인은 얼마나 가슴 아프고 슬픈 삶을 살았겠습니까? 참으로 슬프기만 한 애정 소설입니다.

그니미 마지막 죽음을 앞두고서라도 그녀를 사랑했다는 고백의 편지를 보내고 일기장까지 보내서 하고 싶은 얘기를 했다고 할 수 있습니다. 하지만 만약 자신이 죽거나 상대방이 죽어버린다면 사랑을 고백하고 싶어도 어떻게 할 수 있겠습니까? 이런 말씀을 드리다 보니 문득 제 시가 떠올랐습니다. "호랑이6"이라는 시입니다.

평생 고백하고 싶은 말을 / 당신의 무덤 앞에서 하네요
당신은 포효하는 범 같다고 / 절대로 그럴 존재가 아니라 하여도
나에게도 여린 순정이 있었어요

당신이 살아 있을 적에 하고 싶었던 고백,
당신의 무덤 앞에서야 호피가죽을 벗고 / 사랑을 고백해요
당신을 진정으로 사랑했습니다
일어나보니 너무 아쉬운 꿈이었어요.

시이긴 하지만 얼마나 슬픈 사랑입니까? 그런데 이렇게 되면 삶이 두 가지 형태로 바뀔 수 있습니다. 첫째는 인생이 망가질 대로 망가집니다. 둘째로 그것이 아니면 사나워질 대로 사나워지게 됩니다.

아프리카 야생동물 가운데 가장 사나운 동물은 사자나 표범이 아니라고 합니다. 현지인들이 꼽은 가장 사나운 동물은 임팔라라고 합니다. 임팔라가 보통 때는 얼마나 온순하고 연약한지 모릅니다. 그래서 임팔라는 아프리카에서 표범이나 사자에게 가장 손쉬운 사냥감입니다.

그런데 어쩌다 무리에서 이탈하면 이 임팔라가 매우 사납게 변한다고 합니다. 임팔라는 무리에서 이탈을 하는 순간 스스로 소외감을 느낀다는 겁니다. 그 소외감이 빨리 무리를 찾는 본능으로 바뀌어야 하는데 갑자기 사나운 행동을 하게 된다는 겁니다.

어떤 짐승이 나타나도 가시 돋친 뿔을 저돌적으로 들이대기 시작합니다. 그렇게 미친 듯이 뿔을 들이대면 사자나 표범이 사냥을 시도하다가 피해버린다고 합니다. 이놈들은 사나워지면 사랑하는 임도 팔아먹습니다. '임 팔라.'

사람 가운데도 그런 사람들이 많습니다. 보통 때는 임팔라처럼 얼마나 온순하고 선한지 모릅니다. 그런데 나쁜 상황으로 인해 중압감을 느끼고 악에 받칠 때가 있습니다. 그러면 임팔라처럼 보이는 대로 들이받습니다. 함부로 말하고, 함부로 행동합니다. 누구 눈치도 보지 않습니다. 왜 그런 줄 아십니까? 자신이 받은 아픔 때문에 그런 겁니다.

　이런 현상은 결코 좋은 것이 아닙니다. 그래서 힘들면 힘들다고 말하는 것이 좋습니다. 슬프면 슬프다고 말하는 게 좋습니다. 아프면 아프다고 말하는 것이 좋단 말입니다.

욥의 추락과 탄식의 애가

　성경을 보니까 욥도 정말 힘든 생을 버티고 있었습니다. 욥은 얼마나 착하고 명예스러운 사람인지 모릅니다. 그런데 그 순하고 착한 욥이 무너지자 사람들이 들이받기 시작합니다. 이렇게 들이받히고 저렇게 들이받히자 욥도 자기 현실을 탄식하고 있습니다.

　그 현실을 탄식하는 내용이 욥기 30장에 나옵니다. 과거에 욥은 부자로 잘살았습니다. 공동체의 중심에서 정상에 우뚝 선 삶을 살았습니다. 그러나 한순간에 모든 것이 무너져 하류민이 되어 과거를 회상하고 있습니다. 과거에 욥은 어려운 사람을 만나면 격려하고 용기를 주는 사람이었습니다. 그뿐 아니라 불행한 사람에게 희망을 주기도 했습니다.

　그런데 이제는 상황이 반전되면서 자신에게 격려를 받았던 사람들에게 비웃음을 받는 사람으로 전락하고 말았습니다. 절대로 무너지지 않을 것 같던 욥이 무너져 비웃음의 대상이 되고 있단 말입니다.

　욥은 그간 모았던 모든 재물이 날아갔습니다. 자식들 모두가 죽었습니다. 건강도 무너져 질병 가운데 있습니다. 하나밖에 없는 아내도 그러한 욥의 모습을 보고 떠나버리고 말았습니다. 그의 명성과 권위는 밑바닥으로 떨어져 버렸습니다.

욥기 29장을 보면, 욥이 친구들의 변론을 풍자하면서 예전의 행복한 시절이 돌아오기를 원하고 있습니다. 과거에는 하나님이 자신의 장막에 기름을 발라 주셨다고 고백합니다(욥 29:1-4). 그래서 젊은 이들이 자신을 둘러쌌고, 성문에 나가면 거리에 자기 자리를 마련할 정도였다는 겁니다.

> **욥 29:5-7** 그때에는 전능자가 아직도 나와 함께 계셨으며 나의 젊은 이들이 나를 둘러 있었으며…그때에는 내가 나가서 성문에 이르기도 하며 내 자리를 거리에 마련하기도 하였느니라

자기가 나타나면 젊은이들은 어려워하며 숨고, 노인들은 일어나고, 유지들은 입을 손으로 가렸다는 것입니다.

> **욥 29:8-9** 나를 보고 젊은이들은 숨으며 노인들은 일어나서 서며 유지들은 말을 삼가고 손으로 입을 가리며

그리고 그때는 망하게 된 자도 자신을 축복하였다고 고백합니다.

> **욥 29:13** 망하게 된 자도 나를 위하여 복을 빌었으며 과부의 마음이 나로 말미암아 기뻐 노래하였느니라

그뿐입니까? 자신은 맹인의 눈도 되고 다리 저는 자의 다리도 되고 송사도 돌봐주었다고 고백하고 있습니다. 항상 이웃을 돌봐주는 삶을 살았다는 것입니다.

욥 29:14-15 내가 의를 옷으로 삼아 입었으며 나의 정의는 겉옷과 모자 같았느니라 나는 맹인의 눈도 되고 다리 저는 사람의 발도 되고

그랬던 욥이 30장에 와서는 지금은 아니라는 겁니다. 자신에게서 모든 명예가 사라졌고, 육신의 건강마저 잃어버렸기에 너무 비참하기 짝이 없다는 겁니다. 젊은 사람들마저 자신을 비웃는다고 이야기하고 있습니다.

욥 30:1 그러나 이제는 나보다 젊은 자들이 나를 비웃는구나 그들의 아비들은 내가 보기에 내 양 떼를 지키는 개 중에도 둘 만하지 못한 자들이니라

욥은 이제 비웃음거리가 되었습니다. 나이 어린 불량배와 애송이들의 조롱거리가 되었습니다. 누구나 추락하면 이렇게 됩니다. 한때는 그렇게 명성이 자자했던 연예인, 정치인, 심지어는 종교인까지 올라갈 때는 힘들게 올라가고 신나게 올라갑니다. 그러나 정신 차리고 있지 않으면 어느 순간 자신도 모르게 사정없이 추락합니다.

세계 최초로 혼자서 에베레스트를 무산소로 등정하여 성공한 라인홀트 메스너라는 사람이 있습니다. 그는 히말라야 14좌를 세계에서 처음으로 완등한 사람입니다. 그가 《죽음의 지대》라는 책을 썼는데 그가 뭐라고 말한 줄 아십니까? 올라갈 때는 죽지 않는다는 겁니다. 그런데 문제는 내려오다 죽는다는 것입니다.

그래서 그에게 내려오면서 죽지 않는 비결이 뭐냐고 물었더니, 경건함을 잃지 말라고 답했습니다. 하산할 때 경건함만 잃지 않으면 죽지 않는다는 겁니다. 그러나 하산하면서 경건함을 잃는 순간 인간

1_ 힘들다고 말해도 괜찮아

은 죽음으로 추락할 수 있다는 겁니다. 얼마나 귀한 교훈입니까?

우리가 때로 높아질 때가 있습니다. 그때도 아름다워야 합니다. 그러나 그게 쉽지 않습니다. 인간은 조그마한 권력을 가지고도 목에 힘을 주고 큰소리를 빵빵 칩니다. 그러나 그 조그마한 힘과 권력도 유연하게 잘 써야 합니다.

그러다 사람은 반드시 내리막길을 내려올 때가 있습니다. 그때는 내리막길을 조심해야 한다는 겁니다. 그러지 못하면 반드시 추락하게 돼 있습니다. 그리고 그렇게 추락하면 사람들의 조롱을 받게 됩니다.

욥의 일그러진 자화상

욥이 그랬습니다. 욥은 부자로 살고 명예롭게 살았는데 추락하자마자 그의 양 떼를 지키는 개보다 못한 사람들이 조롱하고 있습니다. 밑바닥 인생들이 욥을 조롱하고 있습니다.

> **욥 30:8-9** 그들은 본래 미련한 자의 자식이요 이름 없는 자들의 자식으로서 고토에서 쫓겨난 자들이니라 이제는 그들이 나를 노래로 조롱하며 내가 그들의 놀림거리가 되었으며

그런데 그들이 어떤 사람들입니까? 한때는 욥에게 신세를 진 사람들입니다. 욥의 도움 없이는 못 살던 사람들이었습니다. 그러나 욥이 망하니까 욥을 조롱거리로 삼고 있습니다. 하나님이 한 번에 사람을 낮추시면 그가 어떤 존재가 되는 줄 아십니까? 껌 같은 존재가 됩니다.

욥도 그 당시에는 사람들에게 매일 껌처럼 씹혔습니다. 그래서 욥

은 오늘 본문에서 이렇게 고백합니다.

> 욥 30:28 상 나는 햇볕에 쬐지 않고도 검어진 피부를 가지고 걸으며…

> 욥 30:30 나를 덮고 있는 피부는 검어졌고 내 뼈는 열기로 말미암아 탔구나

햇볕에 쬐지 않고도 자신을 덮고 있는 피부가 검어졌을 뿐 아니라 뼈가 열기로 말미암아 타버렸다는 것입니다.
그래서 자신의 수금은 통곡이 되었고, 자신의 피리는 애곡이 되었다고 고백합니다.

> 욥 30:31 내 수금은 통곡이 되었고 내 피리는 애곡이 되었구나

그뿐 아니라 그는 침 뱉음까지 당합니다. 욥이 악성 피부병에 걸려 괴사가 되니까 그 흉측한 광경을 보고 사람들이 그의 얼굴에 침을 뱉고 도망가는 겁니다.

> 욥 30:10 그들이 나를 미워하여 멀리하고 서슴지 않고 내 얼굴에 침을 뱉는도다

그래도 욥은 참았습니다. 끝까지 하나님을 의지하고 하나님을 찬양했습니다. 왜 그런 줄 아십니까? G. E. 그라프에 의하면, 욥 안에 예수 그리스도의 인격이 내재하고 있었기 때문이라는 것입니다. 하

지만 욥도 사람인지라 누군가의 위로가 필요했습니다. 그럼에도 어느 누구도 욥을 도와줄 사람이 없었습니다.

> **욥 30:13** 그들이 내 길을 헐고 내 재앙을 재촉하는데도 도울 자가 없구나

삶이 힘들고 아플 때 해야 할 일

우리도 살다 보면 이렇게 될 때가 있습니다. 정말 우리의 삶이 힘들고 슬픈 환경에 처할 때가 있습니다. 이럴 때 우리는 어떻게 해야 할까요? 당연히 힘들다고 말해야 합니다. 당연히 아프다고 말을 해야 합니다. 물론 순서는 있습니다.

1) 먼저 하나님께 토로하는 기도를 해야 합니다.

욥이 그랬습니다. 그는 자신이 재앙을 당할 때 어찌 하나님께 도움을 부르짖지 않겠느냐고 고백하고 있습니다.

> **욥 30:24** 그러나 사람이 넘어질 때에 어찌 손을 펴지 아니하며 재앙을 당할 때에 어찌 도움을 부르짖지 아니하리이까

우리는 욥기 전체에서 욥이 하나님께 제발 좀 자기를 도와달라고 부르짖는 것을 종종 보게 됩니다. 그는 특별히 자신이 단련을 받은 후에 순금같이 나오게 된다는 약속의 말씀을 믿고 계속 하나님의 도우심을 갈구하였습니다.

욥 23:10 그러나 내가 가는 길을 그가 아시나니 그가 나를 단련하신 후에는 내가 순금같이 되어 나오리라

그러다 마침내 그는 하나님을 만났습니다. 그런데 그 하나님은 어떤 하나님이었습니까? 과거에는 귀로만 들었던 하나님이었는데 이제는 눈으로 뵈올 수 있는 하나님이었습니다.

욥 42:5 내가 주께 대하여 귀로 듣기만 하였사오나 이제는 눈으로 주를 뵈옵나이다

그러므로 우리도 슬픈 일을 당할 때 꾹 참지만 말고 하나님께 힘들다고 고백하는 것이 좋습니다. 시편 기자도 이렇게 말씀하지 않습니까?

시 62:8 백성들아 시시로 그를 의지하고 그의 앞에 마음을 토하라 하나님은 우리의 피난처시로다 (셀라)

그럴 때 하나님께서 뭐라고 응답하십니까? "그래, 나에게는 힘들다고 말해도 괜찮아. 내가 너의 고통을 알고 슬픔을 안다. 그러니 오늘 내가 너의 눈물을 닦아줄 것이다. 너의 기도를 응답해 줄 것이다. 너는 고아가 아니라 내 아들이니까."

♪ 너는 내 아들이라 오늘날 내가 너를 낳았도다
너는 내 아들이라 나의 사랑하는 내 아들이라

구약성경에 나오는 한나라는 여인의 이야기를 아십니까? 한나 하면 어떤 여인의 이미지가 떠오릅니까? 마음 착하고 온유하고 얼굴도 예쁘고 믿음도 좋은 매우 유복하고 현숙한 여인, 그런 이미지가 떠오르지 않습니까?

게다가 남편에게 얼마나 사랑을 많이 받았는지 모릅니다. 그러나 그녀에게는 딱 한 가지가 없었습니다. 바로 자녀가 없었습니다. 남편이 아무리 자신을 사랑해 줘도 잉태가 안 되는 겁니다. 당시는 아무리 얼굴이 예쁘고 남편에게 사랑을 받는 여자라 할지라도 자녀를 낳지 못하면 저주를 받은 것으로 간주되었습니다.

그런데 더 화가 나는 것은 남편이 브닌나라는 첩을 얻었는데 이 여자는 첩이 된 지 몇 주도 되지 않아 입덧을 하기 시작하는 겁니다. 게다가 아들을 한둘만 낳는 게 아니었습니다. 줄줄이 낳았습니다. 그러니 브닌나가 얼마나 한나를 무시했겠습니까?

브닌나가 얼마나 한나를 무시하고 못되게 구는지, 기회만 생기면 가족 모임에서 이런 말을 해대는 겁니다. "아이를 못 낳는 여자가 무슨 여자야? 얼굴만 예쁘다고 여자야? 아이를 잘 낳아야 여자지!"

그러니 한나가 얼마나 스트레스를 받고 속이 상했는지 오장육부가 다 뒤집어지는 것 같았습니다. 그래서 한 번은 성전에 올라가 하나님께 자신의 마음을 토하는 기도를 드리기 시작한 겁니다. 그런데 성전에 가서까지 이 여자가 자신의 자존심을 건드려대지 않겠습니까.

그래서 한나는 하나님의 성전에 들어가 소리는 내지 않았지만 간절히 기도했습니다. 오죽하면 엘리 제사장이 그걸 보고 술 취한 여자가 와서 기도하는 것처럼 생각했겠습니까?

> **삼상 1:13** 한나가 속으로 말하매 입술만 움직이고 음성은 들리지 아니하므로 엘리는 그가 취한 줄로 생각한지라

한나는 술을 먹고 기도한 게 아니라 여호와 앞에 심정을 쏟아놓는 기도를 했습니다. 아마 자신의 비통한 심정을 이렇게 고백했을지도 모릅니다. "음…주여, 음…아버지…." 우리도 정말 힘든 상황에 처하면 이렇게 기도할 때가 있지 않습니까? 한나도 그렇게 기도를 한 것 같습니다. 오죽하면 엘리 제사장이 이런 말을 했겠습니까?

> **삼상 1:14** 엘리가 그에게 이르되 네가 언제까지 취하여 있겠느냐 포도주를 끊으라

그러니 상상하건대 한나는 이렇게 기도를 한 것 같습니다. "음음음…하나님, 나쁜 여자가 나를 분통이 터지게 하고 있습니다. 음음음…저 못된 여자가 제 마음을 물이 되게 하고 있습니다." 이처럼 한나는 하나님 앞에 괴로운 심정을 쏟아낸 것입니다.

> **삼상 1:15** 한나가 대답하여 이르되 내 주여 그렇지 아니하니이다 나는 마음이 슬픈 여자라 포도주나 독주를 마신 것이 아니요 여호와 앞에 내 심정을 통한 것뿐이오니

여기서 '통하다'라는 말은 히브리 말로 '샤파크'인데 '물을 쏟아내다', '물이 흐르다'라는 뜻입니다. 그러므로 한나는 자기 마음을 하나님 앞에 말 그대로 '쏟아낸'(poured out) 겁니다. 그만큼 아들 없음이 엄청난 한으로 남았다는 것입니다.

1_ 힘들다고 말해도 괜찮아

그러나 한나의 한은 다른 이들의 한과 달랐다는 점에 주목해야 합니다. 다른 여인 같았으면 "하나님, 저도 아들 주세요. 한번 본때를 보여주게요" 하지 않았겠습니까? 하지만 한나는 자식 없음을 개인의 원한으로 풀지 않고 주실 자녀를 하나님의 사명자로 바치는 성스러운 기회로 삼은 모범적 신앙인이었습니다. 그래서 마침내 하나님의 은혜로 역사에 남은 사무엘이라는 아들을 낳아서 바치게 되지 않았습니까?

오늘날 우리도 슬픈 일을 당하면 일단 먼저 하나님께 나아가야 합니다. 그리고 슬프면 슬프다고 말하는 것이 좋습니다. 고통스러우면 고통스럽다고 말하는 것이 좋습니다. 그런 말 할 힘도 없으면 그냥 "아버지!, 아버지!, 아버지!"라고 부르기만 해도 괜찮습니다.

반복해서 부르다 보면 우리의 그 슬픔과 비통함이 물로 쏟아져 버립니다. 그리고 우리의 고통과 슬픔이 하나님께도 쏟아져 오히려 슬픔을 기쁨으로, 고통을 복으로 바꾸시는 은혜가 임하게 됩니다.

♪ 아버지 불러만 봐도 그 사랑에 눈물 나요
　나 같은 죄인을 사랑하신 아버지
　온종일 울어 봐도 감당할 수 없는 그 사랑
　그 크신 사랑을 어찌 말로 표현하리
　아버지 아버지 내 영혼 깊은 곳에서
　불러 보는 내 아버지 나의 아버지
　이 생명 다하는 그날까지 지키시고
　인도하실 참 좋으신 나의 아버지

2) 나를 위로해 줄 만한 사람을 찾아가는 것도 좋습니다.

욥 안에 예수 그리스도의 인격이 내재해 있었지만, 그도 사람인지라 누군가의 위로가 필요했습니다. 그래서 그도 회중 가운데 도움을 호소했습니다.

> 욥 30:28 나는 햇볕에 쬐지 않고도 검어진 피부를 가지고 걸으며 회중 가운데 서서 도움을 부르짖고 있느니라

그래서 이 세상에는 상담사들이 있고, 위로자들이 있습니다. 그런데 가능하면 예수 그리스도를 닮은 좋은 상담사를 찾아가야 합니다. 그리고 이때 주의해야 할 것이 있습니다. 나를 위로해 줄 만한 사람을 찾아가야지, 오히려 나에게 더 큰 상처를 주고, 나에게 더 큰 아픔을 주는 사람을 찾아가면 절대 안 됩니다.

나의 고통에 동참하고, 나의 슬픔에 동참하고, 내 마음을 위로해 줄 수 있는 사람을 찾아가야 합니다. 정말로 성령 충만한 사람, 생명나무를 선택하는 사람, 내 마음을 충분히 위로해 줄 수 있는 사람, 이런 사람을 찾아가야 합니다. 그런 사람만이 나에게 참된 위로자가 되어줄 수 있습니다.

이런 과정들을 통해 우리는 아무리 힘들고 슬픈 일을 당하여도 희망의 끈을 놓지 말아야 합니다. 마치 그 어떤 매서운 바람이 불어도 떨어지지 않으려고 끝까지 매달려 있는 마지막 잎새처럼 말입니다. 정말 그런 잎새가 있습니다. 겨우내 혹한의 바람에도 떨어지지 않고 버티고 견디는 잎새들이 있습니다. 그러다 마침내 새 잎새들이 피어날 때 조용히 떨어져 주는 잎새처럼 말입니다.

우리는 삶이 힘들고 외롭고 아프면 나 혼자라고 생각합니다. 그러나 기억하셔야 합니다. 나만 힘든 게 아니라 모두가 힘들다는 사실을 말입니다. 그리고 마지막 잎새가 떨어지지 않으려고 할 때 나뭇가지도 그 잎새를 끝까지 붙들고 있는 것처럼, 하나님도 우리를 그렇게 붙들어주실 것입니다. 예수님께서 우리를 위하여 중보해 주시고 우리를 붙들어주실 것입니다.

그러니 혼자 고통스러워하지 말아야 합니다. 혼자 슬픔을 간직하지 말아야 합니다. 힘들면 힘들다고 말해야 합니다. 슬프면 슬프다고 말해야 합니다. 그런 사람이 끝까지 승리할 수 있습니다. 그런 사람이 끝까지 오뚝이처럼 살아남을 수 있습니다.

이미 고인이 되신 백혈병으로 투병을 하셨던 고 임한창 장로님이 교회 신문에 투고하셨던 글이 있습니다. 그중 일부만 소개해 드리겠습니다.

"작년 12월 23일. 백혈병 진단을 받고 입원했다. 전혀 예상하지 못한 충격이었다. 그날 이후의 삶은 단절과 고통과 눈물로 점철되었다. 1차 항암의 후유증이 너무 컸다. 생사의 길을 넘나들 때, 담임 목사님과 정금성 권사님의 기도, 새에덴 교우들의 기도와 헌혈에 힘입어 다시 힘을 얻었다. (중략)

하나님이 절망한 에스겔을 향하여 하신 말씀을 나도 수없이 떠올려 보았다. '피투성이라도 살라.' 그리고 매일 눈물의 기도를 드렸다. 지금껏 나는 눈물을 모르고 살았다. 그것이 대장부의 모습이라고 생각했다. 나는 영적인 고아였다. (중략)

고아는 울지 않는다. 고아는 슬프고 괴로워도 눈물을 보이지 않는다. 울어도 관심을 가져줄 사람이 없다는 것을 알기 때문이다. 마음의 상처가 눈물샘을 막아버렸다. 고아는 좀처럼 눈물을 보이지 않는다. 울음소리를 듣고 달려와 보듬어줄 사람이 없다고 생각하기 때문이다. 영적 고아는 울며 기도하지 않는다. 눈물의 기도를 들어줄 분이 없다고 생각하기 때문이다. 그래서 삶이 더욱 외로운 것이다. (중략)

때론 눈물이 축복이 된다. 우리의 삶 속에 모래알이 침입해 올 때, 그것을 눈물의 기도로 감싸면 역경이 진주가 된다. 하나님은 눈물의 기도에 귀를 기울이신다. 눈물로 기도하면 아픈 부분을 만져주신다. 온전한 모습만 남기고, 곪은 부분을 제거하신다. 눈물로 기도하면 해결책도 주신다.

예수를 믿는 사람은 울보여야 한다. 눈물의 기도가 기적 같은 진주를 만들기 때문이다. '하나님의 시계를 선용하라'(룻 2:4)라는 주제로 열리는 여름 장년 수련회에 참석해 눈물의 기도를 드리고 싶다."

구구절절이 맞는 고백 아닙니까? 안타깝게도 임한창 장로님은 그 후로 하나님의 부르심을 받았지만 지금도 심금을 울리는 글입니다. 우리도 버려진 고아라고 생각되지 않습니까? 고아는 울지 않습니다. 자신이 울면 달려와 안아줄 사람이 없다고 생각하기 때문입니다. 그러나 우리는 고아가 아닙니다. 우리가 울면 하나님이 달려오십니다. 힘들다 말하면 당장 예수님이 오셔서 우릴 안아주시고, 우리 맘을 어루만져 주십니다. 예수님은 우리를 고아와 같이 버려두지 않겠다고 말씀하셨습니다.

> ♪ 힘들고 지쳐 낙망하고 넘어져 일어날 힘 전혀 없을 때에
> 조용히 다가와 손잡아 주시며 나에게 말씀하시네
> 나에게 실망하며 내 자신 연약해 고통 속에 눈물 흘릴 때에
> 못 자국 난 그 손길 눈물 닦아주시며 나에게 말씀하시네

너는 내 아들이라 오늘날 내가 너를 낳았도다
너는 내 아들이라 나의 사랑하는 내 아들이라

2.
누구나 생은 처음이니까

우리의 모든 날이 주의 분노 중에 지나가며 우리의 평생이 순식간에 다하였나이다 우리의 연수가 칠십이요 강건하면 팔십이라도 그 연수의 자랑은 수고와 슬픔뿐이요 신속히 가니 우리가 날아가나이다 누가 주의 노여움의 능력을 알며 누가 주의 진노의 두려움을 알리이까 우리에게 우리 날 계수함을 가르치사 지혜로운 마음을 얻게 하소서(시 90:9-12)

위대한 사람도 실패 많아

"이번 생은 처음이라"라는 드라마를 아십니까? 집만 있으면 되는 여자 지호와, 집밖에 없는 남자 세희가 서로의 이해관계가 딱 맞아 계약 결혼을 하면서 펼쳐지는 수지타산 로맨스 드라마였습니다.

이 드라마 제목이 히트를 치면서 《이번 생에 실장은 처음이라》, 《이번 생에 너는 처음이라서》, 《이번 생 육아는 처음입니다만》, 《이번 생에 정치는 처음이라》 등의 책이 나오기도 했습니다. 그리고 "엄마가 처음이라서" "아빠가 처음이라서" "선생님이 처음이라서"라는 말들이 유행하기도 했습니다. 오죽하면 "대통령이 처음이라서"라는 말까지 나왔겠습니까?

그렇습니다. 인간은 누구나 생을 처음으로 맞이합니다. 그러니 실수나 실패를 안 할 수가 없는 것입니다. 결혼식 주례를 할 때 보면 신랑 신부가 아주 서툴고 익숙하지 않습니다. 입장을 하고 새 출발을 할 때도 그렇고, 성경에 손을 얹으라고 하면 누가 먼저 얹을지도 모르고, 대부분은 아주 어색하고 어수선합니다.

신부 엄마도 마찬가지입니다. 불을 켜는 것도 덜덜덜 떨려가지고 잘 못 켭니다. 마치 풍 맞은 사람처럼 말입니다. 결혼 주례자도 마찬가지입니다. 어느 젊은 목사가 결혼 주례를 처음 했습니다. 그런데 그 주간에 장례식을 두 번이나 집례했습니다. 그래서 이런 실수를 저질렀다고 합니다. "지금부터 고 김선철 군과 고 이미선 양의 결혼식을 시작하겠습니다." 모두가 처음이니까 그렇습니다.

김현중 씨가 쓴 《어떻게 생존하고 어떻게 성장할 것인가》라는 책이 있습니다. 거기 보면 고 정주영 회장의 쓰디쓴 실패의 이야기가 소개되고 있습니다.

청년 정주영은 23세에 쌀가게인 경일상회를 열어 장사를 시작합니다. 경일상회를 차린 지 2년째인 1939년 일제가 전시 체제 등을 통해 쌀 배급제를 실시해서 어쩔 수 없이 문을 닫습니다. 그 이후 정주영은 1940년 25세 나이에 서울 북아현동 고개에 위치한 자동차 수리 공장 아도서비스를 인수합니다. 적자인 회사를 겨우겨우 흑자로 돌려놨지만 어느 날 새벽에 직공의 실수로 불이 나 순식간에 잿더미가 되어버렸습니다.

청년 정주영이 얼마나 절망했겠습니까? 그러나 그는 포기하지 않고 다시 돈을 빌려 신설동 공터에 무허가 수리 공장을 세웁니다. 하지만 1941년 태평양전쟁을 일으킨 일제가 내린 기업 정비령으로 다른 공장에 흡수 합병되어 버렸습니다. 이렇게 정주영은 실패를 거듭했습니다.

다시 트럭을 사서 운수업을 시작했지만 일감을 주던 광산 감독 등과의 불화로 사업을 또 실패하게 됩니다. 해방 후 서울 초동에 현대자동차 공업사라는 자동차 수리 공장을 세웁니다. 그리고 해방 이듬해에 현대토건이라는 건설회사를 시작하고 이후 두 회사를 합병해 현대건설을 세웠습니다. 현대건설은 6·25전쟁 중에 미군 공사를 독점하며 번창합니다. 그러나 또 휴전을 전후해 미군 공사가 중단되고 정부 발주 공사에서 잇따라 적자를 기록하며 파산의 문턱까지 가게 되었습니다.

정주영 회장은 무에서 유를 창조한 신화적인 존재로 알려져 있지만 사실은 이렇듯 실패를 거듭한 실패의 제왕이었습니다.

정주영 회장은 현대 기업의 틀을 갖춘 뒤에도 크고 작은 실패를 계속하였습니다. 왜냐하면 그분도 새로 시작하는 사업마다 처음 해보는 것이었기 때문입니다. 그래서 그는 실패를 밥 먹듯 하였습니다. 그러나 나중에 그의 실패가 축적되고 또 축적되어, 그 축적된 경험이 오늘날 정주영 신화로 남을 수 있게 된 것입니다.

실패의 위대한 대명사가 또 하나 있습니다. 그는 초등학교를 중퇴했고, 시골에서 구멍가게를 열었다가 망해 그 빚을 갚는 데 15년이나 걸렸습니다. 결혼했지만 부부 사이가 몹시 안 좋았습니다. 커피를 마시다 부인이 그의 얼굴에 커피를 뿌릴 정도였습니다.

하원 선거에 나섰다 두 번이나 떨어졌고, 상원 선거에 나가 또 두 번을 떨어졌습니다. 역사에 남을 만큼 훌륭한 연설을 하였지만 청중들은 냉담했습니다. 날마다 그는 언론의 공격을 받았고 국민들은 그를 경멸했습니다.

그 역시 이번 생이 처음이었고, 그가 가는 길은 그동안 한 번도 경험해 보지 못해 서툴기 짝이 없는 길이었기 때문입니다. 그렇지만 서툴기 짝이 없고 볼품없으며 무뚝뚝한 이 사람으로부터 온 세상 사람들이 훗날 얼마나 감동을 받았는지 모릅니다. 에이브러햄 링컨이라는 이름 하나만으로 말입니다.

그렇습니다. 누구나 생은 처음입니다. 처음이 아닌 사람은 아무도 없습니다. 그렇기 때문에 위대한 사람일수록 실패가 많고, 위대한 일을 한 사람일수록 실패를 자랑하게 되어 있습니다. 그러므로 우리는 실패를 너무 두려워해서는 안 됩니다. 실수하는 것을 겁낼 필요가 없습니다.

실패와 시행착오를 통한 축적의 시간

서울대학교 이정동 교수는 다른 교수들과 함께 《축적의 시간》이라는 책을 썼습니다. 그는 인간의 지식과 경험에도 축적의 시간이 필요하다고 말합니다. 특별히 미래를 준비하는 창의적 개념 설계를 축적해야 한다고 합니다. 그런데 그 축적은 실패나 시행착오를 통해서 이루어진다는 겁니다. 그리고 그 시행착오가 축적되면 거기서 위대한 창의력이 생겨난다는 것입니다.

그러나 한국경제는 개념 설계도 하지 않고 실패에 대한 경험의 축적도 없이 오로지 단기 성과와 급속 성장만을 추구해 왔다고 합니다. 개념 설계나 축적의 능력 등을 필요로 할 때마다 그때그때 해외로부터 수입해 왔던 겁니다. 그러다 보니 한국경제의 성장 동력이나 잠재력이 떨어지고 있다는 것입니다. 그러니 진보진영이 정권을 잡든, 보수진영이 정권을 잡든 간에 상관없이 계속 경제성장률이 1퍼센트씩 감소해 왔다고 합니다. 또 아무리 경제에 밝은 사람이 대통령이 되고 경제전문가에게 정책을 맡겨도 그들 역시 단기 성과나 급속 성장 라인에서 경제정책을 펴나가기 때문에 성장 동력이 떨어지는 것은 똑같다고 합니다.

그러므로 우리도 창의적으로 성장하기 위해서는 끊임없는 축적의 시간을 가져야 한다고 합니다. 그러나 그 축적은 실패와 시행착오 없이는 불가능하다는 것입니다. 실수와 실패의 경험이 축적되고 또 축적되면 거기서 놀라운 지혜가 생긴다는 것입니다. 창의력이 생긴다는 것입니다. 고 정주영 회장이나 링컨 대통령처럼 말입니다.

성경도 이러한 사실을 가르쳐주고 있습니다. 모세는 시편 90편 2절에서 하나님만이 영원하시다고 말합니다. 그리고 우리 인생은 잠깐 자는 것 같으며 아침에 돋는 풀과 같다고 말하고 있습니다. 그런데 그 풀은 아침에 꽃이 피어 자라다 저녁에 시들어버리고 만다는 것입니다. 우리 인생이 그렇다는 것입니다.

시 90:5-6 주께서 그들을 홍수처럼 쓸어가시나이다 그들은 잠깐 자

는 것 같으며 아침에 돋는 풀 같으니이다 풀은 아침에 꽃이 피어 자라다가 저녁에는 시들어 마르나이다

더구나 누구나 생은 처음일 뿐 아니라, 그 처음인 우리 인생의 연수는 일반적으로 70이요, 강건하면 80이라는 겁니다. 그런데 그 삶이 수고와 슬픔뿐이라는 겁니다. 더구나 그런 인생이 날아가듯 신속히 지나간다는 겁니다.

> 시 90:10 우리의 연수가 칠십이요 강건하면 팔십이라도 그 연수의 자랑은 수고와 슬픔뿐이요 신속히 가니 우리가 날아가나이다

당연히 우리의 생은 처음이고, 한 번뿐인 인생입니다. 그러니 시행착오가 많고 실패가 많으니 수고와 슬픔뿐입니다. 더구나 왜 이렇게 인생이 빨리 날아갑니까? 그러므로 지혜가 없으면 인생을 살아갈 수가 없습니다. 그래서 모세는 우리에게 우리의 날 계수함을 가르치사 지혜로운 마음을 얻게 해달라고 기도했습니다. 창의로운 지혜를 얻게 해달라고 기도했습니다.

> 시 90:12 우리에게 우리 날 계수함을 가르치사 지혜로운 마음을 얻게 하소서

그러므로 이런 인생을 살아가는 우리에게 가장 중요한 것은 우리가 하나님께 지혜를 받는 것입니다. 그러면 지혜는 우리에게 창의력을 가져다주고, 그 지혜와 창의력은 마침내 용기를 갖게 하는 것입니다. 누구나 생은 처음이니까 어떤 일을 하든지 처음에는 서툴 수 있습

니다. 서툴다 보니 실패를 많이 합니다. 그러니 우리의 삶이 수고와 슬픔뿐일 수밖에 없습니다. 그렇다고 실패나 실수를 두려워할 필요는 없습니다. 오히려 실패함으로써 얻는 위대한 소득이 있을 수 있기 때문입니다. 그것은 우리가 실패를 통해 주님을 만나게 되는 것입니다. 그리고 지혜를 얻게 되고, 창의력과 용기를 갖게 되는 것입니다.

그러므로 이제부터는 실패를 두려워하지 말아야 합니다. 실수하는 것도 너무 겁내지 말아야 합니다. 실패할 때일수록 주님을 만나야 합니다. 실수할 때일수록 주님께 엎드려야 합니다. 주님께서 이런 감동을 주실 것입니다.

"아무것도 두려워 말라. 아무것도 염려하지 말라. 내가 너의 약함을 안다. 너의 인생이 처음인 줄 안다. 그러니 너의 삶이 서툴다는 것도 잘 알고 있다. 그러니 나를 바라보거라. 나와 동행하며 살자꾸나."

♪ 아무것도 두려워 말라 주 나의 하나님이 지켜주시네
   놀라지 마라 겁내지 마라 주님 나를 지켜주시네
   내 맘이 힘에 겨워 지칠지라도 주님 나를 지켜주시네
   세상의 험한 풍파 몰아칠 때도 주님 나를 지켜주시네
   주님은 나의 산성 주님은 나의 요새
   주님은 나의 소망 나의 힘이 되신 여호와

몸으로 부딪쳐 깨달은 곰 목회의 교훈

저도 그렇게 살아왔습니다. 저는 누구한테 목회를 배운 적도 없고, 목회를 가르쳐준 사람도 없었습니다. 그래서 저는 제 목회를 한

마디로 '곰 목회'라고 합니다.

   곰이 겨울잠을 자기 전에 잔뜩 먹이를 먹고 나무에 올라간다고 하지 않습니까? 그리고 나무에서 떨어져 본다고 합니다. 나무에서 떨어졌을 때 몸이 아프면 다시 먹이를 더 먹고 또 나무에 올라가서 떨어져 본다고 합니다. 그래서 나무에서 떨어져도 몸이 더는 아프지 않으면 그제야 겨울잠을 잔다는 겁니다. 얼마나 미련한 방법입니까?

   저 역시 목회가 처음이고 부목사도 못해 봤으니 제 몸으로 부딪치고 깨지고 깨달으면서 목회를 터득해 간 것입니다. 그런데 곰의 방법이 미련한 것 같아도 가장 확실한 방법입니다. 자기 몸으로 직접 부딪쳐서 깨달은 것이기 때문입니다.

   그래서 저도 제 몸으로 직접 부딪치면서 터득한 곰 목회를 통하여 오늘의 새에덴교회를 이룰 수 있었습니다. 한마디로 곰 목회는 실수로 체득하여 창의적이고 선구자적인 목회를 한다는 의미입니다. 정말 저는 그런 곰 목회를 통하여 주님을 더 깊이 만났습니다. 모든 게 서투니 주님만 의지할 거 아닙니까? 주님 앞에 엎드려 기도하는 수밖에 없었습니다.

   그러므로 우리가 실패할수록 주님께 바짝 엎드려야 합니다. 또한 중요한 결정을 해야 할 때도 무릎 꿇고 기도해야 합니다. 저도 그런 실패와 실수가 축적되다 보니 어느새 목회의 길이 보이게 되었던 것 같습니다. 어떤 의미에서 목회에 도가 트기 시작한 것입니다.

   이 세상에는 현자와 우자가 있습니다. 우자는 가르쳐줘도 모르고, 현자는 가르쳐주면 안다고 합니다. 그런데 가르쳐주지 않는데도 싹을 보고 미래를 아는 사람을 명자라고 합니다. 또 싹이 보이지도 않는데 기미만 보고도 미래를 예측하는 사람을 철인이라고 부릅니다. 나아가 싹도 안 나고 기미도 안 보이는데 미래를 꿰뚫어 보고 예측하는 사람을 선각자라고 합니다.

그런데 저에게도 가끔 철인과 선각자적인 안목이 생길 때가 있습니다. 코로나가 처음 터졌을 때는 몇 주 만에, 또는 한두 달 만에 다 끝날 줄 알았습니다. 그런데 그게 아니었습니다. 코로나의 안개가 자욱하면 자욱할수록 제 눈에는 앞이 보였습니다. 김두현 박사님이 말씀한 것처럼, 코로나는 반달리즘(Vandalism)을 가져올 것이라고 내다봤습니다. 이 반달리즘이 예배를 초토화시켜 버렸습니다.

그런데 저는 이 반달리즘이 밋볼리즘(meatballism)을 가져올 것으로 예측했습니다. 밋볼리즘을 쉽게 말하면 '반지성주의'나 '우민주의'입니다. 코로나가 불신자건 신자건 사람들을 어리석은 사람으로 만들어버릴 것이 제 눈에는 보였습니다.

교회도 사람이 모인 공동체이기에 어쩌다 확진자가 나올 수도 있습니다. 그런데 다른 곳에서 확진자가 나오면 화를 안 내는데, 어쩌다 교회에서 확진자가 나오면 벌떼처럼 달려들어 공격했습니다. 역시 밋볼리즘의 결과라 할 수 있습니다. 그래서 마트는 가고 식당은 자유롭게 가는데 교회에 가는 것은 혐오스럽게 생각하는 사람들이 많았습니다.

이런 밋볼리즘은 에이시이즘(atheism)을 가져올 것이라고 저는 내다봤습니다. 이 에이시이즘은 불신주의, 무신론주의를 말하는 것입니다. 그래서 코로나가 얼마나 많은 탈종교화 현상을 만들었습니까? 타 종교도 많은 사람들이 떠났다는 이야기를 들었습니다. 그런데 교회는 더 그랬습니다.

그뿐입니까? 저는 유발 하라리의 말대로 정부의 권력은 커지고 종교의 힘은 약화될 것임을 깨달았습니다. 그래서 그때는 제가 부총회장 시절이었지만, 한국교회 지도부에 이런 제안을 했습니다.

"어떤 경우에도 우리가 절대로 예배를 포기해서는 안 됩니다. 또 예배의 자율권을 빼앗겨서도 안 됩니다. 그러기 위해서 우리가 선제적으로 대응을 해야 합니다. 그렇지 않으면 정부로부터 예배에 대해 간섭과 제재를 받게 될 것입니다. 그러니 우리가 먼저 선제적 방역 매뉴얼을 만들고 듀얼 예배로 갑시다. 하이브리드 처치로 갑시다."

그런데 이게 받아들여지지 않았습니다. 그래서 그러면 우리 교회라도 한번 듀얼 예배, 하이브리드 처치를 이뤄보자고 생각하고 선각자의 마인드를 가지고 길을 열어갔습니다. 그래서 한국교회에서 최초로 화상 줌을 설치하여 듀얼 예배를 드렸습니다. 그러자 처음엔 얼마나 비난을 받았는지 모릅니다. 그런데 나중에는 비난하던 사람들이 전부 다 따라오는 걸 보았습니다. 정말 감사하기 짝이 없었습니다.

촛불이 꺼지면 보이는 달빛처럼

그때 이런 이야기가 떠올랐습니다. 인도의 시성 타고르가 어느 날 밤 강물에 나룻배를 띄우고 작은 촛불 앞에 앉아 멋진 시를 쓰려고 하였습니다. 그런데 도무지 시상이 떠오르지 않았습니다. 그래서 철학자 크로체의 미학에 관한 글을 읽고 있었습니다. 시라고 하는 것이 딱 찾아올 때도 있지만 찾아오지 않으면 남의 시나 아름다운 글을 읽다 보면 시적 영감이 떠오를 때가 있습니다. 세계적인 시성 타고르도 그랬던 것 같습니다.

그런데 강변에 바람이 세게 불면서 촛불이 꺼져버리고 말았습니다. 시상은 사라지고 촛불마저 꺼져버리자 순간 짜증이 일어나기 시작했습니다. 그러나 짜증도 잠시, 나룻배 안으로 달빛이 춤을 추며 흘러들어 왔습니다. 보름달 달빛이 나룻배 안을 가득 채웠고, 달빛에 반짝이며 춤추는 강물이 두 눈에 한가득 채워지는 경험을 합니다. 참으로 놀랍고 신성한 경험이었습니다. 그때 타고르에게 사라졌던 시상이 쏟아져 나오기 시작했습니다. 그때 그가 한 말이 있습니다.

"아, 아름다움이 온통 나를 둘러싸고 있구나. 진정한 아름다움은 책 속에 있는 것이 아니라 세상에 가득한 것을…. 내 촛불이 꺼지자 나는 모든 것을 잃은 줄 알았는데 황홀한 달빛이 나를 반겨주는구려."

촛불이 꺼지면 망하는 줄 알았는데 그것이 아니었습니다. 촛불이 꺼지자 비로소 달빛이 보이기 시작한 것입니다. 저는 여기서 한국교회의 희망을 보았습니다. 아무리 반달리즘, 밋볼리즘, 에이시이즘으로 인하여 한국교회가 탈종교화 현상이 나타나고 교인 수가 감소한다 해도, 정말 우리가 신앙의 본질을 회복하고 초대교회적 원형교회를 회복하면 위대한 달빛과 같은 교회를 이룰 수 있다고 말입니다.

그래서 제가 이런 결심을 했습니다. '촛불이 꺼져버리고 코로나의 안개가 자욱하게 드리워진 때에 우리 교회가 한번 한국교회의 희망의 모델이 되어 보자. 정말 신앙의 본질을 회복하고 초대교회적 원형교회를 회복하는, 달빛보다 더 황홀하고 아름다운 교회를 이룰 수 있다는 걸 한국교회 앞에 보여보자.'

그래서 제가 정말 온갖 창의력을 동원해 목회를 했습니다. 그리고 죽을힘을 다해 목회에 올인했습니다. 그러자 우리 교회는 코로나 때 달빛에 취하는 교회가 되었습니다. 달빛의 황홀함 속에서 더 견고한 교회로 다져질 수 있게 된 것입니다.

제가 코로나의 먹구름이 한창 드리워지고 있을 때, 총회장이 되고 한교총의 대표회장이 되었습니다. 만약 코로나 시기가 아니었을 때 제가 총회장을 하고 연합기관의 대표회장을 했다면 정말 어마어마하게 바빴을 것입니다. 제 영혼을 돌아볼 틈도 없이 분주하기만 했을 것입니다.

그러면 아마 제 영혼이 먼저 추락하게 되었을 것이고, 우리 교회도 정말 산성화되고, 사막화되어 버리고 말았을 것입니다. 그러면 제가 정신을 놓아버리거나 아니면 잠시 나서는 사이에 저도 모르게 아차 하고 추락을 하게 되었을 것입니다.

그러나 하나님은 이런 것을 방지하기 위하여 그때마다 다시 한 번 이번이 처음이라는 사실을 깨닫게 하셨습니다. 그리고 주 안에서 서툰 인생을 살게 은혜를 베풀어 주셨습니다. 특별히 코로나로 인하여 제 목회의 촛불이 꺼지는 밤을 맞이하게 해주셨습니다.

그래서 저는 하나님 앞에 완전히 무릎을 꿇었습니다. 그러면서 하늘의 빛을 보기를 소망하였습니다. 하늘의 빛을 볼 때 위대한 지혜가 생기고 창의력이 생기기 때문입니다. 저는 그 창의력을 가지고 목회를 하고, 연합사역을 했습니다.

코로나의 밤이 찾아오자

코로나 이전의 밝은 날에는 화려한 세상만 보이더니, 코로나라고 하는 인생의 깊은 고난의 밤을 맞게 되자 예수님이 보이지 않았습니까? 그때가 바로 예수님의 손을 잡을 때였습니다. 주님 손을 잡고 고난의 밤을 헤쳐나가야 할 때였습니다.

♪ 인생이 힘들고 고난이 겹칠 때 예수님 날 도와주소서
　외치는 이 소리 귀 기울이시사 손 잡고 날 인도하소서

그전에는 그냥 매뉴얼 따라 목회를 한 때가 있었고, 매뉴얼 따라 예배드리고 타성에 젖은 신앙생활을 할 때가 있었습니다. 그러나 코로나를 맞고 우리의 삶이 실패하기 시작하자, 그전에는 보이지 않던 예수님이 보이기 시작했습니다.

우리가 언제 코로나라고 하는 안갯길을 걸어 보았습니까? 모두가 시각장애인처럼 앞을 볼 수 없었습니다. 그때 우리가 예수님을 다시 만났습니다. 그리고 서툰 삶의 길을 주님의 인도를 따라 살았습니다. 아니, 주님과 동행하며 살았습니다.

그제야 비로소 우리는 하루하루 신선한 삶을 살았습니다. 매 순간을 새롭게 살아갔습니다. 하루하루, 순간순간이 기대가 되고 가슴이 설레었습니다. 매일이 처음 생이라고 생각되었기 때문입니다.

이런 생각을 가지고 돌이켜보니 처음 생, 서툰 인생길을 주님께서 함께하시고 동행해 주신 것이 얼마나 은혜였는지 모릅니다. 모든 것이 은혜였습니다. 그래서 우리가 코로나 기간에 이 찬양을 얼마나 많이 불렀습니까?

> ♪ 내가 누려왔던 모든 것들이 내가 지나왔던 모든 시간이
> 내가 길어왔던 모든 순간이 당연한 것 아니라 은혜였소
> 모든 것이 은혜 은혜 은혜 한없는 은혜
> 내 삶에 당연한 건 하나도 없었던 것을
> 모든 것이 은혜 은혜였소

그렇습니다. 하나님께서는 그 분야에 도가 트인 사람도 다시 처음이요, 초보자로 돌아가게 하실 때가 있습니다. 이유가 무엇입니까? 주님을 다시 만나게 하기 위함입니다. 또한 더 창의롭고 생산적인 인

생으로 살게 하기 위해서입니다.

베드로가 그랬습니다. 그는 저녁 내내 그물을 던졌지만 고기 한 마리 잡지 못했습니다. 참으로 실패한 밤이고 덧없는 밤이었습니다. 그래서 그는 허탈한 마음으로 아침에 그물을 씻고 있었습니다. 그때 주님이 찾아오신 것입니다.

베드로는 고기잡이로 잔뼈가 굵은 사람이고 갈릴리 바다에 대해 전문가였습니다. 물의 흐름과 방향에 따라 어느 쪽에 고기가 있고, 어느 때 고기가 잡히는지에 대해 너무나 잘 알고 있었습니다. 그러나 그날은 밤새도록 피라미 새끼 한 마리도 못 잡았습니다.

그런데 주님이 찾아오셔서 저 깊은 곳에 그물을 던지라고 하시는 겁니다. 베드로는 주님 말씀에 순종할 수밖에 없었습니다. 그래서 깊은 곳에 그물을 한번 던져봤습니다. 크게 실패했던 경험 때문이었습니다. 잘나갔으면 순종하지도 않았을 것입니다. 그랬더니 그물이 찢어질 정도로 고기를 많이 잡았습니다.

> 눅 5:5-6 시몬이 대답하여 이르되 선생님 우리들이 밤이 새도록 수고 하였으되 잡은 것이 없지마는 말씀에 의지하여 내가 그물을 내리리이다 하고 그렇게 하니 고기를 잡은 것이 심히 많아 그물이 찢어지는지라

이처럼 예수님은 우리가 뭘 잘한다고 생각하거나 잘나가고 있을 때 다시 우리의 생이 처음임을 깨닫게 해주십니다. 우리에게 다시 주님을 만나도록 하기 위함입니다. 그리고 그 실패의 축적을 통해 우리로 하여금 예수 그리스도 안에서 더 창의적이고 생산적이며 성공적인 삶을 살게 하기 위해서입니다. 그러니 우리의 삶의 모든 순간이 신선하고 새로울 수밖에 없습니다.

운전을 처음 하는 사람이 수십 년 운전한 사람처럼 하면 되겠습니까? 더구나 초보 운전자가 술을 잔뜩 먹고 운전해서야 되겠습니까? 우리가 초보 인생이라는 사실을 알수록 우리는 주님을 만나야 합니다. 그리고 주님 앞에서 바짝 엎드려야 합니다. 특별히 실패할수록 겸손하게 주님께 엎드려야 합니다.

그럴 때 실패는 우리의 삶에 위대한 경험으로 축적되고, 그 경험은 지혜를 불러옵니다. 그 지혜는 위대한 창의성을 가져오고, 그 창의성이 용기를 만날 때 우리 인생이 위대해지고 찬란해지고 눈부시게 됩니다. 또한 순간순간이 신선하게 됩니다.

자신의 삶이 초보 인생인 것을 깨달은 적이 있습니까? 혹 초보 인생이라는 사실을 깡그리 잊어먹고 스스로 잘난 척하며 살아오지는 않았습니까? 그러다 엄청난 추락 사고를 당하지는 않았습니까?

바로 그럴 때가 주님을 새롭게 만날 때입니다. 주님께 바짝 엎드려야 할 때입니다. 주님의 손을 잡아야 할 때입니다. 처음 살아보는 인생, 서툴기만 한 인생, 막막하고 힘겨운 인생에서 쓰러졌을 때, 이렇게 고백하지 않을 수 없습니다. "주님, 저는 주님 없인 못 삽니다. 서툰 인생, 처음인 인생을 어찌 혼자 살 수 있단 말입니까?"

♪ 이 세상 주님 없이 어이 살 수 있나요
　다른 사람 몰라도 주님 없인 난 못 살아요

실패한 사람일수록 주님을 다시 새롭게 만나야 합니다. 처음 사는 인생, 서툰 인생임을 깨달을수록 이제라도 주님 없이는 못 산다고 고백해야 합니다. 주님과 떨어져서는 살 수 없다고 고백해야 합니다. 그럴 때 주님께서 지혜를 주십니다. 위대한 창의력도 주십니다.

주님은 우리 곁에서 늘 운행하고 계십니다. 우리에게 새로운 일을 행하시고자 역사하고 계십니다. 아니, 그런 일을 위하여 주님께서 우리 마음을 만져주고 계십니다. 우리 마음을 치료하고 계십니다. 우리 마음을 고쳐주고 계십니다. 항상 이런 하나님의 은혜를 감지해야 합니다. 하나님의 운행하심과 역사하심을 더 강력하게 경험해야 합니다.

> ♪ 주 여기 운행하시네 나 경배해 주 경배해
> 주 여기 역사하시네 나 경배해 주 경배해
> 우리 맘 만지시는 주 나 경배해 주 경배해
> 우리 맘 치료하시네 나 경배해 주 경배해
> 우리 삶 변화시키네 나 경배해 주 경배해
> 우리 맘 고쳐주시네 나 경배해 주 경배해

3.
소중한 사람이 아프게 할 때

너는 어서 속히 내게로 오라 데마는 이 세상을 사랑하여 나를 버리고 데살로니가로 갔고 그레스게는 갈라디아로, 디도는 달마디아로 갔고 누가만 나와 함께 있느니라 네가 올 때에 마가를 데리고 오라 그가 나의 일에 유익하니라 두기고는 에베소로 보내었노라 네가 올 때에 내가 드로아 가보의 집에 둔 겉옷을 가지고 오고 또 책은 특별히 가죽 종이에 쓴 것을 가져오라 구리 세공업자 알렉산더가 내게 해를 많이 입혔으매 주께서 그 행한 대로 그에게 갚으시리니 너도 그를 주의하라 그가 우리 말을 심히 대적하였느니라(딤후 4:9-15)

손수건 같은 만남이 가장 소중

대만의 심리학자 양지아링이 쓴 《나를 아프게 하는 사람은 버리기로 했다》라는 책이 있습니다. 그는 "왜 사람들은 자신을 아프게 하는 사람을 버리지 못하는가"라는 질문으로 이 책을 시작합니다.

그런데 가만히 보니 자신을 아프게 하는 사람들은 역설적이게도 가까운 사람들입니다. 그래서 이러지도 저러지도 못하게 된다는 것입니다. 매일 마주치거나 금전, 이익, 애정 등으로 얽혀 있는 사람들이고, 싫지만 안 보고 살 수 없는 직장 동료들입니다. 얄밉긴 하지만 없으면 아쉬운 친구들이고, 도움은 안 되지만 습관처럼 만나는 지인들이라는 겁니다. 너무 미운데 도저히 끊어낼 수 없는 가족도 있었습니다.

어느 날 그는 한 내담자를 만나 상담을 하고 집에 돌아오는데 엄청 화가 났다고 합니다. 상담한 내담자가 너무 거만하고 예의 없는 사람이었기 때문입니다. 잔뜩 화가 나서 집으로 돌아와 보니 또 집이 지저분해서 마구 성질을 부리며 청소기를 돌렸습니다. 그런데 한참 청소기를 돌리다 보니 이런 생각이 들더라는 겁니다.

'집을 깨끗이 청소하듯이 나를 아프게 하는 사람들을 다 정리해 버리면 어떨까? 그러면 심리적 공간이 넓어지지 않을까? 나를 힘들게 하는 사람, 나를 지치게 하는 사람들을 다 정리해 버리면 에너지 소모도 줄여 내가 좋아하는 사람에게 더 집중할 수 있지 않을까?'

그러면서 저자는 자신을 힘들게 하는, 정리해야 할 인간관계 유형을 소개합니다. 먼저, 만나면 스트레스를 줄 뿐 아니라 끌려다니게 만드는 사람, 이 사람부터 정리해야 한다는 겁니다. 또한 내가 잘못한 것도 없는데 만나면 주눅 들게 하는 사람도 정리해야 한다고 합니다.

그뿐 아니라 휘둘리고 이용당하고 무시당하는 것 같아 만나면 늘 괴로운 사람, 사람을 잃을까 봐 섣불리 감정 표현을 못 하는 사람, 자신을 고통받게 하는 사람, 인간관계에서 이러지도 저러지도 못해서 전전긍긍하는 사람 등도 다 경계선을 긋고 정리해야 한다는 것입니다.

그러면서 다른 것들은 다 정리를 잘하면서 왜 인간관계는 정리하지 못하느냐고 반문합니다. 아울러 자신을 아프게 하고 힘들게 하는 사람을 정리하면 심리적 공간이 넓어지고 마음이 깨끗해지게 될 것이라고 말합니다.

그런데 사실 이게 마음대로 됩니까? 저는 우리 정 권사님을 보면서 정말 부러운 게 있습니다. 저보다 기도를 많이 하는 거, 물론 그것도 부럽습니다. 그저 세상을 모르고 교회 안에서만 사시는 거, 그것도 부럽습니다. 그런데 그보다 더 부러운 게 있습니다. 어쩌면 그렇게 인간관계를 매정하게 끊을 수 있는가 하는 것입니다.

저는 그렇게 못 합니다. 저는 여러 가지 단점이 있는데 그중에서 가장 큰 단점이 정에 약하거나 거절하지 못하는 것입니다. 이런 모습을 보고 정 권사님은 왜 그렇게 남자가 정에 약하고 사람을 끊을 줄을 모르냐고, 잘라야 할 사람은 확실하게 자르라고 합니다.

"대체 그 사람들이 소 목사에게 뭘 맡겼기에 맨날 와서 도와달라고 하고, 후원해 달라고 하느냐, 그 사람들을 어떻게 다 감당하느냐"고 하시는 겁니다. 그러면 저희 집사람도 자기 엄마하고 한통속이 되어버립니다.

저도 그렇게 확 자르고 싶을 때가 있습니다. 그런데 그게 안 되는 걸 어떡합니까? 그러니 저는 어쩔 수 없이 그 사람들의 말에 끌려다녀야 하고, 그 사람들이 부탁하는 대로 들어줄 수밖에 없습니다. 옛날에 맺어놓은 관계가 있고, 속된 말로 인연이 있는 사람들이 찾아와서 부탁을 하는데 제가 어떻게 거절을 합니까?

또 가끔은 제가 진짜 우울증이 생길 때가 있습니다. 사람들이 저를 볼 때 항상 밝고 쾌활하며 명랑한 줄로만 압니다. 하지만 저도 우울할 때가 있습니다. 그분들의 부탁을 들어주지 못할 때 너무 죄송하고 미안해서 우울할 때가 있습니다. 그런 의미에서 만남이라는 게 얼마나 중요한지 모릅니다. 바로 이런 만남의 중요성을 안 정채봉 시인은 "만남"이라는 시를 이렇게 썼습니다.

가장 잘못된 만남은 생선과 같은 만남입니다
만날수록 비린내가 묻어오니까
가장 조심해야 할 만남은 꽃송이 같은 만남입니다
피어 있을 때는 환호하다가 시들면 버리니까
가장 비참한 만남은 건전지와 같은 만남입니다
힘이 있을 때는 간수하고 힘이 닳아 없어질 때에는 던져 버리니까
가장 시간이 아까운 만남은 지우개 같은 만남입니다
금방의 만남이 순식간에 지워져 버리니까
가장 아름다운 만남은 손수건과 같은 만남입니다
힘이 들 때는 땀을 닦아주고 슬플 때는 눈물을 닦아주니까

그렇습니다. 우리가 살다 보면 비린내 나는 생선과 같은 만남도 있습니다. 반짝 피었다 시들어 버리는 꽃 같은 만남도 있습니다. 힘이 다하면 던져 버리는 건전지 같은 만남도 있습니다. 순식간에 지워 버리는 지우개 같은 만남도 얼마나 많습니까? 이런 만남보다 힘들 때 땀을 닦아주고 슬플 때 눈물을 닦아주는 손수건 같은 만남이 가장 소중한 만남입니다. 이런 만남일 때 영원까지 함께할 수 있는 것입니다.

사도 바울의 마음을 아프게 한 사람들

디모데후서를 기록한 사도 바울도 복음을 전하면서 수많은 사람을 만났습니다. 복음을 전하면서 가까이 지낸 사람, 함께 동역한 사람, 자신을 후원해 준 후원자들, 얼마나 좋은 만남을 많이 가졌는지 모릅니다. 이 사람들이 얼마나 사도 바울이 힘들고 어려울 때 큰 디딤돌이 되고 도움닫기가 되며 기쁨과 웃음을 가져다줬는지 모릅니다.

그러나 그렇게 가까운 사람들 가운데 자신의 마음을 아프게 하고 콕콕 찌르는 사람들도 있었습니다. 그들이 누군지 아십니까? 대표적으로 두 사람을 소개하고 있는데 하나는 데마이고, 하나는 구리 세공업자 알렉산더라는 사람입니다. 데마가 어떤 사람인 줄 아십니까? 한때는 사도 바울 곁에서 사도 바울을 돕고 협력했던 동역자입니다.

> **골 4:14** 사랑을 받는 의사 누가와 또 데마가 너희에게 문안하느니라

> **몬 1:24** 또한 나의 동역자 마가, 아리스다고, 데마, 누가가 문안하느니라

한때 데마는 사도 바울을 수행하며 복음사역을 함께했던 사람입니다. 누가와 함께 사도 바울을 떠나지 않고 바울과 가장 가까운 관

계로 바울을 섬기고 수종 들었던 사람입니다. 그런데 이 데마가 세상을 사랑하여 데살로니가로 가버렸습니다. 데살로니가 지역에 복음을 전하거나 데살로니가 교회를 섬기려고 간 것이 아닙니다. '이 세상을 사랑하여' 데살로니가로 간 것입니다. 여기 '이 세상'이라는 말은 헬라어로 '톤 뉜 아이오나'인데 '현재의 시대' 혹은 '현실 세상'(this present world)이라는 뜻입니다.

그러니까 데마는 앞으로 올 천국 소망, 혹은 하나님 나라를 소망한 것이 아니라 현실 세상을 사랑하여 데살로니가로 갔다는 것입니다. 당시 데살로니가는 향락의 도시요, 쾌락의 도시였습니다. 그러니 세상 쾌락과 향락을 좇아 사도 바울을 버리고 데살로니가로 가버린 것입니다.

왜 그랬을까요? 그도 한동안은 은혜를 받고 복음사역에 헌신한 사람이었습니다. 그런데 아무리 바울을 따라다녀도 항상 배고프고 춥고 가난했습니다. 그러니 바울을 떠날 수밖에 없었습니다. 한 번 사는 인생, 두 번 다시 오지 않는 인생, 돈 많이 벌어서 데살로니가에서 한번 실컷 즐기며 살아보자고 한 것입니다. 에피쿠로스 학파들이 가르친 대로 '노세, 노세, 젊어서 노세'의 삶을 살고 싶은 것입니다. 이것이 사도 바울에게 얼마나 큰 마음의 아픔과 상처가 되었는지 모릅니다.

그래도 바울은 그들의 소식이 궁금했을 것입니다. 그래서 그들에게 항상 안부를 묻고 싶었을 것입니다. "그들은 어떻게 지내나, 나를 떠나지 말고 사명을 떠나지 말아야 했는데, 왜 사명을 떠나서 데살로니가로 갔단 말인가." 그러면서 사랑하는 마음으로 안부를 물었을 것입니다.

♪ 소슬한 바람이 마음에 불어
나비인 듯 날아 마음이 닿는 곳
맘 같지 않은 세상 / 그 맘 다 알아줄 수는 없지만
늘 곁에 함께 있다오
오늘 하루 어떤가요 / 밤새 안녕하신가요
하루가 멀다 일들이 있어 / 그대 안위에 맘이 쓰였소
(이선희의 노래 '안부'에서 발췌)

그런가 하면 또 한 사람이 있습니다. 구리 세공업자 알렉산더라는 사람입니다. 당시 구리 세공업자라고 하면 엄청난 부자였습니다.

> **딤후 4:14** 구리 세공업자 알렉산더가 내게 해를 많이 입혔으매 주께서 그 행한 대로 그에게 갚으시리니

이 사람도 한때 사도 바울의 복음사역을 도왔던 사람입니다. 이 사람은 모르긴 몰라도 큰 물질 후원자였을 것입니다. 당시에 구리 세공업을 했으니 얼마나 돈이 많았겠습니까? 오늘날로 말하면 십일조도 엄청나게 많이 하고, 교회에 감사헌금도 많이 했던 사람이었을 것입니다. 그리고 개인적으로 선교하는 데 쓰라고 선교비도 많이 줬을지도 모릅니다.

그런데 무엇 때문인지 몰라도 바울과 헤어지게 되었습니다. 그것도 그냥 떠나는 게 아니라 얼마나 바울에게 해를 끼치고 떠났는지 모릅니다. 얼마나 나쁜 바이러스를 뿜어대고 떠났는지 모릅니다.

교회는 수많은 사람이 들어오기도 하고 떠나기도 합니다. 우리 교회도 엄청나게 많은 사람들이 왔고, 엄청나게 많은 사람들이 떠나

기도 했습니다. 왜냐하면 계속 한 곳에서만 사는 것이 아니라, 직장과 사업장을 따라 이사를 가기도 하기 때문입니다.

또 이 부족한 소 목사가 마음에 들지 않아 떠난 사람도 있을 수 있습니다. 저 같은 사람은 좀 '이상한 변호사 우영우' 같은 스타일이 아닌가요? "우 투 더 영 투 더 우! 동 투 더 그 투 더 라미!" 그러니 스타일이 안 맞아서 떠난 사람들도 있습니다. 또 자기들끼리 그냥 마음에 안 들어서 떠난 사람들도 있습니다.

그런데 그냥 필부필부 같은 성도가 떠나면 그나마 괜찮은데, 정말 교회에 엄청난 영향력을 끼치던 분이 떠나면 교회와 목회자에게 큰 아픔이 될 수 있습니다. 조용히 떠나도 아픔이 되는데 평지풍파를 일으키고 떠나는 사람들도 가끔 있습니다.

그런데 구리 세공업자 알렉산더는 조용히 떠난 사람이 아니었습니다. 사도 바울에게 엄청난 아픔과 해를 끼치고 떠난 사람이었습니다. 요즘 말로 하면 나쁜 바이러스를 뿜어대고 떠난 사람이었습니다. 오죽하면 사도 바울이 뭐라고 얘기합니까? "주께서 그 행한 대로 갚으시리라."

이 사람이 바울을 떠나 디모데에게 접근한 것 같습니다. 그러니 사도 바울이 "너도 그 사람을 조심하라"고 한 것입니다. 처음에는 너한테 삽살개처럼 잘 할지 모르지만, 나중에 너한테도 대적하게 될 것이니 조심하라고 했습니다.

> **딤후 4:14-15** 구리 세공업자 알렉산더가 내게 해를 많이 입혔으매 주께서 그 행한 대로 그에게 갚으시리니 너도 그를 주의하라 그가 우리 말을 심히 대적하였느니라

땅만 바라보고 그늘로 걸어가는 사람

　오늘날도 마찬가지입니다. 누가 우리의 마음을 제일 아프게 합니까? 우리의 마음을 아프게 하는 사람은 미국의 바이든 대통령이 아닙니다. 중국의 시진핑 주석이 아닙니다. 물론 일본은 우리 민족에게 큰 아픔을 주었습니다. 그러나 하나님께서 77년 전 우리 민족에게 광복과 해방의 기쁨을 주셔서 얼마나 감사한지 모릅니다.
　사실 우리의 마음을 제일 아프게 하는 사람은 우리와 가장 가까이 있는 사람이거나, 우리에게 가장 소중한 사람일 가능성이 큽니다. 나와 함께 소중한 삶을 나누었던 사람들이 나를 아프게 하는 겁니다. 그 사람은 친구일 수도 있고, 가족일 수도 있습니다.
　아니, 자신이 사랑했던 사람일 수도 있고, 정말 믿었던 사람일 수도 있습니다. 자기 마음을 다 털어놓고 함께 고민한 사람들일 수도 있고, 어쩌면 한때는 부부였던 사람일 수도 있습니다. 그렇게 나밖에 몰랐던 사람이 어느 날 갑자기 외도를 하고 나를 떠나버립니다. 얼마나 마음에 큰 상처가 되겠습니까? 게다가 다른 사람과 너무나 잘 사는 모습을 보면 가슴이 미어지고 찢어지고 무너집니다. 내 안에 있는 시계가 멈춰 버리는 것입니다.
　제가 어떤 분과 식사를 했는데 그분은 누구나 이름만 대면 아는 유명한 의사 선생님입니다. 그런데 그분이 자신이 이혼한 이야기를 해주었습니다. 자신이 한 일은 오직 돈 많이 벌어다 준 것밖에 없는데, 아내가 그 돈을 다 날려버리더니 헤어지자고 하더랍니다. 그래서 이혼해 주었더니 재혼을 해서 너무 잘 살더라는 것입니다. 그 모습을 보노라면 더 부아가 치밀어오른다고 합니다.
　성경 속의 사도 바울도 가장 가까운 사람을 통해 상처를 받았다는 것입니다. 이런 일은 사도 바울에게만 있는 것이 아닙니다. 다윗도 장인인 사울을 비롯하여 가장 가까운 친구들이 배신을 했습니다. 아니, 예수님도 그런 일을 당하시지 않았습니까? 가룟 유다가 예수님을 배반하지 않았습니까.

그때 우리 예수님이 얼마나 가슴이 아팠겠습니까? 그뿐 아니라 옥에 갇히고 죽을지언정 예수님을 끝까지 따르겠다던 베드로도 예수님을 세 번이나 부인하지 않았습니까? 그런 모습을 보신 예수님이 얼마나 마음에 상처가 되었겠습니까?

예수님이 그랬고, 사도 바울이 그랬다면 우리야 더 말할 것이 없지 않겠습니까? 그러면 이럴 때 우리가 어떻게 해야 합니까? 마음의 상처와 아픔을 그대로 담아두면 진짜 가슴에 화병이 생깁니다. 그러니 이걸 훌훌 털어서 흘려보내 버려야 합니다. 그런 의미에서 이제니 시인은 "울고 있는 사람"이라는 시를 썼습니다.

> 우울을 꽃다발처럼 엮어 걸어가는 사람을 보았다. 땅만 보고 걷는 사람입니다. 왜 그늘로 그늘로만 다니느냐고 묻지 않았다. 꽃이 가득한 정원 한편에서 울고 있는 사람. 누군가의 성마른 말이 너를 슬프게 하는구나. 누군가의 섣부른 생각이 너를 슬프게 하는구나. 갇혔다고 닫혔다고 생각하지 말고 그 자리에서 곧장 일어나 밖으로 밖으로 나가세요. 산으로 들로. 강으로 바다로. 너를 품어주는 것들 속으로 걸어 들어가세요. 그렇게 걷고 걷고 걷다 다시 본래의 깊은 자기 자신으로 돌아오세요. 그러니 너는 여전히 그 자리 그대로 남아 있구나…

이 시는 자신의 복잡하고 숨어 있는 감정들을 그대로 표현한 것입니다. 떠나버린 사람 앞에서 홀로 남겨져 땅만 바라보고 그늘로 그늘로 걸어갔다는 것 아닙니까? 떠나버린 사람은 상처를 주고 떠났지만, 상처받은 사람은 너무나 마음이 아프다는 것입니다.

그러나 그럴지라도 그는 이렇게 말합니다. 상처를 받았다 하더라도 자신을 품어주는 산으로, 강으로 가라는 것입니다. 그러다 자신의 자리로 돌아오라고 합니다. 그러지 못하고 상처의 자리에 남아 있으면 안 된다는 것입니다.

그래서 저도 마음이 아플 때는 산을 찾습니다. 산은 언제나 저를 품어줍니다. 산이 제 마음을 안아줍니다. 그리고 어떨 때는 강으로 갑니다. 흐르는 강물을 바라보며 아픈 상처를 흐르는 강물에 던집니다.

내 마음 강물 되어 흐르고 흐릅니다

언젠가도 말씀드렸습니다만, 제가 신학생 시절에 정말 존경한 목사님이 계셨습니다. 진심으로, 진정으로 존경했습니다. 그래서 저는 만나는 사람마다 그분을 자랑했습니다. 그리고 어떤 사람이 그분에 내해 험담을 하면 그냥 손으로 그 입을 막고 싶을 정도로 그분을 지켜드리고 싶었습니다.

그런데 어느 날 어떤 분이 그분을 찾아가 이렇게 물었다고 합니다. "소 목사가 어떤 사람인가요?" 우리 교회가 건축을 앞두고 있을 때 우리 교회에 큰 헌금을 하느냐 마느냐를 결정하려고 찾아갔던 것입니다. 그때 그분이 뭐라고 대답한 줄 아십니까? "나는 소강석이를 잘 모르오. 솔직히 나는 그가 어떤 사람인지 잘 모르겠소."

이 말을 전해듣는 순간 저의 가슴은 와르르 무너져 내렸습니다.

'내가 그분을 얼마나 존경했는데, 얼마나 신뢰하고 따랐는데…왜 그분은 나를 모른다고 하셨을까? 왜 나를 신뢰할 수 없다고 말씀하셨을까?'

이 상처가 얼마나 오래간 줄 아십니까? 그래서 목사님께 왜 그러셨느냐고 여쭈러 찾아갈까도 싶었습니다. 그러나 그것이 그 어른에게도 상처가 되고 저에게도 상처가 될까 봐 찾아가지 못했습니다. 그 상처는 제 마음에 큰 응어리가 되고 가슴에 큰 멍이 되었습니다.

시간이 흘러 그분이 천국에 가셨습니다. 저는 제일 먼저 장례식장으로 달려갔습니다. 그리고 그분의 영정사진 앞에서 하염없이 흐르는 눈물을 주체할 수가 없었습니다. 아무리 닦고 닦아도 눈물이 계속 흘렀습니다.

'목사님, 왜 그러셨어요? 왜 그때 저를 모른다고 하셨어요? 그때, 지금은 볼품없지만, 소강석의 장래성은 내가 확실하게 보장한다고 한마디만 해주셨으면 좋았을 텐데, 왜 저를 모르신다고 하셨어요' 저는 끝까지 빈소를 지켰고, 발인예배까지 참석하였습니다. 세월이 흘러 어느 날 강가에 섰습니다. 거기서 이런 시 구절을 썼습니다.

> 내 마음 강물 되어 흐르고 있습니다
> 멈추라 하여도 흘러야만 합니다
> 보냄을 아쉬워 않고 돌아옴을 반기지 않고
> 다시 옴을 그리워하지도 않습니다
> 멈추지 않고 흐르는 것만이 행복이고 기쁨인 것을
> 흐르고 또 흐릅니다
> 미움도 원망도 슬픔도 고통도 고일 길이 없어서
> 흐르고 흘러가고 있습니다

> 멈추고 붙잡는 것이 속절없는 것을
> 흘러야 행복인 줄 알기에 끊임없이 흘러갑니다

정말 그렇습니다. 내 마음이 강물 되어 흘러가면 됩니다. 그런데 그것을 흘려보내지 못하니 그것이 상처가 되고 아픔이 되는 것입니다. 미움도 원망도 슬픔도 고통도 그냥 강물처럼 흘려보내면 되는 것입니다. 그것들을 붙잡고 있으면 뭐 합니까? 속절없고 덧없을 뿐입니다.

그리고 어느 날 바닷가에 서서 이 시를 생각하니 선율이 떠올랐습니다. 그렇게 해서 만든 노래가 "내 마음 강물 되어"라는 노래입니다. 이 노래를 몇 번 부르고 나니 가슴에 있던 응어리가 다 녹아 흘러버렸습니다.

♪ 내 마음 강물 되어 흐르고 있습니다
멈추라 하여도 흘러야만 합니다
보냄을 아쉬워 않고 돌아옴을 반기지 않고
다시 옴을 그리워하지도 않습니다
멈추지 않고 흐르는 것만이 행복이고 기쁨인 것을
흐르고 또 흐릅니다
미움도 원망도 슬픔도 고통도 고일 길이 없어서
흐르고 흘러가고 있습니다
멈추고 붙잡는 것이 속절없는 것을
흘러야 행복인 줄 알기에 끊임없이 흘러갑니다

저는 그 모든 상처와 아픔을 강물처럼 흘려보내 버렸습니다. 그렇습니다. 우리는 상처와 아픔을 마음에 담고 있으면 안 됩니다. 강물처럼 흘려보내 버려야 됩니다. 나에게 상처 준 사람을 원망하고 저주하고 살면 나만 더 힘듭니다. 흘려보내야 하는데 흘려보내지 못하는 내가 문제입니다.

주님 앞에 상처의 보따리를 내려놓아야

그런 의미에서 독일의 심리학자 우르술라 누버는 《나는 내가 제일 어렵다》라는 책을 썼습니다. 진짜 내가 제일 어렵습니다. 뭐 하러 그 고통을 갖고 있습니까? 그 아픔을 갖고 있습니까? 강물에 흘려버려야 합니다. 그러기 위해서 우리가 산을 찾고 강이나 바다를 찾을 수 있습니다. 그런데 그것은 어디까지나 일반 은총의 영역입니다. 사실 이렇게 하는 건 세상 사람도 할 수 있습니다.

우리 그리스도인에게는 특권이 있습니다. 그 특권이 무엇입니까? 소중한 사람이 나를 아프게 할 때 더 소중한 주님을 찾는 것입니다. 더 소중하고 우리의 절대 가치가 되시는 주님을 만나는 것입니다. 이 세상에는 어떤 사람이든 절대적인 사람이 없습니다.

아무리 부부 사이가 좋아도 그건 절대적인 관계가 아닙니다. 부모 자식 관계도 절대적인 관계가 아닙니다. 이런 관계는 상대성이 있을 수 있습니다. 그리고 절대 가치가 될 수가 없습니다. 그러나 우리 주님은 우리의 절대 가치가 되는 분이시고, 우리에게 가장 소중한 존재이십니다.

♪ 주님은 내 사랑이요 고귀한 내 생명이요
　내 가는 인생길에서 주님은 내 소망이요
　주님은 내 행복이요 나에겐 참사랑이요

> 그 무엇과 바꿀 수 없는 주님은 소중한 주님
> 나 주님 영원히 사랑하리 온 세상 모두가 변한다 해도
> 주님만 사랑하리라 아무리 험난한 길도
> 주님과 우리 주님과 영원히 함께 가리라
> 가리라 가서 영원토록 우리 주님만 찬양하리라

그러므로 우리가 가장 소중한 주님을 만나면 되는 것입니다. 그 주님 앞에 나아갈 때 우리의 눈물을 닦아주시고, 우리의 멍든 가슴을 어루만져 주시며, 마음의 응어리를 녹아 흐르게 만들어 주시는 것입니다. 그래서 우리에게 절대 기쁨과 희망과 자유를 주시는 것입니다. 그리고 그 자유와 기쁨과 행복 안에서 우리를 엄청나게 성숙하게 하시고, 우리를 위대하고 창의적인 사람으로 만들어 주시는 것입니다.

어쩌면 부끄러운 이야기가 될 수도 있고, 혹은 재미있는 이야기가 될 수도 있겠지만, 제가 서울 가락동 지하상가 23평에서 개척을 시작하였을 때입니다. 서울에 이삿짐을 풀어놓자마자 집사람은 주변 교회를 돌아다니더니 여러 장의 교회 주보를 가져왔습니다. 그런데 그 주보를 보니 이웃 교회 담임목사님들이 다들 서울대, 연세대, 고려대, 총신대, 감신대 출신의 화려한 스펙의 소유자들이었습니다.

그걸 보여주면서 집사람이 저에게 이렇게 말했습니다. 그때는 제가 아직 목사 안수를 못 받았을 때였습니다. "전도사님, 어쩌다 이런 곳을 개척 장소로 삼았어요? 더구나 아직 목사 안수도 안 받은 전도사인데, 어떻게 이런 분들과 경쟁해서 성공할 수 있겠어요? 지금이라도 늦지 않았으니 우리 그냥 다시 지방으로 내려갑시다."

집사람의 말이 틀린 말이 아니었습니다. 딱 맞는 말이었습니다.

그러나 그 말이 제게는 너무 큰 상처가 되었습니다. 집사람이 그때 저에게 한마디라도 격려와 희망의 말을 해줬으면 얼마나 좋았겠습니까?

"전도사님, 전도사님은 할 수 있어요. 전도사님만이 가지고 있는 꿈이 있고 패기가 있고 용기가 있잖아요. 한번 해보세요. 제가 박수하고 응원하고 화끈하게 밀어드리겠습니다." 이렇게 말했으면 얼마나 좋았겠습니까? 그런데 집사람이 저의 기를 팍 죽였습니다.

그래서 저는 작심을 하고 아예 교회 강단에서 살았습니다. 낮에는 신발이 닳도록 사람들을 만나며 전도하고 다녔습니다. 또 저녁에는 계속 기도하며 교회 강단에서 잤습니다. 이때 뭐라고 기도한 줄 아십니까?

"하나님, 하나님도 집사람 말 들으셨죠? 우리 집사람이 했던 말이 무색하게 하기 위해서라도 저에게 은혜를 주셔야 합니다. 제가 이곳에서 보란 듯이 목회를 성공해야 합니다."

그런데 지내놓고 보니 집사람에게 얼마나 고마운지 모릅니다. 그때 집사람이 좀 여우 기질이 있어서 "전도사님, 걱정하지 마세요. 제가 있잖아요" 했더라면 저는 그렇게 죽기 살기로 목회 안 했습니다. 집사람이 저한테 아픔을 주고 상처를 주어서 오늘의 제가 있고, 오늘의 새에덴교회가 있는 것입니다.

그렇습니다. 누구에게나 삶의 아픔이 있고 고통이 있습니다. 더구나 그 아픔과 고통을 나와 가까운 사람이 제공할 수 있습니다. 자녀가 줄 수 있고, 부모가 줄 수 있고, 친구가 줄 수도 있습니다.

그럴 때 우리 그리스도인은 세상에서 가장 소중한 주님을 만나야 합니다. 그리고 그 앞에 나아가 나의 모든 고통의 보따리, 한숨의 보따리, 눈물의 보따리, 아픔의 보따리, 상처의 보따리를 십자가 앞에 던지는 것입니다. 그러면 그 아픔과 슬픔 대신에 우리에게 기쁨과 행복을 주십니다. 자유를 주십니다. 힘을 주시고 용기를 주시는 것입니다.

더 나아가 거룩한 상상력과 아이디어, 즉 하이 콘셉트를 주십니다. 창의적인 능력을 주십니다. 그래서 오히려 그 아픔 때문에 더욱 성숙하게 됩니다. 삶이 한 단계 더 도약하게 됩니다. 삶에 역동성이 넘치게 됩니다.

서양에서는 어머니가 시집가는 딸에게 진주를 주는 풍습이 있습니다. 이때의 진주를 'Frozen Tears'(얼어붙은 눈물)라고 부른다고 합니다. 딸이 시집살이하다가 속상할 때 조개가 살 속에 모래알이 박힌 고통을 이겨내고 아름다운 진주를 만들어내는 것처럼 잘 참고 견뎌내라는 의미로 준다고 합니다.

진주는 조개 안에서 만들어집니다. 어쩌다 조개의 몸속에 들어온 모래알은 조갯살 속에 박혀 고통을 줍니다. 그런데 그렇게 몇 달 몇 년이 흐르면 바로 진주가 되는 것입니다.

살아가다 보면 우리의 삶에도 이런저런 모래알이 들어올 때가 있습니다. 나와 가장 가까이 있습니다. 그런데 그것을 품고 살면 언젠가는 값진 진주가 됩니다. 이 때문에 내게 가시처럼 다가와 나를 힘들게 하고 상처를 준다 해도 '내가 값진 진주를 품고 있구나. 나를 아프게 하는 것이 내게 진귀한 보물을 가져다주겠구나!'라고 생각하면서 이겨내면 내가 진주가 되어가는 것입니다.

지금 당신에게 어떤 아픔이 있습니까? 소중한 사람이 당신에게 고통을 주었습니까? 고통을 준 사람은 이미 떠나버렸지만, 그 고통이 당신의 마음속에 남아 있습니까? 그 아픔이 당신의 머릿속에 남아 있습니까?

흐르는 강물에 다 그냥 흘려버려야 합니다. 아니, 진주가 될 줄 믿고 감사해야 합니다. 그리고 세상에서 가장 소중한 주님을 만나야 합니다. 특별히 십자가에 달리신 예수님께 나아가야 합니다. 그럴 때 주님의 보혈의 핏방울이 우리 마음에 떨어질 것입니다. 상처 입으신 그 주님의 손이 우리의 마음을 만져주시고 우리의 눈물을 닦아주실 것입니다.

♪ 슬픔 걱정 가득 차고 내 맘 괴로워도
갈보리 십자가 위에서 죄 짐이 풀렸네
놀라운 사랑의 갈보리 갈보리 갈보리
놀라운 사랑의 갈보리 영원한 갈보리

너의 근심 모든 염려 주께 맡기어라
갈보리 십자가 위에서 죄 짐이 풀렸네
놀라운 사랑의 갈보리 갈보리 갈보리
놀라운 사랑의 갈보리 영원한 갈보리

4.
그리움이 당신을 아프게 하나요?

그들이 애굽에서 올라와 가나안 땅으로 들어가서 아버지 야곱에게 이르러 알리어 이르되 요셉이 지금까지 살아 있어 애굽 땅 총리가 되었더이다 야곱이 그들의 말을 믿지 못하여 어리둥절하더니 그들이 또 요셉이 자기들에게 부탁한 모든 말로 그에게 말하매 그들의 아버지 야곱은 요셉이 자기를 태우려고 보낸 수레를 보고서야 기운이 소생한지라 이스라엘이 이르되 족하도다 내 아들 요셉이 지금까지 살아 있으니 내가 죽기 전에 가서 그를 보리라 하니라(창 45:25-28)

윤동주의 별 헤는 밤

누군가를 그리워한 적이 있습니까? 어떤 곳을 동경한 적이 있습니까? 그리움은 누구에게나 있습니다. 그래서 우리는 이따금씩 막연하게 그 무언가를 그리워할 때가 있습니다. 더구나 무엇을 그리워하고 누구를 그리워하는지도 모르지만, 그 그리움이 마음을 아프게 하고 애타게 할 때가 있습니다.

바로 그 그리움은 원초적인 그리움이요, 근원적인 그리움이라고 할 수 있습니다. 그리고 그런 그리움이 가득 채워진 날은 눈이 부시도록 푸르른 날입니다. 서정주 시인은 "눈이 부시게 푸르른 날은 그리운 사람을 그리워하자"라고 노래했습니다.

> 눈이 부시게 푸르른 날은 / 그리운 사람을 그리워하자
> 저기 저기 저 가을 꽃자리 / 초록이 지쳐 단풍 드는데 (중략)
> 눈이 부시게 푸르른 날은 / 그리운 사람을 그리워하자

사람에게는 누구에게나 고향에 대한 그리움이 있습니다. 서울에서 태어나신 분들은 고향에 대한 그리움을 잘 못 느낄지 모르지만, 해외에 나가거나 외국 나가서 살다 보면 고국에 대한 그리움이 상사병처럼 생깁니다.

그래서 윤동주 시인은 평생을 떠돌아다니며 얼마나 고향에 대한 그리움으로 사무쳤는지 모릅니다. 명동에서 경성으로, 경성에서 도쿄(릿쿄 대학교)로, 도쿄에서 다시 교토(동지사 대학교)로 떠돌았습니다. 그러다 마지막 여생을 후쿠오카에서 마치게 됩니다.

그런데 그의 시를 보면 유난히 고향을 그리워하는 특정 단어들이

많이 등장합니다. 그중 하나가 별입니다. 그는 고향에 대한 그리움을 별로 이미지화했습니다. 그래서 "별 헤는 밤"이라는 시를 보면 이런 구절이 나옵니다.

별 하나에 추억과 / 별 하나에 사랑과
별 하나에 쓸쓸함과 / 별 하나에 동경과
별 하나에 시와 / 별 하나에 어머니, 어머니
어머님, 나는 별 하나에 아름다운 말 한 마디씩 불러봅니다

이것은 윤동주의 고향을 그리워하는 시였습니다. 그런데 윤동주 시인이 육신의 고향인 명동만 그리워했겠습니까? 자신의 영혼이 서려 있는 근원에 대한 그리움, 그가 평소에 섬겨왔던 하나님에 대한 그리움, 언젠가 돌아가게 될 천국에 대한 그리움을 포함하고 있었을 것입니다.

특히 후쿠오카 감옥에 있을 때는 어린 시절의 추억이 담겨 있는 고향이 얼마나 그리웠겠습니까? 명동촌의 산야에 겨울이 오면 친구들과 함께 토끼도 잡고, 멧돼지가 달려와도 겁도 없이 소리 지르며 뛰어갔던 어린 시절이 그에게도 있었습니다.

그러나 지금은 후쿠오카 감옥에서 조롱에 갇힌 한 마리 새가 되어 창살 사이로 몰아치는 하얀 눈보라를 젖은 눈으로 보고 있는 것입니다. 저는 이런 윤동주의 심경을 이렇게 표현해 봤습니다. "명동촌의 겨울"이라는 시입니다. 앞부분은 생략합니다.

그러나 지금 나는 조롱에 갇힌 새가 되어
후쿠오카 감옥 창살 사이로 몰아치는

하얀 눈보라를 젖은 눈으로 보고 있어요 / 비록 내가 불새가 되어
현해탄을 날아 명동까지 간다 해도 / 토끼를 잡으러 뛰어갔던
나의 하얀 발자국은 남아 있을까요 / 내가 지우지 않아도
바람과 이슬과 안개가 아닐지라도 / 누군가가 지웠겠지요
그러나 하얀 설원에 찍혔던 나의 발자국과 체취는
내 안에 고스란히 남아 있어
나는 오늘도 명동의 겨울로 가고 있다가
그리고 언젠가 저 하늘의 새가 되어
겨울을 넘어 더 멀고 기나긴 겨울로 날아가게 되면
나의 지친 날개 / 명동촌의 겨울산 어느 나뭇가지라도 좋으니
그 위에서 잠시만 쉬게 해주세요

이 얼마나 가슴 사무치고 아련한 애상이요, 그리움의 상흔입니까? 그런데 그 고향을 향한 그리움의 한 중심에 누가 있습니까? 어머니가 있습니다. 그래서 윤동주 시인은 후쿠오카 감옥에서 어머니의 이름을 수백 번, 수천 번도 더 불렀을 것입니다. "별 하나에 어머니, 어머니…어머님!"

지금도 속초에 가면 아바이 마을이 있다고 합니다. 북에서 내려온 실향민들이 통일이 되면 다시 돌아갈 거라고 생각해 잠시 거기서 머물렀습니다. 그러나 시간이 지나도 그날이 오지를 않는 것입니다. 그래서 아예 거기서 머무르게 되었습니다.

그렇지만 아무리 기다려도 이제는 평생 고향으로 돌아가지 못할 것 같았습니다. 그러니 꿈속에서 고향이 어른거리는 겁니다. 그래서 그 어르신들이 고향을 사무치게 그리워하며 이런 노래를 불렀다고 하지 않습니까? 그것이 바로 "꿈에 본 내 고향"이라는 노래입니다.

♪ 고향이 그리워도 못 가는 신세 (중략)
　꿈에 본 내 고향은 마냥 그립소

그리움은 죽음보다 깊은 슬픔

그런가 하면 우리에겐 사랑에 대한 그리움도 있습니다. 이 그리움이 얼마나 무서운 줄 아십니까? 이 사랑의 그리움은 결국 상사병까지 낳고 맙니다.

혹시 김계용 목사님을 아십니까? 이분은 6·25 때 잠깐 피하면 되는 줄 알고 사랑하는 아내와 자녀들을 북에 두고 혼자 도망쳐 왔습니다. 그러나 전쟁은 끝났어도 휴전선이 남과 북을 가로막아 돌아갈 수가 없었습니다. 그러니 북에 두고 온 사모님을 얼마나 그리워했는지 모릅니다. 그래서 목사님은 끝까지 다시 결혼하지 않았습니다. 언젠가 통일이 되면 사랑하는 사모님을 만나기 위해서였습니다.

그분은 미국 LA에 가서 영락교회를 개척했습니다. 그리고 LA에서 가장 큰 교회를 이루었습니다. 그러다 보니 주위의 많은 사람들이 걱정을 합니다. "목사님, 이렇게 큰 목회를 하시려면 결혼을 하셔야 합니다. 사모님이 목회를 도와야 하지 않겠습니까?"

그래도 그분은 통일이 올 것을 굳게 믿고 결혼하지 않았습니다. 물론 통일은 오지 않았습니다. 그런데 인도적 지원차 북한을 방문할 기회가 생겼습니다. 물론 목사님에게는 조건이 하나 있었습니다. 딱 하루만이라도 좋으니 자신의 아내, 즉 사모님을 만나게 해달라는 것이었습니다.

그렇게 해서 수십 년을 기다려 온 그리움과 동경의 마음으로 드디어 고향 땅을 밟았고, 마침내 사모님과 상봉하였습니다. 가서 보니 사모님도 평생 수절하며 목사님이 돌아오기만을 기다리고 있었습니다. 수십 년 만에 부부는 할아버지와 할머니가 되어 만났습니다. 두 분은 그동안의 그리움을 쏟아내며 얼싸안고 울고 또 울었습니다.

그런데 사모님과 하룻밤을 보내신 목사님께서 다음 날 갑작스럽게 돌아가시고 말았습니다. 이에 대해 여러 가지 이야기가 분분하지만, 저는 그렇게 봅니다. 고 이중표 목사님이 말씀한 대로 목사님께서 얼마나 사모님을 그리워하고 사무치게 보고 싶어 하셨으면 심장이 멎어 버리셨을까 하고 말입니다. 그리움이 사람을 아프게 하다못해 심장을 멎게 해버리고 만 것입니다.

오래전에 KAL기 괌 추락 사건이 있었습니다. 229명이 사망한 너무나 안타까운 사고였습니다. 그런데 그 가운데 매우 장래가 촉망되던 국회의원이 있었습니다. 바로 신기하 의원이었습니다. 신기하 의원의 어머니 이묘현 여사는 아들이 죽었다는 소식을 듣고 가슴을 치며 통곡하였습니다. 그리고 그날부터 음식을 입에 대지 않았다고 합니다. 얼마나 아들이 보고 싶었으면 실성한 사람처럼 매일 그렇게 아들의 이름을 부르며 그리워하고 슬퍼하다 결국 50일 만에 세상을 뜨셨다고 합니다.

창세기에도 그런 이야기가 소개되고 있습니다. 요셉이 형제들의 미움을 받아 애굽에 노예로 팔려갔습니다. 그런데 이 못된 형제들이 아버지 야곱에게 요셉이 죽었다고 거짓말을 합니다(창 37:31-35). 그때 야곱이 얼마나 망연자실했던지 살아 있어도 죽은 것이나 다름이 없는 삶을 살았습니다.

만약에 하나님이 안 지켜주셨으면 야곱도 이묘현 여사처럼 아들을 그리워하다 한두 달 후에 죽고 말았을 것입니다. 그의 고통과 슬픔이 얼마나 컸던지 자신의 영혼이 스올에 내려갈 정도였다고 말하지 않습니까?

> 창 37:35 그의 모든 자녀가 위로하되 그가 그 위로를 받지 아니하여 이르되 내가 슬퍼하며 스올로 내려가 아들에게로 가리라 하고 그의 아버지가 그를 위하여 울었더라

얼마나 자식이 그리웠으면 자기가 지금 지옥 같은 삶을 살고 지옥 같은 인생을 살고 있다고 고백했겠습니까? 야곱은 요셉이 이미 죽은 것으로 알고 있었기 때문에 그랬습니다. 그래서 죽은 아들을 늘 그리워하고 동경했습니다. 야곱이 그 피 묻은 채색옷을 보고 또 보며 얼마나 가슴이 갈가리 찢어지고 피를 토하고 싶은 심정이었겠습니까?

그날 밤부터 야곱은 매일 잠도 못 이루었을 것입니다. 눈만 감으면 요셉이 환하게 웃는 얼굴이 떠오르고, 자신이 품으로 안았던 아들의 모습이 떠올랐을 것입니다. 야곱이 이렇게 아들을 향한 사무치는 그리움에 마음이 아플 때 하나님께서 야곱에게 응답을 주셨으면 얼마나 좋았겠습니까? "야곱아, 니 아들 요셉은 죽지 않았다. 요셉에게 준 환상을 이루기 위하여 지금 내가 애굽에서 훈련을 시키고 있다. 걱정 마라." 그러나 하나님은 아무 말씀도 하지 않으셨습니다.

그러니 사무치는 그리움은 또 다른 그리움을 낳고, 야곱의 두 눈에서는 눈물이 마를 날이 없었습니다. 죽은 아들을 생각하면서 매일 그리움의 연가를 불렀습니다.

♪ J(요셉의 영어 이름이 '조셉'이니 약자로 하면 'J'라고 할 수 있어요)
　J 아름다운 시절들이 멀리 사라졌다 해도

J 나의 사랑은 아직도 변함없는데
조셉, 난 너를 못 잊어 조셉, 난 너를 사랑해
(이선희의 노래 'J에게'를 개사한 것임)

일반적으로 인문학에서는 그리움이 찾아올 때는 시를 쓰거나 글을 쓰거나 노래를 부르라고 말합니다. 이런 것도 약간의 도움은 됩니다. 어떤 사람은 그리움이 밀려올 때면 산이나 강을 찾으라고, 자연과 가까워지라고 합니다. 이 역시 약간의 도움은 됩니다. 그러나 그것으로 되겠습니까?

딸에게 보내는 굿나잇 키스

고 이어령 교수님은 사랑하는 딸 이민아 목사님을 먼저 하늘나라로 보냈습니다. 그분처럼 그 그리움을 글로 잘 표현한 사람을 저는 아직까지 보지 못했습니다. 그런데도 딸을 향한 그리움과 아픈 사랑이 가시지 않았다고 합니다. 아무리 시와 글과 노래로 자신의 마음을 달래도 그 그리움이 사라지지 않았습니다.

그래서 마침내 《딸에게 보내는 굿나잇 키스》라는 책을 썼습니다. 구구절절, 너무나 그립고 보고 싶은 딸을 향하여 사랑을 고백하는 내용이 담겨 있습니다. 그러다 얼마 전에 그분도 딸이 간 천국에 가시지 않았습니까? 우리가 시를 쓰고 글을 쓰고 노래를 한다고 그리움이 다 사라지는 게 아닙니다. 산이나 강을 찾고 자연과 가까워진다고 그리움이 지워지지 않습니다.

그러면 그리움이 이렇게 사무치고 심장이 아프도록 밀려올 때는 어떻게 해야 할까요? 먼저 그리움을 찾아 떠날 수 있으면 떠나는 것이 좋습니다. 그 그리움의 대상이 고향이 되었건, 존경하는 사람이 되었건, 사랑하는 사람이 되었건, 일단 한번 만나보는 게 좋습니다. 아니, 만나봐야 합니다.

제 딸과 사위가 잠시 미국에 가 있습니다. 사위가 변호사로 있었던 로펌 회사에서 입사 7년째가 되어 안식년을 주고 미국 가서 잠시 공부하고 오라고 했다는 겁니다. 그 대형 로펌에서 보기에 사위 녀석이 쓸 만하니까 그런 기회를 주었을 것입니다.

저는 딸에 대해서 항상 미안한 마음을 갖고 있습니다. 어린 시절에 딸에게 사랑을 못 주었기 때문입니다. 제 딸이 어린 시절에 주일 날 저녁 예배가 끝나면 항상 제 손을 잡고 이렇게 말했습니다. "아빠, 오늘 저녁에 집에 오실 거예요?" 그러면 제가 간다고 장담을 못 했습니다. 저는 사랑하는 딸의 부탁을 거절할 만큼 진짜 피투성이가 되도록 노력한 사람입니다.

저의 부족한 스펙을 극복하기 위해 닥치는 대로 책을 읽었습니다. 그렇게 부족한 부분을 피나는 노력으로 열심히 메우고 또 메워왔습니다. 그래서 주일 저녁 예배가 끝나고도 밤을 새우며 성경을 연구하고 설교 준비를 했습니다.

저도 사랑하는 딸과 놀아주고 싶었습니다. 그런데 단 한 번도 딸을 데리고 서울대공원이나 용인 에버랜드 같은 곳에 가본 적이 없습니다. 딸이 급성장염에 걸려서 입원했을 때도 못 갔습니다. 오로지 딸은 집사람에게 맡기고 저는 목회에만 전념했습니다. 그러니 지금 생각하면 너무나 미안합니다.

그래도 하나님의 은혜로 딸이 잘 자라 미국에서 좋은 대학교를 나오고 어릴 때부터 점 찍어놓은 지금의 사위와 결혼해서 손주들도 낳았습니다. 이 손주들이 왜 이렇게 예쁜지 모릅니다. 그런 의미에서 어떤 인생도 손주들을 보기 전에는 인생을 논해서는 안 됩니다. 특히 첫 손녀 현주를 얼마나 사랑했는지 모릅니다. 저는 현주에게 감동을 줄 때마다 "와우, 와우~"라는 감탄사를 썼습니다.

어느 날 벚꽃 잎이 눈처럼 떨어지는 모습을 아이가 막 신기하게 보았습니다. 그래서 저는 그 신기함을 더해주기 위해서 송종호 안수집사님한테 벚나무 위로 올라가서 벚나무를 흔들라고 그랬습니다. 그러자 벚꽃 잎이 눈처럼 내리지 않습니까? 그럴 때 제가 "와우, 와우~" 하니까 손녀도 "와우, 와우"를 따라 하는 것이었습니다.

그러나 제가 총회장이 되면서부터 아예 손주들과 놀아줄 수가 없었습니다. 시간을 투자하고 같이 놀아줘야 하는데 그렇게 못하니까 이 녀석들이 눈치를 살살 봅니다. 제 마음은 변함이 없는데 그 녀석들이 변해갔습니다. 그러다 미국으로 떠났습니다. 그러니 더 보고 싶은 것입니다.

그러던 중에 미국 LA에서 연락이 왔습니다. 광복절 77주년을 맞아 LA 지역에서 연합감사예배를 드리는데 강사로 올 수 있냐고 하는 것입니다. 그래서 조금 머뭇거리다 간다고 했습니다. 주일날 빠지는 것도 아니고, 옛말에 뽕도 따고 임도 본다는 말이 있지 않습니까? 가서 집회도 하고 손녀와 손주도 보고 싶었습니다.

그래서 미국 가서 연합집회에서 설교도 하고 목회자 세미나도 했습니다. 강의가 끝나자 사람들이 기립 박수를 해주었습니다. 강의가 끝나고 저는 바로 자리를 떴는데 감사패까지 보내주셨습니다.

그런데 이역만리까지 찾아갔는데, 이 녀석들이 할머니만 좋아하지, 저는 좋아하질 않는 겁니다. 저에게는 아무 관심도 없었습니다. 예배를 마치고 기념사진을 찍는데 손주 녀석이 얼마나 큰 소리로 외치는지 예배당이 쩌렁쩌렁 울릴 정도였습니다. "할아버지! 할머니 우리 집 데려가도 돼요? 데려가게 해주세요!"

그래서 집사람은 세미나에 참석을 안 하고 손주들을 따라 딸네 집으로 가버렸습니다. 제가 놀아주지 못하니 저는 하나도 안 좋아하고 할머니만 좋아하는 것입니다. 이번에도 수영장에서 딱 두 시간밖에 못 놀아주었습니다. 그런 데다 갑자기 할아버지 중에서도 친할아버지만 찾고 좋아하는 것입니다. 남 장로님은 토요일마다 잘 놀아주셨기 때문입니다. 그러나 그런 것까지도 손주니까 귀엽게 보였습니다. 이처럼 그리움이 밀려올 때는 그 그리움의 대상을 찾아 나서는 것도 좋습니다.

야곱과 요셉이 부른 눈물의 듀엣

야곱도 그랬습니다. 그가 죽은 아들을 얼마나 그리워했는지 죽지 못해 스올 같은 삶을 살아가고 있었습니다. 그런데 자녀들이 애굽에 가서 곡식을 사오더니 뜬구름 잡는 얘기를 하는 것입니다.

"아버지, 요셉이 살아 있습니다. 저희들을 용서해 주십시오. 요셉이 죽은 것이 아닙니다. 옛날에 아버지가 하도 그 아이만 편애하시길래 아버지에게는 죽었다고 하고 우리가 그 아이를 애굽의 노예로 팔아넘겼습니다. 그런데 애굽에서 종 노릇을 하고 있어야 할 요셉이 국무총리가 되어 애굽 전역을 통치하고 있었습니다. 그러니, 아버지! 저희와 함께 이제 애굽 땅으로 가주세요. 애굽 땅에 가서 요셉을 만나고 지난날 아버지를 속이고 거짓말했던 일도 용서해 주세요."

처음에는 야곱이 이 말을 믿지 못하고 어리둥절했습니다. 그러다 요셉이 자기를 태우려고 보낸 수레를 보고는 그 말을 믿고 기운이 소생했습니다. 지금까지 지옥 같은 삶을 살고, 못 죽어서 사는 스올

같은 인생을 살아왔는데 이제야 살맛이 나고 기운이 솟았습니다.

> **창 45:26-27** …야곱이 그들의 말을 믿지 못하여 어리둥절하더니 그들이 또 요셉이 자기들에게 부탁한 모든 말로 그에게 말하매 그들의 아버지 야곱은 요셉이 자기를 태우려고 보낸 수레를 보고서야 기운이 소생한지라

그러자 야곱이 "참으로 족하도다, 족하도다. 내 아들 요셉이 지금까지 살아 있다 하니 내가 죽기 전에 가서 그를 보리라" 하면서 당장 애굽으로 갔습니다.

> **창 45:28** 이스라엘이 이르되 족하도다 내 아들 요셉이 지금까지 살아 있으니 내가 죽기 전에 가서 그를 보리라 하니라

야곱은 요셉을 만나러 애굽으로 가기 전에 하나님께 번제와 화목제를 드렸습니다. 그제야 하나님께서 야곱에게 나타나 말씀하셨습니다. "야곱아, 애굽으로 가는 것을 두려워하지 말라. 내가 거기서 너로 큰 민족을 이루게 하리라."

> **창 46:3** 하나님이 이르시되 나는 하나님이라 네 아버지의 하나님이니 애굽으로 내려가기를 두려워하지 말라 내가 거기서 너로 큰 민족을 이루게 하리라

그래서 야곱이 브엘세바를 떠나 애굽으로 내려갔습니다. 그리고 마침내 야곱과 요셉이 만났습니다. 야곱의 눈앞에 정말 요셉이 나타

났습니다. 그렇게 꿈속에서도 그리워하던 요셉을 보게 된 것입니다. 그러니 야곱이 얼마나 감격스럽고 기뻤겠습니까?

요셉도 총리 궁에서 아버지를 기다리지 못하고 수레를 몰고 고센 땅으로 와서 아버지 야곱을 맞았습니다. 수레를 타고 오면서 얼마나 가슴이 울렁거리고 울먹거렸겠습니까? 드디어 그토록 그리워하던 아버지를 만났습니다. 두 사람은 서로를 끌어안고 울기 시작합니다.

"요셉아, 요셉아, 니가 내 아들 요셉이란 말이냐. 내가 너를 얼마나 보고 싶어 했는데, 내가 너를 얼마나 그리워했는데…. 내 사랑하는 아들 요셉아, 이렇게 살아서 너를 보았으니 지금 죽어도 여한이 없구나. 평안히 눈을 감을 수 있겠구나. 요셉아, 내 아들 요셉아…."

> 창 46:29-30 요셉이 그의 수레를 갖추고 고센으로 올라가서 그의 아버지 이스라엘을 맞으며 그에게 보이고 그의 목을 어긋맞춰 안고 얼마 동안 울매 이스라엘이 요셉에게 이르되 네가 지금까지 살아 있고 내가 네 얼굴을 보았으니 지금 죽어도 족하도다

야곱이 요셉을 끌어안았을 때 얼마나 행복했겠습니까? 얼마나 하나님 앞에 감사했겠습니까? 요셉이 이렇게 위대한 애굽의 총리대신이 되었음에도 야곱은 계속 한탄하며 살아왔습니다. 그런데 하나님이 지금까지 함께해 오셨고, 특별히 아들 요셉과 동행하셔서 종신직 국무총리가 되게 하셨습니다.

그러니 야곱은 흐르는 눈물을 주체할 수가 없었습니다. 요셉도 마찬가지였습니다. 야곱과 요셉은 아마 함께 이런 노래를 불렀을 것입니다.

♪ 내가 걸어온 길 길고도 짧은 길 내 힘으로 걸어온 줄 알았는데
여기까지 온 것도 주가 동행함이라 주님 나와 동행하심이라
때론 험한 길에서 폭풍우를 만나고
때론 가시밭길에서 고난을 당하나
주님 동행하시니 나는 두려움 없네 주님 나와 동행하심이라
할렐루야 주 동행하시네 할렐루야 주 동행하시네
험한 골짜기도 나 두려움 없네 주님 나와 동행하심이라

그러나 그런 야곱도 나이가 들어 이 세상을 떠나야 했습니다. 그때 야곱이 요셉에게 이런 유언을 했습니다. "요셉아, 내가 죽으면 이 땅에 묻힐 수가 없다. 나는 나의 조부 아브라함과 아버지 이삭이 묻혀 있는 헤브론 땅에 묻혀야 한다. 그곳은 우리 가문의 선산이기도 하고 선영이 있는 곳이기도 하다. 그러므로 내가 죽으면 나를 미라로 만들어 헤브론까지 가서 우리 선조가 묻혀 있는 선산에 묻어야 한다."

창 49:29 그가 그들에게 명하여 이르되 내가 내 조상들에게로 돌아가리니 나를 헷 사람 에브론의 밭에 있는 굴에 우리 선조와 함께 장사하라

야곱은 왜 그렇게 선산을 사모했을까요? 바로 그 땅이 하나님의 언약의 땅 중에서 노른자 땅이라고 확신했기 때문일 것입니다. 그러니 결코 그는 애굽 땅에 묻힐 수가 없었습니다. 언약의 땅에 묻히기를 원했습니다. 그 언약의 땅은 젖과 꿀이 흐르는 땅이었습니다.

야곱만이 아니었습니다. 요셉 또한 죽을 때는 애굽 땅에 묻히더라도 해방되는 날 약속의 땅으로 자신의 해골을 메고 가라고 당부했습니다.

> 창 50:25 요셉이 또 이스라엘 자손에게 맹세시켜 이르기를 하나님이 반드시 당신들을 돌보시리니 당신들은 여기서 내 해골을 메고 올라가겠다 하라 하였더라

그러나 궁극적으로 두 사람이 말한 그곳은 하나님이 계신 땅이요, 하나님의 나라에 대한 예표이자 상징이라고 할 수 있습니다. 그러므로 야곱에게 또 하나의 그리움의 대상은 하나님이자 영원한 천국이었던 것입니다. 그 영원한 천국에서 영원히 살기를 원했던 것입니다.

♪ 길이 살겠네 나 길이 살겠네 저 생명 시냇가에 살겠네

그리움은 하나님으로 채워야

누구에게나 영혼의 노스탤지어가 있습니다. 영혼의 토포필리아(Topophilia)가 있습니다. 그 때문에 인간은 누구를 막론하고 영혼이 있는 한 궁극적인 그리움이 있습니다. 교회를 다니거나 안 다니거나, 예수 그리스도를 믿건 안 믿건 간에 영원에 대한 동경이 있고 그리움을 향한 목마름이 있습니다. 그래서 한동안 이런 노래도 유행했습니다.

♪ 내 젊음의 빈 노트에 무엇을 써야 하나
  내 젊음의 빈 노트에 무엇을 채워야 하나

그런데 프랑스의 철학자 파스칼은 인간 마음의 목마름의 공간은 어떤 것으로도 채워지지 않는다고 했습니다. 오로지 그 마음의 빈

공간은 하나님으로만 채워진다는 것입니다. 예수 그리스도로만 채워진다고 했습니다. C. S. 루이스도 똑같은 말을 했습니다. "우리의 근원적이고 궁극적인 그리움은 하나님으로만 채울 수 있다."

그렇습니다. 그 그리움의 공간은 사람으로 채울 수 없습니다. 시와 글과 노래로도 채울 수 없습니다. 명예와 권력, 그 어떤 물질로도 채울 수 없습니다. 그 영혼에 대한 그리움, 본질과 근원을 향한 그리움은 오직 하나님으로만 채워질 수 있습니다. 왜 그런 줄 아십니까? 하나님께서 영혼을 가진 사람에게 영원을 사모하는 본능을 주셨기 때문입니다. 그래서 전도서는 이렇게 말씀합니다.

전 3:11 하나님이 모든 것을 지으시되 때를 따라 아름답게 하셨고 또 사람들에게는 영원을 사모하는 마음을 주셨느니라

그렇기 때문에 예수님을 모르는 사람은 그리움의 원인도 모르고 대상도 모른 채 방황할 수 있습니다. 그래서 사마리아 여인도 예수님을 만나기 전에는 그토록 영적인 그리움 때문에 방황한 것 아닙니까? 그러나 진정한 그리움의 대상인 예수님을 만난 이후에는 영혼의 목마름이 사라지고 완전한 행복과 기쁨으로 채워지는 삶을 산 것 아닙니까? 그래서 그녀는 이렇게 고백했습니다.

♪ 오 주님 채우소서 나의 잔을 높이 듭니다
하늘 양식 내게 채워주소서 넘치도록 채워주소서

예수 그리스도를 믿는 우리는 압니다. 우리의 모든 그리움의 대상은 궁극적으로 하나님이라는 것을 말입니다. 진정한 동경과 근원적

그리움의 대상이 예수 그리스도라는 것을 압니다. 그래서 우리는 하나님을 경외하는 삶을 사는 것입니다. 예수 그리스도를 사모하는 삶을 삽니다. 하나님이 계시고 다스리시는 영원한 천국을 사모하면서 살아갑니다.

여기에 우리의 궁극적인 질문에 대한 답이 있습니다. 우리에게는 많은 그리움이 있습니다. 그러나 가장 아름다운 그리움 중의 그리움은 하나님을 갈망하는 것입니다. 하나님의 은혜를 사모하는 것입니다. 예수 그리스도의 사랑을 갈망하는 것입니다.

새에덴교회 장년여름수련회를 하면서 2천 명만 모집했는데, 거의 3천 명이 신청을 했습니다. 또 거기 못 오신 분들은 교회에 모여 참석했습니다. 왜 그랬을까요? 하나님을 사모하기 때문입니다. 예수 그리스도의 은혜와 사랑을 갈망하기 때문인 것입니다.

그러나 작년 수련회도 그랬지만, 재작년 수련회는 더 그랬습니다. 본당에 들어올 수 있는 숫자가 제한되어 있다 보니 성도들이 하나님을 사랑하고 갈망하는 마음이 더 애틋했습니다. 갈망하는 마음이 그렇게 애절하다 보니 그 마음이 옥합을 깨뜨리는 헌신으로 연결되었습니다. 그래서 성도들이 얼마나 거침 없이 물질적 헌신을 하고, 사명적 헌신을 했는지 모릅니다.

그러므로 먼저 하나님의 은혜를 갈망해야 합니다. 기왕에 하나님을 섬기는 사람이 되었다면 하나님을 깊이 갈망하는 삶을 살아야 하지 않겠습니까? 성경을 보면 다윗은 얼마나 하나님을 사모했는지, 목마른 사슴이 시냇물을 사모함같이 갈망했다고 했습니다(시 42:1). 아니, 자신의 영혼과 육체가 쇠약해진 정도로 사모했습니다(시 84:2). 술람미 여인은 솔로몬을 상사병이 나도록 사모했습니다(아 2:5).

우리도 그래야 합니다. 영혼과 육체가 쇠할 정도로, 아니 영혼의 상사병을 앓을 정도로 하나님을 그리워해야 합니다. 그 그리움의 연가를 불러야 합니다. 그러면 이 세상의 모든 그리움을 이길 수 있습니다. 모든 육신적, 세상적 그리움의 아픔을 너끈히 이겨낼 수 있습니다. 왜냐하면 주님께서 그 마음을 만져주시기 때문입니다. 하나님의 은혜가 모든 것을 덮어 버리기 때문입니다.

그러면 영혼의 그리움에 대한 노래의 주제가 무엇입니까? 바로 우리를 위해 십자가에서 죽으신 예수 그리스도이십니다. 천 번을 불러도 눈물이 멈추지 않는 사랑이기 때문입니다. 나를 위해 십자가를 지신 사랑이기에 우리는 그 사랑의 연가를 부릅니다.

그러면 우리의 눈시울이 젖고 가슴이 뜨거워집니다. 그때 주님께서 우리의 마음을 만져주시기 때문입니다. 젖은 가슴을 만져주시기 때문입니다. 사모하는 가슴 속에 은혜를 가득 채워주시기 때문입니다.

> ♪ 천 번을 불러도 내 눈에는 눈물이 멈추지 않는 것은
> 십자가의 그 사랑 나를 살리려 하늘 보좌 버리신
> 나를 사랑하신 분 그분이 예수요

다윗처럼 목마른 사슴이 시냇물을 사모하듯이 하나님을 그리워해 보셨습니까? 하나님을 사모하며 영혼과 육체가 쇠약해진 적이 있습니까? 천 번을 불러 봐도 그리스도의 사랑 때문에 멈추지 않는 눈물을 경험해 보셨습니까? 주님이 우리 그리움의 주제요, 목표요, 궁극이 되어야 합니다. 그런 궁극의 그리움 속에서 살아야 합니다.

5.
거울아, 누가 제일 예쁘지?

그가 나를 인도하여 잔칫집에 들어갔으니 그 사랑은 내 위에 깃발이로구나 너희는 건포도로 내 힘을 돕고 사과로 나를 시원하게 하라 내가 사랑하므로 병이 생겼음이라 그가 왼팔로 내 머리를 고이고 오른팔로 나를 안는구나 예루살렘 딸들아 내가 노루와 들사슴을 두고 너희에게 부탁한다 내 사랑이 원하기 전에는 흔들지 말고 깨우지 말지니라(아 2:4-7)

미녀는 왜 악당이 되어가는가

세레나 발렌티노가 쓴 《디즈니의 악당들》이라는 소설이 있습니다. 참 희한한 책입니다. 디즈니 하면 백설공주가 주인공으로 떠올라야 하지 않습니까? 그러나 이 소설에서는 백설공주에 집중하지 않고 악당들에게 초점을 맞추었습니다.

저자는 먼저 백설공주의 계모인 왕비의 질투와 집착의 캐릭터를 등장시킵니다. 어느 날 왕비는 거울을 보고 이렇게 말합니다. "거울아, 거울아, 백설공주와 나, 둘 중에서 누가 더 예쁘지?" 그러자 거울이 "백설공주가 왕비보다 훨씬 더 예쁩니다"라고 대답합니다. 이 말을 듣고 계모는 백설공주에게 독이 든 사과를 먹입니다.

이런 이야기에서부터 자만과 오만과 외로움의 캐릭터인 미녀와 야수의 이야기, 증오와 분노와 불행의 캐릭터 마녀 우르슬라의 이야기, 잠자는 공주의 숲속에 초대받지 못한 요정 말레피센트 이야기, 라푼젤의 가짜 엄마였던 고델의 이야기 등이 소개되고 있습니다.

그런데 저자는 그냥 단순히 악당을 소개하는 식으로 소설을 쓰지 않고 그들이 왜 악당이 되어갔는가, 어떤 계기로 악당이 되어갔는가에 초점을 맞추고 소설을 전개해 가고 있습니다.

여기 나오는 여자들은 다 예쁜 여자들입니다. 그런데 특징이 있습니다. 얼굴은 예쁜데 내면은 모두 낮은 자존감으로 가득했습니다. 그리고 진정한 사랑을 받지 못했습니다. 그래서 이 책의 저자는 낮은 자존감과 사랑받지 못했다는 두 가지 이유로 그렇게 예쁜 여자들이 악당으로 변해갔다고 말합니다.

세레나 발렌티노가 어떻게 이런 소설을 쓸 수 있었는지 아십니까? 아버지의 직업 때문에 이런 풍부한 상상력을 발휘할 수 있었다고 합니다. 발렌티노의 아버지는 이 세상에서 거울을 제일 잘 만드는 장인이었습니다. 그래서 발렌티노는 거울을 보며 이런 상상을 했던 것입니다.

거울을 만드는 한 장인의 아내가 딸을 낳다 죽었습니다. 아내가 죽자 장인은 딸을 미워하기 시작했습니다. 딸이 사랑하는 아내를 죽게 하였다고 생각하여 계속 딸을 저주하였습니다.

그런데 어느 날 왕이 거울을 보러 왔다가 장인의 딸을 보게 되었습니다. 그런데 딸이 너무 예뻤습니다. 그래서 결혼을 했습니다. 그러나 왕이 전쟁에 나가자 같이 있을 시간이 없었습니다. 급기야 왕이 전쟁에 나가 전사를 해버렸습니다.

이 일로 인하여 왕비는 불안해지기 시작했습니다. 그런데 왕의 먼 친척인 못된 세 자매가 마술 거울을 왕비에게 주었습니다. 왕비는 늘 불안하니까 거울을 보며 거울에게 물어봅니다. "거울아, 대답해다오. 이 나라에서 누가 가장 예쁘지?"

문제는 거울이 아무 말을 안 해야 하는데 대답을 해주는 것입니다. 자기보다 예쁜 여자가 있는데, 그 여자가 바로 자신의 의붓딸인 백설공주라고 말입니다. 그래서 왕비는 스스로 우울해지게 되고, 백설공주를 미워하며 증오하기 시작합니다. 그리고 백설공주를 죽이려고 독이 든 사과를 줬던 것입니다.

《디즈니의 악당들》에 나오는 인물들은 모두 과거의 상처와 잠재되어 있는 아픔들이 그들을 악당으로 변해가게 만들었습니다. 어릴 때부터 사랑받지 못하고 비난과 꾸짖음과 저주를 받고 자란 사람은 스스로 낮은 자존감을 갖게 된다는 것입니다. 그리고 그 낮은 자존감이 악당으로 변하게 하는 것입니다.

사람은 처음부터 악당이 되는 것이 아니라는 것입니다. 작은 상처들이 쌓여서 악당이 되어간다는 것입니다. 어릴 때부터 정말 사랑을 받고 칭찬과 격려 속에 자란 사람은 절대로 악당이 될 수 없다고 합니다. 그래서 저자는 이 소설을 통해 이 시대의 수많은 일그러진 자아상을 가진 사람들의 모습을 반영하고 있는 것입니다.

사막 여우의 칭찬과 격려

반면 생텍쥐페리라는 사람이 있습니다. 이 사람은 프랑스의 항공기 조종사였습니다. 그래서 제2차 세계대전이 일어나자 애국의 충정으로 비행기 조종사로 지원하게 됩니다. 그는 북대서양 남아메리카 항공로의 개척자이기도 하고, 야간비행의 선구자이기도 합니다. 한마디로 천재적 조종사였습니다.

그러나 그런 그도 야간에 비행기를 조종하다 불시착을 하게 됩니다. 당시 불시착은 100퍼센트 죽음을 의미합니다. 그런데 불시착한 곳이 사막이었기 때문에 그는 목숨을 구할 수 있었습니다. 불시착한 사막에서 무엇이 보였을까요? 바람이 보이고 모래가 보이고 별이 보이고 사막의 여우가 보였습니다.

그런데 사막에서 만난 여우가 생텍쥐페리에게 이렇게 말하는 것 같더랍니다. "너는 살아야 해. 너는 반드시 살아야 해. 나도 여기에 있잖아." 바로 이 여우의 몇 마디가 생텍쥐페리의 생각을 완전히 바꿨습니다. 여우의 한마디 칭찬과 격려, 몇 마디 사랑의 워딩이 생텍쥐페리를 완전히 새로운 사람으로 만들었습니다.

그래서 그가 그 유명한 《어린 왕자》라는 소설을 쓰게 된 것입니다. 생텍쥐페리는 한 작은 별에서 온 어린 왕자가 사막에서 여우와 대화하는 장면을 만듭니다. 그리고 그가 만난 여우를 현자로 등장을 시켜 어린 왕자와 대화할 뿐 아니라 어린 왕자를 코칭하고 그와 관계를 맺는 이야기를 전개합니다.

《디즈니의 악당들》에 나오는 사람들은 다 미움을 받고 저주를 받은 사람들입니다. 사랑이라는 건 눈곱만큼도 받지 못했습니다. 그러니 자기가 받은 대로 남을 증오하고 미워하고 파괴하는 악당들이 된 것입니다.

그러나 생텍쥐페리는 한 마리 여우의 칭찬과 격려, 사랑의 워딩에 위대한 상상력을 발휘하게 되고, 세계적인 동화적 소설 《어린 왕자》를 쓰게 된 것입니다. 사랑이라는 게 이렇게 중요하다는 것입니다.

우리도 신앙생활하면서 내가 하나님께 뭘 많이 하려고 하는 것이 중요한 게 아닙니다. 내가 선행을 하고, 내가 공덕을 쌓고, 내가 뭔가 하나님께 많이 하려고 하면 신앙이 병이 듭니다. 그러므로 우리는 신앙생활하면서 먼저 하나님의 은혜를 받아야 합니다.

모든 사람이 태어나서 부모님의 사랑을 받고 형제간에 우애하는 환경에서 자랄 수는 없습니다. 그건 내가 스스로 선택할 수 있는 상황이 아니기 때문입니다. 그래서 우리도 마음에 깊은 상처가 있고 낮은 자존감이 있을 수 있습니다. 그러면 누군가를 자꾸 비난하고 미워하고 증오하게 됩니다.

그러나 그걸 전부 눌러 버리고 덮어 버리고 이길 수 있는 길이 있습니다. 그건 바로 하나님의 은혜를 받는 것입니다. 하나님의 사랑을 받는 것입니다. 그러므로 우리가 신앙생활을 하면서 맨 먼저 해야 하는 것이 하나님의 은혜를 받는 데 주력하는 것입니다. 하나님의 사랑을 체험하는 데 우선순위를 둬야 합니다.

우리의 마음속에 하나님의 헤세드의 파도와 물결이 일렁이도록 해야 합니다. 아니, 하나님의 은혜의 파도가 내 존재를 온통 휩쓸어가게 만들어야 합니다. 그럴 때 우리는 남을 비난하고 공격하는 일보다 나 자신에 충실하고, 하나님과 나의 관계에 충실하게 되는 것입니다.

이 말씀이 우리에게 한 줄기 빛이 되어야 합니다. 눈부신 광채가 되어야 합니다. 뒤통수를 내리치는 영혼의 방망이가 되고, 내면을 도려내고 수술하는 영혼의 검이 되어야 합니다.

> ♪ 내 영혼에 햇빛 비치니 주 영광 찬란해
> 이 세상 어떤 빛보다 이 빛 더 빛나네
> 주의 영광 빛난 광채 내게 비춰주시옵소서
> 그 밝은 얼굴 뵈올 때 나의 영혼 기쁘다

술람미의 아픔을 지운 솔로몬의 사랑

아가서는 솔로몬 왕과 술람미 여인의 사랑을 노래한 책입니다. 그런데 이건 어떤 순정 소설이나 순정 영화 같은 게 아닙니다. 솔로몬과 술람미의 사랑 이야기를 통해 하나님과 우리의 관계, 예수 그리스도와 성도의 관계를 매우 서정적으로 묘사해 주고 있는 것입니다.

하늘 높은 보좌를 버리고 낮고 천한 이 세상에 예수님이 오시지 않았습니까? 그리고 우리 같은 죄인을 위해 십자가에서 죽으시지 않았습니까? 그런 것처럼 솔로몬도 높고 높은 예루살렘의 왕좌에서 내려와 술람미 여인에게 자신의 사랑을 고백하기 위하여 산에서 달리고 작은 산을 빨리 넘어서 숨차게 달려오는 것입니다.

아 2:8 내 사랑하는 자의 목소리로구나 보라 그가 산에서 달리고 작

은 산을 빨리 넘어오는구나

솔로몬은 이스라엘뿐 아니라 주변 근동의 국가들을 다스리는 황제 중의 황제였습니다. 구약신학자 아이런 사이더는 유대 전설을 근거로, 이 여자는 에브라임 산지에 있는 솔로몬 소유의 포도원 소작농의 딸이라고 합니다. 그런데 이 여자는 얼굴이 얼마나 검은지 게달의 장막과 같다고 했습니다.

> 아 1:5 예루살렘 딸들아 내가 비록 검으나 아름다우니 게달의 장막 같을지라도

왜 그런 줄 아십니까? 술람미의 오빠들이 자기들은 맨날 놀면서 술람미한테만 일을 다 시켰기 때문입니다. 그래서 술람미의 얼굴이 검게 타버린 것입니다. 술람미 여인도 지금 누구보다 상처가 많은 사람입니다.

> 아 1:6 내가 햇볕에 쬐어서 거무스름할지라도 흘겨보지 말 것은 내 어머니의 아들들이 나에게 노하여 포도원지기로 삼았음이라

유대 전설에 의하면 이 오빠들은 친오빠가 아니라 의붓오빠들이라고 합니다. 의붓오빠들이 술람미를 그렇게 부려 먹으니 술람미가 얼마나 마음에 상처를 받았겠습니까?

그런데 어느 날 솔로몬 왕이 자기 포도원에 가서 보니, 술람미 여인이 혼자 땀을 뻘뻘 흘리면서 열심히 일을 하고 있었습니다. 그 모습을 본 순간, 솔로몬의 심장이 뛰었습니다. 그래서 솔로몬이 술람

미를 찾아가 사랑을 고백합니다. 그러자 술람미 여인이 매몰차게 밀어내 버립니다.

"폐하, 볼품없는 포도원 소작농의 딸이라고 저를 놀리시는 것이 옵니까? 소녀는 오빠들한테도 인정을 못 받고, 사랑을 못 받았는데 어찌 폐하의 사랑을 받을 수 있겠습니까? 게다가 제 얼굴은 게달의 장막처럼 검고 거친데 어찌 제가 폐하의 사랑을 받을 수 있겠습니까? 더는 소녀를 희롱하지 마시고 가시던 길을 가시옵소서."

그러면서 술람미가 계속 솔로몬 왕을 이리저리 피했습니다. 그러던 어느 날, 그녀가 열심히 일을 하다 사과나무 아래서 잠시 쉬고 있는데, 이때 또 솔로몬 왕이 찾아온 것입니다. 이때는 호위무사들도 다 물리치고 혼자 저잣거리의 한 남자의 모습으로 찾아와 자신의 순수한 마음을 얘기하는 것입니다.

여기서 우리는 우리를 향하신 하나님의 사랑을 보고 느낄 수 있어야 합니다. 우리가 누구였습니까? 예수 안 믿겠다고 이리 뺄질, 저리 뺄질 도망가고, 평생 진노의 자녀로 살아갈 수밖에 없는 자들이 아니었습니까?

그러나 우리 하나님은 우리를 찾아오시고 또 찾아오셨습니다. 어떤 방법으로든지 우리를 찾아오셨습니다. 기독교는 우리가 하나님을 찾아가는 게 아니라 하나님이 우리를 찾아오시는 겁니다. 죄인 된 우리를 예수님이 찾아오신 겁니다. 그래서 이런 노래가 있지 않습니까?

♪ 죄인들을 위하여 주님 찾아오셨네 주 안에 생명이 있네
　죄인들을 위하여 주님 찾아왔으나 사람들 영접 안 하네
　예수 안에 생명 있네 주님이 빛이 되시네

예수 안에 사랑 있네 주님이 빛이 되시네

그러면서 솔로몬이 술람미 여인에게 고백을 하는 겁니다. "나는 지금 왕으로서 그대를 찾아온 것이 아니라 한 남자로서 찾아온 것이라오. 난 오늘 그대를 데려가지 않고, 그대로 두고는 결코 왕궁으로 들어갈 수 없소. 그대가 나를 받아주지 않는 한 난 이곳을 떠나지 않을 것이오. 술람미 여인이여, 이제 제발 마음의 문을 열어주시오. 나의 사랑은 한순간 스쳐 지나가는 감정이 아니라 영원한 사랑이라오."

이 말을 예수님과 우리의 관계로 말하면 이런 말입니다. "나는 너를 구하기 위하여 하늘 보좌의 영광을 버리고 사람으로 찾아왔단다. 너를 사랑하기에 십자가에서 죽었단다."

그래서 마침내 술람미가 솔로몬을 받아들이게 됩니다. 이러한 일을 술람미는 이렇게 회고하고 있습니다.

> 아 2:3 남자들 중에 나의 사랑하는 자는 수풀 가운데 사과나무 같구나 내가 그 그늘에 앉아서 심히 기뻐하였고 그 열매는 내 입에 달았도다

결국 이렇게 술람미는 솔로몬의 아내가 됩니다. 그래서 이제 솔로몬 왕의 사랑을 받으니 오빠들을 향한 원망, 또 자신의 삶을 한탄하는 어두움이 다 물러가 버리게 되는 것입니다. 어떤 슬픔이나 우울, 고독의 어두움이 다 물러가 버렸습니다. 언제나 잔칫집 같은 삶을 살게 된 것입니다.

'오퍼스 원'의 사랑

그리고 솔로몬이 베풀어 준 사랑이 자신의 깃발이라고 고백합니다. 깃발은 여러 가지 의미가 있지만, 승리의 의미가 가장 큽니다. 자신의 인생은 이제 완전히 반전되었다는 것입니다. 오빠들에게 경책받고 상처받았던 기억들이 언제 그랬냐는 듯이 다 사라져버리고 기억조차 안 난다는 것입니다.

현재 술람미에게 중요한 것은 자신의 삶이 잔칫집과 같고, 자신을 향한 솔로몬의 사랑이 자신의 깃발이라는 것입니다. 그러니 이제는 자신을 남과 비교하고 말 것이 없습니다. 열등감, 낮은 자존감 이런 것이 있을 수가 없습니다. 항상 거룩한 조증에 걸린 사람처럼 잔칫집 분위기에서 사는 것입니다.

여기서 구별해야 할 게 있습니다. 이 거룩한 조증과 종교적 망상은 완전히 다릅니다. 어느 정신병 병동에 종교적 망상증 환자들만 모여 있었습니다. 각자가 말합니다. "나는 예레미야 선지자다." "나는 이사야 선지자다." "나는 예수님이 가장 인정한 세례 요한이다."

심지어 어떤 환자는 "나는 이 땅에 하나님의 아들로 온 사람이야. 내가 곧 보혜사요 예수다"라고 합니다. 그러자 또 다른 사람이 그 사람의 뒤통수를 딱 때리며 "나는 너 같은 놈을 아들로 둔 적이 없다" 하더랍니다.

지금 술람미 여인은 이런 종교적 망상에 빠진 사람이 아니라, 거룩한 조증에 걸린 것입니다. 솔로몬의 품에 있어도 솔로몬이 그리울 정도로 너무너무 사모한 것입니다. 지금 술람미 여인은 솔로몬의 품에 안겨 있습니다. 솔로몬 왕이 왼손으로 팔베개를 해주고 오른손으로는 그녀를 감싸고 있는, 여인으로서 최고로 행복한 순간을 보내고 있습니다.

> **아 2:6** 그가 왼팔로 내 머리를 고이고 오른팔로 나를 안는구나

솔로몬에게 얼마나 많은 여인이 있었습니까? 천여 명에 달하는 비빈이 있었다고 하지 않습니까? 그중 한 사람이 술람미였습니다. 그중의 한 사람, 즉 '원 오브 뎀'(One of them)이었습니다. 그런데 솔로몬이 보기에는 술람미가 '오퍼스 원'(Opus One)이었다는 것입니다.

아무리 머리가 좋아도 천 명의 이름을 다 기억하는 건 쉽지 않을 겁니다. 예를 들어 솔로몬이 후원을 걷고 있는데 어느 비빈이 지나갑니다. "폐하, 만수무강하옵소서." 솔로몬이 뭐라고 했겠습니까? "누구더라?" "네, 저는 세븐티세븐이옵니다."

이렇게 되면 여인도 불행하고 남자도 불행한 일입니다. 그런데 지금 술람미 여인은 별처럼 수많은 사람들 중에 '오퍼스 원'이라는 것입니다. '오퍼스'는 걸작품이라는 말입니다. 그런데 거기다 '원'을 붙여 작품 중의 작품이라는 것입니다.

그래서 프랑스 와인 가운데 이 이름을 따서 '오퍼스 원'이라고 하는 와인이 있습니다. 그런데 솔로몬에게는 술람미가 '오퍼스 원'이었습니다. 이 '오퍼스 원'인 술람미는 이제 다른 데 관심 가질 필요가 없습니다. 다른 데 눈길을 줄 여유가 없습니다. 그녀에게는 오로지 솔로몬밖에 없습니다.

다른 비빈들과 경쟁하고 비교하고 그럴 필요가 없습니다. 남을 비방하고 원망하고 그럴 이유가 없습니다. 또 남을 증오하고 공격할 일도 없습니다. 그녀는 오직 솔로몬 왕의 추앙에 너무나도 황홀하고 행복했습니다. 그래서 솔로몬의 품에 있는데도 솔로몬을 그리워한

것입니다. 마치 류시화 시인의 "그대가 곁에 있어도 나는 그대가 그립다"라는 시처럼 말입니다.

> *내 안에 있는 이여*
> *내 안에서 나를 흔드는 이여*
> *물처럼 하늘처럼 내 깊은 곳 흘러서*
> *은밀한 내 꿈과 만나는 이여*
> *그대가 곁에 있어도 나는 그대가 그립다*

중세 수도사 클레르보 베르나르에 의하면 하나님을 향한 사랑에는 네 가지 단계가 있다고 합니다.

① 자신의 이익과 유익을 위해 하나님께 드리는 사랑
② 하나님이 나를 사랑하니까 나도 사랑하는 사랑
③ 사랑하면 나를 더 사랑해 줄 것 같으니까 사랑하는 사랑
④ 사랑하기 때문에 무조건 사랑하는 사랑, 무조건적 사랑

그런데 이 네 번째 단계의 사랑에 이르면 하나님을 무조건 사랑합니다. 또한 하나님의 은혜가 없으면 절대로 못 삽니다. 그래서 영혼의 상사병이 생깁니다. 술람미 여인이 그런 상황이었습니다. 영혼의 상사병이 생겼습니다.

> **아 2:5** 너희는 건포도로 내 힘을 돕고 사과로 나를 시원하게 하라 내가 사랑하므로 병이 생겼음이라

영혼의 상사병

얼마나 솔로몬 왕을 사랑했으면 상사병이 생겼겠습니까? 그러니 다른 사람과는 관계할 여유가 없습니다. 술람미에게는 오로지 솔로몬 왕만 있으면 됩니다. 우리로 말하면 오직 하나님이고, 오직 예수이고, 오직 은혜이고, 오직 사랑이고, 오직 사명입니다.

아무리 은혜를 받았어도 또 은혜를 사모하는 것입니다. 하나님의 사랑을 그렇게 경험했는데 또 갈망하는 것입니다. 행여라도 하나님의 사랑을 잃을까, 행여라도 예수님의 총애를 잃을까 상사병이 날 정도로 사모하는 것입니다.

그러다 보니 더 주님을 사모하고, 더 사명을 사모하고, 신앙과 사명에 올인하게 되는 것입니다. 그러니 우리의 영혼과 육체가 쇠잔해지고 영혼이 상사병에 걸릴 수 있습니다. 그래서 이런 주님의 사랑을 아는 사람은 이런 노래를 부르게 되어 있습니다.

> ♪ 주님께 엎딘 내 영혼 간절히 비는 말씀은
> 자비의 품을 여시사 영원한 평화 주소서
> 주의 품속은 사랑과 평화 주의 품속은 사랑과 평화
> 오 생명 빛 환히 빛나고 기쁨 영원하오니 주여 날 품어주소서

그런데 7절에서 술람미 여인이 뭐라고 부탁하는 줄 아십니까?

> 아 2:7 예루살렘 딸들아 내가 노루와 들사슴을 두고 너희에게 부탁한다 내 사랑이 원하기 전에는 흔들지 말고 깨우지 말지니라

이렇게 아름다운 문학적 서사가 없습니다. 내 사랑이 원하기 전에는 흔들지도 말고 깨우지도 말라는 것입니다. "왕이여, 저는 이대로가 좋습니다. 이대로 영원히 잠들고 싶습니다. 꿈 같은 시간이 절대로 끊기지 않기를 바랍니다. 이대로 영원히 죽어도 좋습니다."

그런데 이것을 먼저 노루와 들사슴에게 부탁합니다. 그러나 진짜 부탁의 대상은 누굽니까? 예루살렘의 딸들입니다. 여기 예루살렘의 딸들은 누구를 의미할까요? 솔로몬의 비빈들이거나 솔로몬을 연모하고 동경하는 예루살렘의 여인들이라고 할 수 있습니다.

분명히 술람미 여인보다 예쁜 여자들입니다. 그러나 그들은 왕에게 사랑을 받지 못했습니다. 사랑받지 못하니까 낮은 자존감이 생길 수 있고 열등감이 생길 수 있습니다. 그리고 비교의식과 열등의식이 가득할 수 있습니다.

이런 사람의 특징이 뭔 줄 아십니까? 남을 시기하고 질투하고 공격하고 비난하는 것입니다. 그러니 이 예루살렘의 딸들은 술람미 여인을 시샘할 수밖에 없습니다. 술람미 여인을 공격할 수밖에 없습니다. 술람미 여인을 끌어내리고 비난할 수밖에 없습니다.

그러므로 술람미 여인은 그들의 공격과 수다와 비난과 시샘으로 왕과 자신의 관계가 깨어지지 않기를 원한다는 것입니다. 이런 주문을 어쩌면 이렇게 문학적으로 잘 표현했는지 모릅니다. 이런 술람미 여인은 죽음같이 강한 사랑을 경험합니다.

> 아 8:6 너는 나를 도장같이 마음에 품고 도장같이 팔에 두라 사랑은 죽음같이 강하고 질투는 스올같이 잔인하며 불길같이 일어나니

이렇게 사랑받는 자와 사랑받지 못한 자는 엄청난 차이가 있습니다.

오늘날은 분노 사회이고, 증오 사회입니다. 집단적으로 상처를 받고, 분노하고, 증오하는 시대입니다. 왜 그런 줄 아십니까? 사랑이 없어서 그렇습니다. 유튜브에서 누군가를 비난하고 공격하는 사람들은 그 안에 사랑이 없기 때문에 그렇게 하는 것입니다. 정말 사랑이 있다면 그렇게 할 수 있겠습니까? 부모가 사랑하는 자녀를 유튜브에서 그렇게 매도할 수 있겠습니까?

저도 한국교회를 섬기면서 많은 오해와 비난과 공격을 받았습니다. 그러나 저는 단 한 번도 그런 것에 대응한 적도 없고 반발한 적도 없습니다. 사랑하며 살기에도 부족하고, 섬기고 살기에도 부족한데 왜 싸우고 다투어야 합니까?

누군가를 비난하고 싶은 사람이 있습니까? 누군가를 자꾸 험담하고 싶은 욕망이 물 끓듯 끓어오른 적이 있습니까? 누군가를 마구 비난하고 끌어내리고 싶은 마음이 있습니까? 마음에 상처가 있어서 그렇습니다. 그 상처를 그대로 두면 디즈니의 악당과 같은 사람이 될 수 있습니다. 아벨을 죽인 가인의 후예가 될 수 있습니다.

그런 마음에는 주님이 거하실 수가 없습니다. 거하시더라도 한쪽 귀퉁이에 그냥 움츠리고 계십니다. 우리가 주님을 그렇게 모시면 되겠습니까? 왜 우리가 그렇게 사는 줄 아십니까? 주님의 사랑을 경험하지 못해서 그렇습니다. 주님의 은혜를 받지 못해서 그렇습니다. 아니, 마귀가 가져다준 마술의 거울만 보기 때문입니다.

정말로 주님의 사랑을 경험한 사람은 남을 시기하고 질투할 수가 없습니다. 선의의 경쟁은 해도, 부정적 비난과 공격은 하지 않습니다. 우리가 은혜를 제대로 받지 못하고 마술의 거울만 쳐다보니까 시기와 질투가 가득하게 되는 것입니다.

그래도 이따금씩 마술의 거울을 보고 싶을 때가 있습니다. 그럴 땐 어떻게 해야 합니까? 당연히 말씀의 거울을 봐야 합니다. 보혈의 거울을 봐야 합니다. 그리고 주님의 은혜와 생명이 내 마음을 덮어 버리게 해달라고 기도해야 합니다. 아니, 주님의 헤세드의 사랑이 찾아와 우리 안에 있는 증오 덩어리, 미움 덩어리, 비난 덩어리를 녹여 버리도록 기도해야 합니다.

저라고 비난받고 공격받는 걸 좋아하겠습니까? 그러나 그때마다 저는 마술의 거울을 보지 않았습니다. 부족하지만 그런 사람들을 축복했습니다. 어떨 때는 그러고 싶은 마음이 없어도 미운 놈 떡 하나 더 준다는 마음으로 그렇게 하고 나면 제 마음이 그렇게 평안할 수가 없습니다. 마음이 왜 그렇게 부요해지는지 모릅니다. 아니, 왜 그렇게 하이 콘셉트가 생각나는지 모릅니다. 그리고 우리 교회가 너무너무 잘되는 것입니다.

그러므로 더는 마술의 거울을 보지 말아야 합니다. 괜히 남을 비난하고 싶고, 시기하고 질투하고 싶은 그런 마음이 들 때는 주님이 우리에게 주신 말씀의 거울, 보혈의 거울을 보아야 합니다. 그 보혈의 거울을 보며 주님께 이렇게 물어보아야 합니다. "주님, 누가 제일 예쁜가요?"

그러면 주님께서 이렇게 말씀해 주실 것입니다. "넌 오퍼스 원이야. 베스트 오브 베스트야. 넌 위대한 걸작품이라고 했잖아. 넌 이 세상에 하나밖에 없는 나의 사랑이요, 위대한 명시야."

저도 종종 그 거울을 봅니다. 제가 "누가 제일 잘생겼나요? 누가 하나님 보시기에 옳은가요? 누가 하나님 보시기에 지금 잘하고 있는 건가요?" 하면 하나님께서 이렇게 감동을 주십니다. "소 목사야, 내가 너의 마음을 안다. 내가 너의 충정을 안다. 너의 진심을 알고 희생과 헌신을 안다. 그들도 너의 형제들이다. 그런데 몰라서 그런다. 그러니 네가 그들을 위해 기도하고 축복해라."

6.
내가 싫어질 때가 있나요?

그때에 예수께서 제자들에게 이르시되 오늘 밤에 너희가 다 나를 버리리라 기록된 바 내가 목자를 치리니 양의 떼가 흩어지리라 하였느니라 그러나 내가 살아난 후에 너희보다 먼저 갈릴리로 가리라 베드로가 대답하여 이르되 모두 주를 버릴지라도 나는 결코 버리지 않겠나이다 예수께서 이르시되 내가 진실로 네게 이르노니 오늘 밤 닭 울기 전에 네가 세 번 나를 부인하리라 베드로가 이르되 내가 주와 함께 죽을지언정 주를 부인하지 않겠나이다 하고 모든 제자도 그와 같이 말하니라(마 26:31-35)

내 속에 내가 너무 많은 가시나무새처럼

살아가면서 가끔 나 자신이 싫어질 때가 있습니까? 정말 미치도록 나 자신이 싫은 적이 있었습니까? 이걸 심리학적으로는 자기혐오라고 합니다. 자기혐오를 하게 되면 우리의 삶이 어떻게 되겠습니까?

제가 이런 부분을 연구하기 위해 검색해 봤더니 강지윤 교수가 쓴 《내가 정말 미치도록 싫어질 때》라는 책이 있었습니다. 그리고 일본의 야스토미 아유미가 쓴 《내가 싫어질 때 읽는 책》이 있었습니다.

그러면 왜 내가 싫어지는 걸까요? 이유는 다양합니다. 마크 버논이 쓴 《서른의 철학》이라는 책에 보면 우리는 인생이 서툴 때 자기혐오를 느낀다고 합니다. 그런데 인생이 서툰 건 당연한 거 아닙니까? 누구나 인생은 처음이니 서툴 수밖에 없습니다.

서툴다고 자신의 삶을 혐오하면 되겠습니까? 《내가 정말 미치도록 싫어질 때》라는 책을 보면 자기혐오에 대한 이유가 엄청 많습니다. 가장 큰 원인이 열등감과 낮은 자존감이라고 합니다. 열등감이 생기고 자존감이 바닥에 떨어지면 자기 자신이 싫어진다고 합니다.

또한 소심함도 그 이유 중 하나입니다. '나는 왜 이렇게 용기가 없고 담대하지 못하고 소심할까?' 이럴 때 자신이 싫어진다고 합니다. 또는 어떤 분노의 반복이라고 합니다. 이런 사람은 심한 분노를 표출한 다음 곧 후회한다고 합니다. 그러니 스스로 자기혐오를 하게 되고 자학을 하게 되는 겁니다. '왜 내가 그때 성질을 냈을까? 그러지 않았어도 되는데…'

이런 얘기를 하면 우리 김문기 장로님 생각이 안 날 수가 없습니다. 김문기 장로님도 성질을 확 내놓고는 때로는 후회되고 자신이 미워지고 싫어질 때가 있다고 합니다. 저도 나름 선한 사람이지만 불같이 성질을 낼 때가 있습니다. 그리고 나면 몹시 후회가 되고 그런 내가 싫어집니다.

또 어떤 사람은 외모에 대한 불만이 그 이유입니다. 어떤 사람은 무기력한 자신을 싫어하기도 합니다. 또는 누군가를 미워하고 적대감을 품는 자신이 싫어지기도 합니다. 그리고 또 어떤 사람은 지나친 완벽주의 때문에 그런 자신이 싫어진다고 합니다.

그런데 보통 이런 한두 가지만이 아니라 여러 가지 부정적인 자아의 모습을 보고 자신을 싫어하게 된다고 합니다. 그래서 일찍이 CCM 가수 하덕규 씨가 이런 내용의 "가시나무새"란 노래를 불렀습니다. 내 속에 내가 너무 많다는 겁니다. 내 속에 내가 싫어하는 부정적인 자아들이 많다는 것입니다. 내 속에 부정적인 자아들이 많은 걸 좋아할 사람이 있겠습니까? 원래 이 노래는 CCM이었습니다.

♪ 내 속엔 내가 너무도 많아 당신의 쉴 곳 없네
  내 속엔 헛된 바램들로 당신의 편할 곳 없네
  내 속엔 내가 어쩔 수 없는 어둠 당신의 쉴 자리를 뺏고
  내 속엔 내가 이길 수 없는 슬픔 무성한 가시나무숲 같네

그래도 이유가 뚜렷한 자기혐오는 상담 치료를 할 수 있습니다. 반면 이유를 모르는 자기혐오와 자학은 정말 너무 애매하고 곤란합니다. 아마 이건 상담 치료로도 해결이 잘 안 것입니다. 그래서 이유를 모르는 자기혐오와 자학은 얼마나 골치 아픈지 모릅니다.

이런 사람은 결국 자기애적 인격장애(Narcissistic Personality Disorder)를 겪게 됩니다. 자기애와 자애는 다릅니다. 자애는 정상적인 것이

고, 자기애는 나르시시즘 같은 것입니다.

　야스토미 아유미가 쓴 《단단한 삶》이라는 책에 보면, 자기애와 자애를 이렇게 구분합니다. 자애는 자기 자신을 있는 그대로 받아들이는 것이고, 자기애는 자기 자신에게 사로잡히는 자기도취와 자만이라는 것입니다.

　자기애는 자기혐오를 덮기 위해 자신을 위장하는 것이고, 자애는 있는 그대로 자신의 모습을 상대방에게 보이는 것입니다. 그런 의미에서 야스토미 아유미에 의하면, 사랑은 자애로부터 발생하고 집착은 자기애로부터 생긴다고 합니다.

　그런데 이유를 모르는 자기혐오가 있다면 어떻게 설명할 수 있겠습니까? 그래서 나훈아 씨는 "갈무리"라는 노래를 불렀습니다.

　이 노래 가사는 너무 서글픕니다. 왜 나훈아 씨가 이 노래를 웃으면서 부르는지 모르겠습니다. 완전히 모순적입니다. 사실 이 노래는 우울하고 심각하게 불러야 하는 노래인데, 나훈아 씨는 하얀 이를 다 드러내고 웃으면서 부릅니다.

> ♪ 내가 왜 이런지 몰라 도대체 왜 이런지 몰라
> 　꼬집어 말할 순 없어도 서러운 맘 나도 몰라
> 　잊어야 하는 줄은 알아 이제는 남인 줄도 알아
> 　알면서 왜 이런지 몰라 두 눈에 눈물 고였잖아
> 　이러는 내가 정말 싫어 이러는 내가 정말 미워
> 　이제는 정말 잊어야지 오늘도 사랑 갈무리

　그러나 이유 없는 자기혐오가 어디 있겠습니까? 이유를 몰라서 그렇지, 이유는 다 있는 것입니다. 열등감, 비교의식, 집착, 불안, 장애

등 여러 이유가 있습니다. 그런데 이걸 거슬러 올라가면 결국 죄입니다. 모든 어두운 현상의 뿌리는 죄입니다.

베드로의 좌절과 눈물의 끝에서

마태복음이 이 사실을 설명해 주고 있습니다. 베드로는 자기가 가장 주님을 사랑한다고 생각했습니다. 그런 자신의 열정과 사랑을 주님이 몰라주신 것에 대해서 아주 불만이 많았습니다. 그러니까 베드로는 자기애적인 기초에서 주님을 따르고 열광한 것입니다.

'왜 주님은 나를 몰라주신단 말인가. 나는 감옥에 갇혀 죽을지언정 끝까지 주님을 버리지 않고 따르려고 하는데…. 모두 주님을 버릴지라도 나는 결코 버리지 않을 텐데 왜 내 마음을 몰라주신단 말인가.'

> 마 26:33 베드로가 대답하여 이르되 모두 주를 버릴지라도 나는 결코 버리지 않겠나이다

진짜 팬으로 말하면 베드로는 예수님의 가장 열광적인 팬이고 열정적인 팬이었습니다. 그러니 대제사장들과 로마 군병들이 예수님을 잡으러 왔을 때, 베드로가 칼을 빼서 말고의 귀를 베어 버리지 않았습니까?

> 요 18:10 이에 시몬 베드로가 칼을 가졌는데 그것을 빼어 대제사장의 종을 쳐서 오른편 귀를 베어 버리니 그 종의 이름은 말고라

그런 베드로가 엄청난 시험을 당하게 됩니다. 자신이 대제사장의 종 말고의 귀를 베어 버리면 예수님께서 칭찬하실 줄 알았습니다. 그런데 예수님께서 칼을 든 자는 칼로 망한다고 하시는 것입니다. 아니, 그런 책망을 하더라도, 예수님이 하늘에서 천둥이 치고 벼락이 떨어지게 해서 대제사장의 군병들을 벌하실 줄 알았는데, 그러기는커녕 순순히 밧줄에 묶여 끌려가시는 것입니다.

그리고 대제사장 가야바 궁전에서 엄청나게 매를 맞고는 이제 꽁꽁 묶여 있습니다. 지금도 가야바의 궁전에 가면 예수님이 고문을 당하고 매를 맞고 묶여 있던 곳이 있습니다. 그런 모습을 보니 베드로의 심경이 복잡해진 것입니다.

'아니, 물이 변하여 포도주가 되게 하고, 오병이어의 기적을 일으키고, 바다 위를 걸으시고, 죽은 자도 살리신 분이 왜 저렇게 처참하게 맞기만 하고 고난을 당하고 있단 말인가.'

그래도 베드로가 일말의 양심은 있어서 대제사장 가야바 궁전까지는 따라갔습니다. 그런데 한 여종이 베드로에게 다가오더니 이렇게 묻는 겁니다. "여보시오, 당신도 예수를 따라다녔지요? 당신도 저 예수 당원 맞지요?"

그때 베드로는 엉겁결에 오리발을 내밀고 말았습니다. "난, 아니야. 난 예수라는 사람을 전혀 몰라! 도대체 당신이 무슨 말을 하는지 난 모르겠어!"(마 26:69-70)

그런데 또 다른 여종이 베드로를 보더니 거기 있는 사람들에게 이렇게 말합니다. "여러분, 이 사람도 저 나사렛 예수와 함께 있었습니다. 그러니 이 사람도 틀림없이 예수 당원일 것입니다."

그러자 베드로가 사람들 앞에서 맹세하며 예수님을 부인해 버리고 맙니다. "여보시오, 생사람 잡지 마시오. 난 그 사람을 전혀 모른

단 말이오. 내가 예수를 모른다는데 왜 당신들은 이런 식으로 자꾸 생사람을 잡으려 한단 말이오!"

> 마 26:71-72 앞문까지 나아가니 다른 여종이 그를 보고 거기 있는 사람들에게 말하되 이 사람은 나사렛 예수와 함께 있었도다 하매 베드로가 맹세하고 또 부인하여 이르되 나는 그 사람을 알지 못하노라 하더라

그런데 이것으로 끝난 것이 아니었습니다. 조금 있다가 주변에 있던 사람들이 베드로를 향하여 이렇게 말하는 것입니다. "맞아, 당신 진짜 저 예수를 따라다닌 것이 맞다니까. 당신이 지금 갈릴리 사투리를 하고 있잖아. 바로 그 말투가 예수 당원이라는 증거가 아니고 무엇이겠어? 왜 예수 당원이면서 지금 예수를 부인하고 있는 거야?"
그러자 베드로는 저주하고 맹세하며 예수님을 부인해 버리고 말았습니다.

> 마 26:73-74 조금 후에 곁에 섰던 사람들이 나아와 베드로에게 이르되 너도 진실로 그 도당이라 네 말소리가 너를 표명한다 하거늘 그가 저주하며 맹세하여 이르되 나는 그 사람을 알지 못하노라

여기서 베드로가 저주했다는 말은 쉽게 말하면 예수님을 향해 육두문자를 쓰며 욕을 했다는 말입니다. 그런데 베드로가 주님을 세 번째 부인하고 나자 바로 그때 닭 우는 소리가 들렸습니다. "꼬끼오~"
그때 주님께서 베드로를 보고 계셨습니다. 주님께서는 이 모든 일을 다 지켜보고 계셨습니다. 그걸 어떻게 압니까? 베드로가 그런 주

님을 보았기 때문입니다. 그렇게 해서 베드로의 눈빛과 주님의 눈빛이 서로 마주치게 된 것입니다.

> **눅 22:61** 주께서 돌이켜 베드로를 보시니 베드로가 주의 말씀 곧 오늘 닭 울기 전에 네가 세 번 나를 부인하리라 하심이 생각나서

주님의 눈빛과 베드로의 눈빛이 서로 마주쳤을 때 베드로는 얼마나 죄송하고 송구했겠습니까? 얼마나 큰 영적인 수치와 부끄러움과 패배를 느꼈겠습니까? 아니, 영적인 깊은 자기혐오와 자괴감을 느끼고 말았을 것입니다. 그래서 그는 바깥으로 나가 통곡하며 울었습니다. 눈물이 도랑을 이루도록 통곡하며 울고 또 울었습니다.

'아! 세상에, 어떻게 내가 이럴 수가 있단 말인가? 아니, 어떻게 내가 이렇게 무너질 수 있단 말인가? 다른 사람도 아닌 내가…. 주님을 가장 사랑한다고 고백하며, 감옥을 가고 죽을지언정 끝까지 주님을 따르겠다고 호언장담하던 이 베드로가 어떻게 주님을 세 번이나 부인할 수 있단 말인가? 오, 주님! 제가 이렇게 무너지다니요…. 제가 어떻게 주님 앞에 용서를 받을 수 있단 말입니까? 어떻게 제가 일어설 수 있겠습니까? 주님, 저 같은 사람도 다시 주님의 손을 붙잡고 일어날 수 있겠습니까?"

♪ 예수여 이 죄인도 용서받을 수 있나요
　벌레만도 못한 내가 용서받을 수 있나요

베드로는 눈물을 하염없이 흘렸습니다. 그러나 이때 베드로의 통곡은 진정한 회개라기보다는 자기 자신이 너무 싫어져 흘린 자기혐오

와 자학의 눈물이라고 할 수 있습니다.

진짜 인격적으로 회개했다면 어떻게 갈릴리로 간다고 했겠습니까? "에라이, 나 같은 놈이 무슨 주님의 제자라고…. 주님을 세 번이나 부인한 놈이…. 그것도 주님을 저주하면서까지 부인한 놈이 무슨 주님의 일을 한다고…. 내가 무슨 예수님의 제자가 되겠어? 차라리 갈릴리 바다로 돌아가서 고기나 잡고 말지…."

> 요 21:3 시몬 베드로가 나는 물고기 잡으러 가노라 하니 그들이 우리도 함께 가겠다 하고 나가서 배에 올랐으나 그날 밤에 아무것도 잡지 못하였더니

이것은 인격적 회개라기보다는 자신을 혐오하고 자학하는 것입니다. 자신이 너무 미운 겁니다. 지금까지 예수님을 따라다녔던 것은 한마디로 광팬으로서 따라다녔던 거지, 제자가 아니었던 것입니다.

팬인가, 제자인가

분명히 베드로는 인간적으로 볼 때 주님을 가장 사랑했고, 주님을 가장 열정적으로 따른 사람입니다. 그런데 지내놓고 보니 그는 진정한 제자가 아니라 예수님을 향한 광팬이었던 것입니다. 카일 아이들먼 목사가 쓴 《팬인가 제자인가》라는 책이 있습니다. 영어 원서 제목은 'Not a Fan'입니다. 팬이 되어서는 안 된다는 말입니다.

팬은 누구입니까? 누군가를 열정적으로 환호하고 좋아하는 것이 팬입니다. 예컨대, 야구장에 가서 자기가 좋아하는 선수가 나오면 환호합니다. 또 콘서트에 가서 자기가 좋아하는 가수가 나오면 열광합

니다.

그런데 팬의 특징이 뭔 줄 아십니까? 열광은 하지만 절대로 희생하지는 않습니다. 헌신은 하지 않습니다. 그 선수를 위해서 뛰지도 않고 그저 그 선수를 좋아하기만 합니다. 그러다 그 선수가 계속 잘 못하면 야유를 보냅니다. 심지어 욕도 합니다. 팬의 특징은 그 선수가 내 마음에 들지 않으면 팬심을 다른 곳으로 이동시킵니다.

이건 연예인도 마찬가지입니다. 어떤 가수가 내 마음에 들지 않으면 당장 팬심을 다른 곳으로 옮겨 버립니다. 그러나 팬이라고 해서 다 그런 건 아닙니다. 진짜 찐팬이 있고 왕팬이 있습니다. 이런 사람은 팬심을 옮기지는 않습니다. 끝까지 좋아합니다.

그런데 그 찐팬과 왕팬도 진짜로 믿을 수는 없습니다. 그런 의미에서 카일 아이들먼 목사는 절대로 예수님을 팬으로 따르지 말고 제자로 따라야 한다고 말합니다. 예수님을 팬으로 믿지 말고 제자로 따르라는 것입니다.

팬은 어떤 경우에도 자기가 좋아하는 대상을 위해 희생하거나 죽으려고 하지 않습니다. 그러나 제자는 그렇지 않습니다. 희생하라면 희생합니다. 헌신하라면 헌신합니다. 죽으라면 죽습니다. 이걸 세상적으로는 찐팬이라고 말할 수도 있겠습니다.

이런 찐팬은 선수가 잘 못하면 가서 땀을 닦아주고, 선수가 형편이 어려우면 돈도 아낌없이 내줍니다. 그러나 거기까지입니다. 아무리 찐팬이라도 그 사람을 위해서 죽을 수는 없기 때문입니다. 그러나 진짜 제자는 스승을 위해 죽을 수 있습니다. 그래서 우리가 예수님을 위해서 헌신도 하고 희생도 하고 죽음도 마다하지 않겠다고 고백하는 것 아닙니까?

그런데 베드로는 자기가 보니 예수님을 진짜 제자로 따라다녔던

게 아니라 열심히 믿는 광팬에 불과했다는 것을 깨달았던 것입니다. 그래서 다시 생각해 보니 그런 자기 자신이 싫어졌습니다. 그런 자기 자신이 너무나 미웠습니다. 그래서 그는 갈릴리로 돌아가서 어부가 되어 버린 것입니다. 이것이 베드로의 본모습이었습니다.

베드로 같은 위대한 수제자도 자신이 싫어질 때가 있었는데, 하물며 우리는 어떻겠습니까? 저도 어떨 때는 저 자신이 너무 싫어질 때가 있습니다. 저를 혐오할 때가 있습니다. 저라고 맨날 긍정적이고 저에 대해서 만족하는 줄 아십니까? 제가 원하지 않는 일을 하고 제가 하지 않아도 되는 일을 할 때는 후회가 됩니다.

정말 주님이 기뻐하시는 뜻이 아닌데도, 제가 지나치게 인간적 열정을 가지고 하는 것도 마음에 들지 않을 때가 있습니다. 또 이걸 끊을 수도 있는데 인간관계나 어떤 정에 이끌려 너무 끌려가는 것입니다. 그런 것에 대해 저 스스로가 아주 마음에 안 들 때가 있습니다.

그리고 저도 베드로처럼 주님 앞에서 실패하고 넘어질 때가 있습니다. 그러면 베드로와 같은 통한의 눈물을 흘립니다. 그런데 통곡은 하는데 진정한 회개라기보다 자신을 혐오하고 증오하고 자학하는 그런 통곡을 할 때가 있습니다. 아마 저만 그런 긴 아닐 겁니다. 그러면 우리는 이럴 때 어떻게 해야 합니까? 주님께서 베드로를 어떻게 세워주셨습니까?

실패하고 넘어질 때 일어서는 법

1) 기본적으로 자기를 존중하고 수용하는 마음을 가져야 합니다.

이건 신앙생활하는 사람이나 안 하는 사람이나 똑같습니다. 기독교 신앙을 가진 사람이나 안 가진 사람이나 똑같습니다. 건강한 삶을 살기 위해서는 자기 존중과 자기 수용을 할 수 있어야 합니다. 이런 사람이 건강한 자아상을 갖게 됩니다. 이런 사람이 있을 때 건강한 커뮤니티를 이루고 건강한 사회를 만들 수 있습니다. 그럴 때 내가 나를 사랑하고 나를 존중하게 되는 것입니다.

2) 주님이 나를 찾아오셔서 내 마음을 만져주시고 회복해 주시도록 기도해야 합니다.

베드로는 통곡의 눈물을 흘렸습니다. 그런데 그 눈물은 자기 비하와 자기혐오의 눈물이었을 뿐이라고 할 수 있습니다. 진짜 전인격적으로 회개하고 통곡하며 주님을 만났다면 어떻게 베드로가 갈릴리로 갔겠습니까? 아무리 생각해 봐도 주님 앞에 염치가 없고 부끄러워서 갈릴리로 가버렸던 것입니다.

그런 베드로도 내심 주님이 찾아오시기를 기다렸을 것입니다. 마음속으로 주님이 찾아오시기를 기도했던 것 같습니다. 왜냐하면 주님이 갈릴리 호숫가에 나타나셨을 때 요한이 "주님이 오셨어, 저분이 주님이셔" 하자 베드로가 겉옷을 입고 헤엄을 쳐서 주님에게 갔기 때문입니다.

> 요 21:7 예수께서 사랑하시는 그 제자가 베드로에게 이르되 주님이시라 하니 시몬 베드로가 벗고 있다가 주님이라 하는 말을 듣고 겉옷을 두른 후에 바다로 뛰어내리더라

수영을 할 때 옷을 입고 하는 것이 쉽습니까, 벗고 하는 것이 쉽

습니까? 제가 지난번에 미국 가서 손주들하고 한두 시간 놀아줄 때 윗옷을 입고 수영을 했더니 얼마나 힘들었는지 모릅니다. 옷을 입고 수영장을 몇 번 왔다 갔다 했더니 완전히 뻗어 버렸습니다. 완전히 녹초가 되어 버렸습니다.

그런데 베드로가 입었던 겉옷은 우리가 입는 겉옷과는 비교가 안 됩니다. 이스라엘 백성들이 입었던 겉옷은 우리나라의 두루마기 같습니다. 베드로가 그런 옷을 입고 헤엄을 쳐서 왔다는 것은 내심 주님을 기다리고 있었다는 것입니다. 마음속으로 주님이 찾아오시기를 기도하고 있었을 것이라고 충분히 추측할 만한 일입니다. 그래서 주님이 찾아오셔서 베드로에게 "네가 나를 사랑하느냐" 하고 질문하셨고, 마침내 베드로의 마음을 어루만져주시지 않았습니까?

우리는 항상 이걸 알아야 합니다. 주님이 우리에게 찾아오실 때 항상 물어보시는 게 뭔지 아십니까? 본질을 물어보십니다. 지엽적인 것이나 껍데기를 묻지 않습니다. "너 전도 몇 명 할래? 너 헌금 얼마 할래? 너 어떤 봉사 할래?" 이런 것을 묻지 않으십니다. "너는 나를 얼마나 사랑하느냐? 너와 내가 어떤 관계이냐?" 이런 본질적인 것을 물으십니다.

결국 베드로는 주님 앞에 사랑을 고백하고 신앙의 본질을 회복하게 되었습니다. 그리고 이제 광팬으로서 주님을 따르는 게 아니라 진정한 제자로서 주님을 따르게 됩니다.

이런 것을 보면, 주님은 정말 좋은 분이십니다. 정말 멋있는 분이십니다. 주님을 세 번이나 부인했다고 해서 사람들 앞에서 베드로를 망신 주시지 않았습니다. 베드로를 책망하시지 않았습니다. 그냥 "네가 나를 사랑하느냐" 물으시고 베드로를 세워 주셨습니다.

캘리포니아에 두 모녀가 아주 행복하게 살고 있었습니다. 그런데 딸이 사춘기가 되면서 엄마도 싫고, 집도 싫고, 자신도 싫다고 집을 나가 버렸습니다. 딸이 어디에 가 있는지도 모르는데, 언뜻 누가 귀띔을 해주었습니다. 로스앤젤레스 지역 집창촌에서 일을 한다는 것입니다.

그런데 로스앤젤레스가 좀 넓고, 또 집창촌이 어디 한두 군데입니까? 그래서 딸이 있는 곳을 가르쳐주면 사례를 하겠다고 딸의 사진을 넣어 전단지를 만들려고 했습니다. 그런데 생각해 보니 딸에게 너무 망신이 될 것 같았습니다. 그리고 나중에 시집가는 데도 지장이 있을 것 같았습니다.

그래서 엄마가 생각을 바꿨습니다. 딸 대신 자신의 사진을 넣어서 "사랑하는 딸아, 엄마가 너를 애타게 기다린다"라는 문구로 전단지를 만들어 로스앤젤레스 집창촌 일대에 뿌렸습니다. 마침내 딸로부터 연락이 왔습니다. 그래서 결국 창녀촌으로부터 딸을 구해냈다는 정말 감동적인 이야기입니다.

우리 주님이 이렇게 베드로를 세워주셨다는 것입니다. 베드로에게 망신 주지 않고 마음을 만져주시고 회복시켜 주신 것입니다. 얼마나 우리 주님이 좋으신 분이십니까?

우리도 실패하고 넘어졌다고 너무 부끄러워하지 말아야 합니다. 주님은 우리를 찾아오셔서 여러 사람 앞에서 망신 주시지 않습니다. 사탄이나 망신 주지, 주님은 인격적인 분이십니다. 책망한다 해도 주님이 우리를 개인적으로 책망하시고 개인적으로 꾸중하시지, 다른 사람들 앞에서 망신을 주시지 않습니다.

그리고 주님이 찾아오시는 목적은 우리를 회복시키고 세우기 위한 것입니다. 우리 마음을 어루만지고 치료하기 위해서 오시는 것입니다. 그러므로 주님의 임재를 두려워하지 말아야 합니다. 주님의 운행하심을 두려워하지 말아야 합니다. 주님이 마음 만지는 걸 두려워하지 말아야 합니다.

주님은 책망도 하시지만 우리를 따뜻하게 치료하고 회복시키는 분이십니다. 얼마나 감사합니까?

> ♪ 주 여기 운행하시네 나 경배해 주 경배해
> 주 여기 역사하시네 나 경배해 주 경배해
> 우리 맘 만지시는 주 나 경배해 주 경배해
> 우리 맘 치료하시네 나 경배해 주 경배해

3) 거룩한 자기 부정을 할 필요가 있습니다.

아무리 주님이 우리에게 오셔서 우리의 마음을 만지시고 우리를 회복시켜 주신다 해도 우리 안에는 여전히 옛사람이 있습니다. 수많은 부정적인 자아가 우리 안에 있을 수 있습니다. 우리는 이걸 혐오해야 합니다. 미워해야 합니다. 이것이 바로 거룩한 자기 부정입니다. 그래서 주님께서 말씀하셨습니다.

> **마 16:24** 이에 예수께서 제자들에게 이르시되 누구든지 나를 따라오려거든 자기를 부인하고 자기 십자가를 지고 나를 따를 것이니라

사도 바울도 이렇게 고백했습니다.

> **갈 2:20** 내가 그리스도와 함께 십자가에 못 박혔나니 그런즉 이제는 내가 사는 것이 아니요 오직 내 안에 그리스도께서 사시는 것이라 이제

> 내가 육체 가운데 사는 것은 나를 사랑하사 나를 위하여 자기 자신을 버리신 하나님의 아들을 믿는 믿음 안에서 사는 것이라
>
> 갈 5:24 그리스도 예수의 사람들은 육체와 함께 그 정욕과 탐심을 십자가에 못 박았느니라

아일랜드의 전설, 가시나무새에 대한 얘기를 아십니까? 가시나무새는 뾰족한 가시나무만 찾아다니며 아름다운 노래를 부르고 다닌다고 합니다. 그러다 가장 뾰족한 가시나무가 보이면 그 가시로 자기 가슴을 콕콕 찔러 피를 뚝뚝 흘리다 죽습니다.

그런데 그 뾰족한 가시로 가슴을 찔러 죽을 때 가시나무새는 일생에서 가장 아름다운 소리로 노래를 부른다는 것입니다. 가시나무새의 생의 목적은 가장 아름다운 목소리를 내서 절정의 노래를 부르는 것입니다. 그리고 죽는 것이 그의 삶의 목적이라는 것입니다.

그래서 가시나무새가 가시나무숲에서 자신의 가슴을 가시로 찌르며 피를 뚝뚝 흘리면서 노래하면 모든 새들이 감동을 받고 부러워하게 된다는 것입니다. 그리고 산악인이 이 노랫소리를 들으면 난향의 향기보다도 더 매혹이 된다는 것입니다. 물론 어디까지나 전설이긴 합니다.

오늘 우리도 그렇습니다. 나 자신을 많이 죽일수록 우리는 아름다운 삶을 살 수 있습니다. 신앙생활도 마찬가지입니다. 내 안에 있는 부정적인 자아를 죽여야 합니다. 미워해야 합니다. 그리고 내 안에 있는 옛사람의 정욕과 근성을 십자가에 못 박아야 합니다.

마오쩌둥이 중국을 지배할 때의 일입니다. 지하교회 전도자로 유명한 왕밍따오 목사라는 분이 있었습니다. 당시 중국 공안당국은

교회 지도자들을 지독하게 핍박했는데, 이때 왕 목사님도 체포되었습니다.

목사님은 혹독한 고문을 못 이겨 그만 베드로처럼 예수님을 부인하고 감옥에서 풀려나게 되었습니다. 그렇게 해서 석방은 되었지만, 그는 주님께 너무나 송구스럽고 교인들을 볼 면목이 없어 엄청난 두통과 우울증에 시달렸습니다.

그러던 어느 날 그는 목에 간판을 걸고 베이징 거리로 나와 울면서 외쳤습니다. 간판에는 이렇게 쓰여 있었습니다. "저는 베드로입니다. 저는 저를 사랑하신 주님을 배신했습니다. 그러니 저의 이름은 베드로입니다."

그는 즉시 다시 체포되어 19년 동안 감옥생활을 하게 되었습니다. 그러나 그가 회개하고 믿음을 회복한 소식이 지하교회 지도자들에게 큰 귀감이 되었습니다. 그리고 그 뒤를 따르는 많은 지도자들이 나왔습니다. 그 후 중국 지하교회는 하나님이 놀랍게 임재하시고 함께하셔서 큰 부흥을 이루었다고 합니다.

베드로도 그러지 않았습니까? 베드로는 회복된 이후 진정한 주님의 제자가 되었습니다. 최고의 사도가 되었습니다. 주님을 위해 거꾸로 십자가에 못 박히는 자랑스러운 수제자가 되었습니다.

살다 보면 나도 나 자신이 싫어질 때가 있습니다. 실망할 때가 있습니다. 자기혐오와 자학에 빠질 때가 있습니다. 그러나 주님은 끝까지 우리를 사랑하십니다. 결코 우리를 버리지 않으십니다. 베드로를 찾아오신 주님께서 우리 가운데 찾아오십니다. 그 주님을 만나야 합니다. 그 주님을 바라보아야 합니다. 그 주님의 손을 붙잡고 다시 일어서야 합니다.

7.
누가 나를 위로해 주나

찬송하리로다 그는 우리 주 예수 그리스도의 하나님이시요 자비의 아버지시요 모든 위로의 하나님이시며 우리의 모든 환난 중에서 우리를 위로하사 우리로 하여금 하나님께 받는 위로로써 모든 환난 중에 있는 자들을 능히 위로하게 하시는 이시로다 그리스도의 고난이 우리에게 넘친 것같이 우리가 받는 위로도 그리스도로 말미암아 넘치는도다 우리가 환난당하는 것도 너희가 위로와 구원을 받게 하려는 것이요 우리가 위로를 받는 것도 너희가 위로를 받게 하려는 것이니 이 위로가 너희 속에 역사하여 우리가 받는 것 같은 고난을 너희도 견디게 하느니라 너희를 위한 우리의 소망이 견고함은 너희가 고난에 참여하는 자가 된 것같이 위로에도 그러할 줄을 앎이라(고후 1:3-7)

가재미의 눈물

문태준 시인이 쓴 "가재미"라는 시에 이런 구절이 있습니다.

> 김천의료원 6인실 302호에 산소마스크를 쓰고
> 암 투병 중인 그녀가 누워 있다.
> 바닥에 바짝 엎드린 가재미처럼 그녀가 누워 있다.
> 나는 그녀의 옆에 나란히 한 마리 가재미로 눕는다.
> 가재미가 가재미에게 눈길을 건네자 그녀가 울컥 눈물을 쏟아낸다.
> 한쪽 눈이 다른 한쪽 눈으로 옮아 붙은 야윈 그녀가 운다.
> 그녀는 죽음만을 보고 있고
> 나는 그녀가 살아온 파랑 같은 날들을 보고 있다. (중략)
> 그녀의 숨소리가 느릅나무 껍질처럼 점점 거칠어진다.
> 나는 그녀가 죽음 바깥의 세상을 이제 볼 수 없다는 것을 안다.
> 한쪽 눈이 다른 쪽 눈으로 캄캄하게 쏠려 버렸다는 것을 안다.
> 나는 다만 좌우를 흔들며 헤엄쳐 가 그녀의 물속에 나란히 눕는다.
> 산소흡입기로 들이마신 물을 마른 내 몸 위에 그녀가 가민히 적셔준다.

여기서 시적 화자는 가재미라는 물고기를 시의 재료로 사용하고 있습니다. 시인은 암 투병 중인 그녀 옆에 누워 그녀의 삶을 떠올리며 그녀에 대해서 생각합니다. 그런데 그녀는 가재미처럼 누워 있습니다. 시적 화자 역시 그녀 옆에 나란히 한 마리 가재미로 눕습니다.

가재미의 두 눈이 한쪽에 붙어 있는 것처럼, 그녀 역시 한쪽 눈이 다른 쪽 눈으로 캄캄하게 쏠려 버렸습니다. 삶과 죽음을 함께 바라보지 못하고 오로지 죽음만을 바라보게 된 그녀의 모습을 안타깝게 묘사하고 있습니다. 그녀의 숨소리 역시 느릅나무 껍질처럼 거칠어져 가고 있습니다.

느릅나무 껍질이 얼마나 거칩니까? 그런 거친 숨소리를 들으며 시적 화자는 그녀가 지나온 파랑 같은 삶을 회고해 봅니다. 그런 그녀에게 자신도 좌우를 흔들며 헤엄쳐 가 그녀의 물속에 나란히 눕습니다. 그리고 그녀가 산소호흡기로 들이마신 물을 마른 자신의 몸 위에 가만히 적셔준다는 것입니다.

그런데 죽어가는 여인과 자신이 깊은 관계를 가지려고 하면 할수록 더 멀어집니다. 자신과 가재미는 별개의 존재가 되는 것입니다. 그리고 아무것도 해줄 수가 없습니다. 어떤 위로 한마디도 해줄 수가 없습니다. 그래서 시적 화자는 그냥 죽어가는 가재미 옆에 가서 자신도 누울 뿐이라고 말합니다. 얼마나 애처로운 시입니까?

이런 시를 생각하다 보면《상처받은 마음의 치유》라는 책이 생각납니다. 이 책은 미국의 론멜 목사가 쓴 책입니다. 이 책에 보면 이런 얘기가 나옵니다. 자신의 아들이 사업 실패로 큰 좌절과 심한 우울증을 겪게 되었습니다. 아들이 너무나 힘들어하니까 그는 아버지로서 위로해 주고 싶었습니다. 그러나 자초지종을 물으면 아들이 더 마음이 아프고 괴로울까 봐 아무 말도 할 수 없었습니다.

또 아버지라고 해서 아들이 고민하는 문제를 다 해결해 줄 수도 없었습니다. 그래서 아들이 잠들었을 때 방에 들어가 옆에 그냥 누웠습니다. 천장을 바라보며 옆에 있는 아들의 마음을 어떻게 위로할까 궁리했지만 어떤 말도 생각나지 않았습니다.

그래서 아들이 잠이 들 때 옆에 누웠다가 아침이면 그냥 나왔습니다. 다음 날도 아들 옆에 누웠습니다. 역시 아무 말도 하지 않았습니다. 여러 날 동안 아들 방에 들어가 옆에 누워 밤을 지새웠습니다. 때로는 눈물을 흘리기도 했습니다.

아들은 밤마다 아버지가 들어와 조용히 자기 옆에 눕는다는 사실을 알고 있었습니다. 아무 말 없어도 아버지의 마음을 알았습니다. 아버지가 자기보다 더 괴로워하는 것도 알았습니다. 이것이 아버지가 아들에게 할 수 있는 최선의 위로였던 것입니다.

누가 우리를 위로해 주나

인간은 그렇습니다. 문태준 시인도, 론멜 목사도 사랑하는 사람에게 아무것도 해줄 수 없었습니다. 그냥 가재미가 되고, 옆에 누울 뿐이었습니다. 그럼에도 우리는 여전히 사람들의 위로를 찾으러 다닙니다. 친구에게 찾아가고, 친구에게 위로받지 못하면 상담가에게 찾아가 위로를 받으려고 합니다.

상담가에게서도 위로를 받지 못하면 무당을 찾아갑니다. 무당을 찾아가면 무당이 하는 첫 마디가 뭔 줄 아십니까? "아이고, 힘들어서 왔구먼. 얼마나 힘들었을까!" 그 한마디에 모두 엉엉 울어 버린다고 합니다. 그리고 울면서 스스로 고백을 한다는 것입니다. "이래서 힘들어요, 저래서 힘들어요…."

과거 이스라엘 백성들도 그랬습니다. 부질없는 인간에게 위로를 구하고, 헛된 신들에게 찾아가 위로와 축복을 구했습니다. 그러나 하나님은 말씀하십니다. "그들은 죽을 사람들이며 풀같이 될 사람이다. 왜 그들을 두려워하며 무서워하느냐. 진정으로 이스라엘을 위로할 이는 나 여호와 하나님이니라."

사 51:12 이르시되 너희를 위로하는 자는 나 곧 나이니라 너는 어떠한 자이기에 죽을 사람을 두려워하며 풀같이 될 사람의 아들을 두려워하느냐

하나님이 그들에게 말씀하지 않습니까? "너희들은 도대체 어디서 위로를 구하느냐? 진정으로 위로해 줄 자는 나밖에 없는데. 그러니 나에게 찾아와 위로를 구해라."
이해인 시인의 "작은 위로"라는 시가 있습니다.

*보고 싶은 하나님 / 오늘은 하루 종일 / 꼼짝을 못 하겠으니
어서 저를 / 일으켜주십시오 / 지혜의 웃음으로
저를 적셔주십시오*

이 시에서도 진정으로 위로해 주실 분은 하나님밖에 없다고 말합니다. 진정으로 자신을 일으켜주실 분은 하나님밖에 없다는 것입니다. 이 시를 생각하노라면 이 노래가 떠오릅니다.

♪ 네가 만약 괴로울 때면 내가 위로해 줄게
   네가 만약 서러울 때면 내가 눈물이 되리

그런데 내가 만약 외로울 때면 누가 나를 위로해 줍니까?

♪ 주 예수 주 예수 주 예수밖에 누가 있으랴
   슬퍼 낙심될 때에 내 친구 되시는
   구주 예수밖에 다시 없도다

그렇습니다. 진짜 우리를 위로해 주는 분이 누구십니까? 바로 하나님이십니다. 그래서 사도 바울도 고린도후서에서 위로의 하나님을 소개해 주고 있습니다. 바울은 우리 하나님을 어떻게 설명합니까? 우리 주 예수 그리스도의 하나님이요, 자비의 하나님이라고 설명하고 있습니다. 그런데 또 하나 매우 특별한 묘사를 볼 수 있는데, 바로 모든 위로의 하나님이라는 것입니다.

> **고후 1:3** 찬송하리로다 그는 우리 주 예수 그리스도의 하나님이시요 자비의 아버지시요 모든 위로의 하나님이시며

우리 하나님은 모든 상황에서 우리를 위로하시는 분이라는 것입니다. 특별히 환난 중에 있는 사람들을 위로하신다는 것입니다. 고린도후서 1장 3절부터 7절에서 '위로'라는 단어가 몇 번이나 나오는 줄 아십니까? 열 번이나 나옵니다.

그런데 '위로'라는 말은 헬라어로 '파라클레시스'(παρακλησις)입니다. 이 말은 '파라(παρα, 곁에)+칼레오(καλέω, 부르다)'입니다. 즉, 성령님께서 항상 우리 곁에서 우리 이름을 불러주시고 우리를 위로해 주신다는 것입니다. "아들아, 내가 너를 사랑한다. 내가 너와 함께하고 있다. 너는 결코 멸망하지 않는다. 너는 반드시 일어난다. 너는 반드시 복을 받고 승리자가 될 것이다."

♪ 진실하신 주 성령 성도 곁에 계시사
  순례 길을 갈 때에 손을 잡아 주소서
  모든 곤한 사람들 기쁜 소식 들으니
  성령 말씀하시기를 어서 오라 집으로

'위로'라는 말을 더 구체적으로 설명하면, 하나님의 내적 속성인 자비가 외적 행위나 언어로 구체화되는 것이라고 할 수 있습니다. 그래서 성령님의 명칭이 '파라클레토스'(παράκλητος)입니다. 즉, '위로자'란 뜻입니다. '파라'(para)는 '옆에'입니다. 군림하고 지시한다는 의미의 '위에'란 말이 아닙니다. 위에서가 아니라 어머니처럼 '곁에서' 이름을 불러주시고 토닥거려 주신다는 친근한 의미를 갖고 있습니다.

그래서 '위로'란 뜻의 '파라클레시스'와 '위로자 성령'이란 뜻의 '파라클레토스'라는 단어가 비슷하지 않습니까? 성령께서 하시는 주된 사역이 우리를 위로하는 사역이라는 것입니다.

바울이 쓴 눈물의 편지

그런데 우리는 사도 바울이 이 말씀을 하게 된 배경을 알아야 합니다. 사도 바울은 2차 전도여행 때 고린도 교회를 개척하였습니다. 고린도는 해안 지역에 위치한 도시로서 온갖 미신이 성행하였고, 아프로디테 신전에는 1,000여 명이 넘는 성전 창기들이 있었습니다. 그래서 성적으로 대단히 문란한 도시였습니다.

바울은 이곳에서 온갖 유혹을 다 물리치면서 1년 6개월 동안 고린도 교회를 세웠습니다. 그리고 에베소로 떠나서 에베소 교회를 세웠습니다. 그런데 바울에게 들려오는 소식은 고린도 교회가 여러 가지 문제로 휩싸여 있다는 것입니다. 교회 안에 파벌이 생기고 여러 가지 문제로 분쟁이 일어났다는 것입니다.

그래서 바울은 급히 자신을 대신해 디모데를 보냈습니다. 이때 디모데는 바울이 쓴 고린도전서를 가지고 갑니다. 그러나 바울은 오히려 고린도 교회 상황이 급격히 악화되었다는 비보를 전해 듣게 되니다. 고린도 교회의 혹을 떼기 위해 디모데를 급파하고 고린도전서까지 발송하였는데, 오히려 고린도 교회에 혹이 더 커져 버렸다는 것입니다.

그래서 바울은 당장 자신이 직접 고린도 교회를 방문하였습니다. 이것이 곧 바울이 고린도후서에서 말한 '근심 어린 방문'이었던 것입니다. 고린도 교회를 기쁨으로 방문한 것이 아니라 큰 근심을 가지고 방문하였다는 것입니다.

> **고후 2:1-2** 내가 다시는 너희에게 근심 중에 나아가지 아니하기로 스스로 결심하였노니 내가 너희를 근심하게 한다면 내가 근심하게 한 자밖에 나를 기쁘게 할 자가 누구냐

그런데 어찌 된 일인지 사도 바울은 급히 다시 에베소로 귀환해야 했습니다. 아마도 에베소 교회에 또 급한 문제가 생겨서 바울은 고린도 교회의 급한 불만 끄고 다시 에베소 교회로 온 것 같습니다. 이것이 바울의 삶이었습니다.

바울의 내면에는 항상 강박의식이 있었습니다. 복음을 전하고 교회를 세우면서 어마어마한 고통과 핍박을 많이 받았지만, 그의 마음속에 항상 눌리는 것이 있었습니다. 그것은 바로 모든 교회를 위하여 염려하는 것이었습니다.

> **고후 11:28** 이 외의 일은 고사하고 아직도 날마다 내 속에 눌리는 일이 있으니 곧 모든 교회를 위하여 염려하는 것이라

저는 이 말씀을 읽을 때마다 위로가 되고 위안이 됩니다. 저도 항

상 강박관념에 사로잡혀 있습니다. 먼저 설교에 대한 부담이 있습니다. 또 성도들의 삶에 대한 부담, 교회 부흥에 대한 부담, 또 한국교회 연합과 부흥을 위한 고민과 스트레스도 많이 있습니다. 저에게는 항상 이런 강박의식이 있습니다.

마찬가지로 사도 바울도 고린도 교회를 생각하면 늘 눌리는 마음이 있었습니다. 강박의식이 생겼습니다. '고린도 교회가 잘되어야 하는데…. 고린도 교회 문제가 해결되어야 하는데…. 그토록 순수하게 예수를 믿고 교회생활 했던 고린도 교인들이 왜 다투고 싸운단 말인가! 왜 우상의 음식을 마음대로 먹고, 교회 안에서까지 간음과 음행을 한단 말인가!'

그래서 그는 눈물로 편지를 썼습니다. 그는 눈물로 종이를 적셔가며 간곡한 설득의 편지를 썼습니다. 그런 의미에서 그 편지를 눈물의 편지라고 할 수 있습니다.

> **고후 2:4** 내가 마음에 큰 눌림과 걱정이 있어 많은 눈물로 너희에게 썼노니 이는 너희로 근심하게 하려 한 것이 아니요 오직 내가 너희를 향하여 넘치는 사랑이 있음을 너희로 알게 하려 함이라

사실 이 편지는 고린도전서와 고린도후서 사이에 있는 눈물의 편지였습니다. 그런데 아쉽게도 이 편지는 분실되어 존재하지 않습니다. 오래전에 유행했던 "눈물로 쓴 편지"라는 노래가 있습니다. 어찌 보면, 사도 바울의 마음을 잘 표현해 놓은 것처럼 보입니다.

♪ 눈물로 쓴 편지는 읽을 수가 없어요 눈물은 보이지 않으니까요
  눈물로 쓴 편지는 고칠 수가 없어요 눈물은 지우지 못하니까요

눈물로 쓴 편지는 부칠 수도 없어요

파라클레토스의 사랑

바울은 그렇게 눈물로 써 내려간 편지를 디도 편에 보냈습니다. 그러자 고린도 교회에 편지를 전달하고 온 디도가 어느 정도 기쁜 낭보를 가지고 왔습니다. 눈물에 젖은 바울의 서신을 고린도 교인들이 읽고 나서 대부분의 사람이 다 회개하고 돌아왔다는 것입니다.

그러나 아직도 일부 교인들은 거짓 사도들의 선동을 따라 사도 바울의 사도권 자체를 부인하는 사태가 벌어지고 있다는 비보도 받았습니다. 이 얼마나 어처구니없는 일입니까? 그들이 누구를 통해서 예수를 믿었습니까? 그리고 고린도 교회가 누구를 통해서 세워졌습니까? 그런데 사도 바울을 거짓 사도라고 하다니 이게 말이나 되는 소리입니까?

이런 소식을 듣고 바울이 얼마나 마음이 아팠겠습니까? 얼마나 큰 상처를 받았겠습니까? 그는 꿈에서뿐 아니라 현실에서도 언제나 고린도 교회를 생각하면 가위에 눌리는 것 같았습니다. 그래서 바울은 당장 자신에 대한 변명부터 하고 싶었을 것입니다. 그리고 그 나쁜 사람들을 공격하고 싶었을 것입니다. 그러나 바울은 그러지 않았습니다. 그들에게 위로의 하나님부터 언급하고 있습니다. 물론 나중에 자신의 사도권에 대해 변명하고 설명하지만 맨 처음에는 위로의 하나님에 대해 말씀하고 있습니다. 우리 하나님이 어떤 하나님이냐 하면 모든 위로의 하나님이라는 것입니다. 언제 위로의 하나님이라는 겁니까? 특별히 환난 중에 위로의 하나님이 되신다는 것입니다.

고후 1:4 우리의 모든 환난 중에서 우리를 위로하사 우리로 하여금 하나님께 받는 위로로써 모든 환난 중에 있는 자들을 능히 위로하게 하시는 이시로다

하나님은 특히 고난 중에, 환난 중에 위로해 주신다는 것입니다. 즉, 우리가 환난을 당하면 당할수록 하나님이 우리에게 더 가까이 와, 언제나 성령께서 우리 곁에서 우리를 불러주시고 위로해 주신다는 것입니다.

원래 '파라클레토스'라는 말은 법정 용어입니다. 법정에서 재판받는 사람의 변호사 역할을 말합니다.

변호사의 역할이 얼마나 큰 줄 아십니까? 보통 때는 변호사의 역할이 얼마나 큰지를 모릅니다. 그러나 어떤 일로 수사기관에 가서 조사를 받거나, 억울한 일로 재판을 받게 되면, 변호사가 얼마나 소중한지, 변호사의 한마디 한마디가 얼마나 크게 위로가 되는지 똑똑히 알게 됩니다. 그리고 법정에서 나를 변호해 주는 변호사가 얼마나 고마운지 모릅니다.

그런데 이 파라클레토스가 이스라엘에서 언제부터인가 어머니의 별명으로 쓰였습니다.

이스라엘에서는 아버지가 유달리 자녀에게 엄격했습니다. 그래서 자녀가 곁길로 가면 아버지가 가차 없이 꾸중하고 인정사정없이 매질을 하기도 했습니다. 그러다 보면 매를 맞은 아들이 아버지의 징계를 의심할 때가 있습니다. '어떻게 아버지가 나한테 이렇게 매정하게 매질을 할 수가 있어? 진짜 친아버지라면 나에게 이럴 수 있을까? 내가 친자식이면 나에게 이렇게 무정하게 매질을 할 수 없을 거야.' 그러면서 아버지의 사랑을 의심한다는 것입니다.

그때 어머니가 자녀 곁으로 다가갑니다. 그리고 이렇게 이야기합니다. "아버지가 너를 미워해서 그렇게 때린 줄 아니? 그렇게 너를 때린 아버지의 심정은 얼마나 찢어지도록 아프겠니? 너 잘되라고, 성공하라고 아버지가 너를 때리신 거야. 아버지가 너를 얼마나 사랑하고, 얼마나 잘되기를 원했으면 이렇게 널 때렸겠니?"

이스라엘의 어머니처럼 성령께서도 우리를 그렇게 위로하십니다. 우리가 곁길로 갈 때, 성부 하나님이 우리에게 무섭게 진노하실 때가 있습니다. 그래서 우리가 매를 맞고 고난을 당하고 환난을 당하다 보면 하나님의 사랑을 의심할 수가 있습니다. 그럴 때 어머니가 아들을 위로해 주는 것처럼 성령께서 찾아오셔서 우리 곁에서 우리를 위로해 주십니다. "사랑하는 아들아, 하나님이 너를 사랑해서 때리신 거란다. 너 잘되라고, 너 망하지 않게 하려고, 너 복 받고 승리하도록 하나님이 사랑의 매를 드셨단다." 이렇게 성령님께서는 우리의 눈물을 닦아주시고 위로해 주십니다.

♪ 나의 한숨을 바꾸셨네 주를 향한 노래로 소망의 노래로
　나의 눈물을 거두신 주 예수 이름 안에 살게 하소서

그래서 고린도후서에서 하나님은 부성애적 이미지보다는 모성애가 가득한 하나님으로 소개되고 있습니다.

어느 집 아들이 집안의 논밭을 팔아서 청운의 이상을 품고 서울에 가서 사업을 했습니다. 돈을 벌어서 좋은 자가용을 타고 금의환향하려고 하였지만 폭삭 망해 버리고 말았습니다. 그래서 어깨가 축 늘어져 고향을 찾아왔습니다.

그러자 아버지가 화를 못 참고 작대기를 들고 아들을 때립니다.

"이 망할 놈아, 쳐 죽일 놈아, 내가 어떻게 마련한 땅인데 그 좋은 논밭 다 팔아 가더니 이렇게 거지꼴로 오냐, 이놈아." 그러나 어머니는 그러지 않습니다. "영감, 그러지 마시오. 땅은 있다가도 없고, 없다가도 있는 거 아니오. 그놈의 돈은 있다가도 없고, 없다가도 있는 것 아니오. 우리 귀한 자식 살아서 돌아온 것만도 다행이라고 생각합시다."

어머니라고 화가 안 나겠습니까? 어머니는 더 상처받습니다. 그러나 아무리 자신의 마음에 상처가 되어도 자식을 향해서는 넉넉한 마음을 품습니다. 바로 우리 하나님께서 이런 모성애적 사랑을 베푸실 때가 있습니다. 이사야서에 보면 이런 놀라운 표현들이 많이 있습니다.

> 사 66:11 너희가 젖을 빠는 것같이 그 위로하는 품에서 만족하겠고 젖을 넉넉히 빤 것같이 그 영광의 풍성함으로 말미암아 즐거워하리라

> 사 66:13 어머니가 자식을 위로함같이 내가 너희를 위로할 것인즉 너희가 예루살렘에서 위로를 받으리니

어린아이가 엄마의 품에서 젖을 빠는 순간처럼 만족스럽고 행복한 때가 언제 있겠습니까? 하나님이 그런 위로를 우리에게 주신다는 것입니다.

지지 않겠다는 약속의 노래

제가 초등학교 5학년 때 저희 큰누님이 조카를 낳았습니다. 그때 조카 녀석이 왜 그렇게 예쁜지 저는 그 아이를 보려고 방학 때면 늘

큰누님 집에 갔습니다. 하루는 큰누님이 조카에게 젖을 충분히 먹여놓고 저에게 아이를 보라고 맡기고 밭일을 하러 갔습니다.

그런데 몇 시간 지나니까 애가 배가 고파서 울어대기 시작합니다. 애가 너무 울어대서 누님에게 데리고 가려고 해도 밭이 어딘지를 몰랐습니다. 그래서 제가 어쩔 수 없이 제 손가락을 물려줬습니다. 그때 손이라도 씻고 좀 물려줬으면 좋았는데 철없는 제가 그냥 손을 물려줬습니다.

마침 손톱이 얼마나 길었는지, 그리고 그 속에 까만 때까지 있습니다. 그런데 애가 그걸 빨아먹었습니다. 짭짤해서 나름 맛이 있지 않았겠어요? 열 손가락을 다 빨아먹게 했습니다. 구정물을 다 빨아먹고 나서 이제 더는 아무 맛도 안 나니까 또 울어대는 것입니다.

그래서 애를 달래려고 찬장 문을 열어보니 미원이 보였습니다. 그래서 미원을 손에다 찍어 애한테 빨게 했습니다. 그런데 그걸 다 빨아먹고 또 우는 겁니다.

그런데 바로 그때 누님이 오셨습니다. 누님이 오셔서 바로 젖을 물려주었습니다. 그러자 애가 숨도 안 쉬고 젖을 빨아먹는 것입니다. 얼마나 서러웠던지 "흐흥 흐흥" 하면서 먹었습니다.

저는 그 장면을 잊을 수가 없습니다. 어린아이한테 그 순간보다 행복할 때가 있겠습니까? 그 순간보다 더 만족스러울 때가 있겠습니까? 제가 옆에 가서 젖을 빠는 조카에게 "문이야, 삼촌에게 올래?" 해도 쳐다보지도 않았습니다.

누님이 오기 전까지만 해도 그렇게 저밖에 몰랐던 애가 엄마가 오니까 저한테는 오지도 않았습니다. 엄마 품에서 얼마나 만족하고 행복해했는지 모릅니다. 옛날 어머니들은 애들에게 젖을 물릴 때 씻지도 않고 줬습니다. 옛날 어머니나 저나 다를 바가 없었습니다. 젖을 씻지 않고 주는 것과 제 손을 빨게 하는 것이 무슨 차이가 있겠습니까?

그런데도 갓난아이들은 엄마의 품에서 최고의 행복과 만족을 누리는 것입니다. 그때 삼촌이 옆에 가서 백만 원짜리, 천만 원짜리 수표를 준다고 오라고 하면 오겠습니까? 할머니가 무슨 장난감을 가지고 유혹을 한다 한들 할머니한테 가겠습니까? 그때는 1억 원짜리 수표도, 무슨 대단한 장난감도 다 소용없습니다. 오직 엄마의 품에서 위로받기를 원하는 것입니다.

"엄마, 내가 배고플 때 어디 갔었어요? 왜 내가 젖을 먹고 싶을 때 나에게 오지 않았어요?" 아이가 그런 마음으로 젖을 물 때, 엄마는 아이의 엉덩이를 두들기며 이런 말을 해줍니다. "사랑하는 아이야, 내가 왔지 않니. 어서 많이 먹어라. 그리고 건강하게 잘 자라거라."

우리 주님이 그렇습니다. 하나님께서도 우리를 위로해 주십니다. 특별히 언제 위로해 주십니까? 환난 중에 위로해 주십니다. 내가 고난당할 때, 마음이 아프고 상처받았을 때 위로해 주십니다.

그런데 아무에게나 위로를 해주시는 게 아닙니다. 우리가 환난당하고 고통당한다고 무조건 하나님이 기계적으로 위로를 해주시는 것이 아닙니다. 하나님의 위로를 사모하는 자, 주의 품을 사모하는 자에게 오셔서 안아주십니다. 품어주십니다.

엄마가 아이에게 젖을 물려주는 것처럼 하나님은 그분의 젖과 같은 말씀과 꿀 같은 말씀으로 우리를 위로해 주십니다. 그럴 때 우리는 주의 품속에서 사랑과 평화를 느낍니다. 따뜻한 위로와 안식을 얻게 됩니다.

> 사 66:11 너희가 젖을 빠는 것같이 그 위로하는 품에서 만족하겠고
> 젖을 넉넉히 빤 것같이 그 영광의 풍성함으로 말미암아 즐거워하리라

이런 사람이 된다면 얼마나 행복한 위로 속에서 살아가겠습니까? 이런 사람은 하나님의 품속에서 '영원히 지지 않도록 하겠다'는 약속을 받게 될 것입니다. '지지 않도록 하겠다는 약속'이 얼마나 아름다운 표현입니까?

이응준 시인이 작사하고 윤도현 밴드가 작곡을 하여 YB와 국민가수 이선희 씨가 콜라보로 노래한 곡 중에 "지지 않겠다는 약속"이 있습니다. 바다 환경이 파괴되어 성난 고래들이 살기 힘들다고 아우성을 치는 것을 보고 그 고래들을 위로하기 위해 만든 노래라고 합니다.

> ♪ 눈물 나는데 슬퍼지는 이유를 몰랐던 건
> 나를 대신해 아파하는 너를 몰랐던 일
> 내 마음 내 어둠 무겁지만 / 내 얘기 내 노래 외롭지만
> 내가 미워한 세상 모든 것 / 어쩔 수 없다며 피하진 않아
> 나를 사랑한 너의 모든 것 / 이젠 내가 더 사랑할 수 있어
> 부서지는데 무서워하는 법도 몰랐던 건
> 나를 위해서 기도하는 너를 몰랐던 일

하물며 우리 하나님은 어떻겠습니까? 하나님께서 우리에게 '영원히 지지 않도록 하겠다'는 위로의 약속을 주시지 않겠습니까? 하나님은 환난 때문에 절망하고 성난 우리를 위로해 주십니다. '영원히 지지 않도록 하겠다'는 약속으로 위로해 주십니다.

> **사 40:1** 너희의 하나님이 이르시되 너희는 위로하라 내 백성을 위로하라

그런데 바로 이렇게 하나님으로부터 위로를 받은 사람이 남을 위로할 수 있습니다. 진짜 하나님의 위로를 경험한 사람은 남을 위로할 수 있습니다. 과거에 엄청난 환난 속에서 위로를 받았기 때문입니다.

> **고후 1:6** 우리가 환난당하는 것도 너희가 위로와 구원을 받게 하려는 것이요 우리가 위로를 받는 것도 너희가 위로를 받게 하려는 것이니 이 위로가 너희 속에 역사하여 우리가 받는 것 같은 고난을 너희도 견디게 하느니라

우리는 어떻습니까? 정말 위로가 필요합니까? 그냥 세상의 흔해 빠진 작은 위로가 아니라 하나님으로부터 오는 진정한 위로가 필요합니까? 그렇다면 하나님께 나아가야 합니다. 주님의 품으로 들어가야 합니다. 그리고 어린아이가 엄마의 젖을 마음껏 빠는 것처럼 주님의 위로를 마음껏 누려야 합니다.

그러고 나서 그 풍성한 위로를 남에게 전해야 합니다. 우리의 삶을 간증하고 주님의 복음을 전해야 합니다. 우리의 섬김으로 많은 사람을 치유하고 전도하고 영혼을 구원해야 합니다.

♪ 내가 고난 중에도 위로받을 수 있음은 은혜의 힘입니다
  내가 역경 중에도 전도할 수 있음은 은혜의 힘입니다
  내게 고통 주는 자 품어줄 수 있음은 은혜의 힘입니다
  주님의 은혜가 내 안에 들어오면 나는 날마다 기뻐집니다
  은혜 위에 은혜가 더하여질수록 오직 주님만 바라봅니다

8.
너를 사랑이라 부른다

시온의 딸아 노래할지어다 이스라엘아 기쁘게 부를지어다 예루살 렘 딸아 전심으로 기뻐하며 즐거워할지어다 여호와가 네 형벌을 제거하였고 네 원수를 쫓아냈으며 이스라엘 왕 여호와가 네 가운 데 계시니 네가 다시는 화를 당할까 두려워하지 아니할 것이라 그 날에 사람이 예루살렘에 이르기를 두려워하지 말라 시온아 네 손 을 늘어뜨리지 말라 너의 하나님 여호와가 너의 가운데에 계시니 그는 구원을 베푸실 전능자이시라 그가 너로 말미암아 기쁨을 이 기지 못하시며 너를 잠잠히 사랑하시며 너로 말미암아 즐거이 부 르며 기뻐하시리라 하리라 (습 3:14-17)

허삼관의 쓸쓸한 배회

중국의 위화가 쓴 《허삼관 매혈기》라는 소설이 있습니다. 우리나라에서 영화로도 만들어진 유명한 소설입니다. 이 소설의 내용은, 허삼관이라는 아버지가 가족들을 먹여 살리기 위해 피를 파는 이야기입니다. 피를 팔아 가족들을 먹여 살린다니 남자가 얼마나 능력이 없으면 그러겠냐고 말할 수 있을지 모르지만, 중국의 근현대화 과정에서는 그럴 수 있는 상황이었습니다. 사람이 한 번 피를 팔고 나면 최소한 3개월이 지나고 나서야 피를 다시 팔 수 있는데 허삼관은 가족을 위해 3일에 한 번꼴로 피를 팔며 죽을 고비를 넘깁니다.

특히나 큰아들 일락이는 뇌염에 걸려 치료를 받아야 했습니다. 그래서 아들의 치료비를 마련하기 위해 피를 파느라 얼굴이 시체처럼 변해갔습니다. 허삼관은 피를 뽑은 후에는 보혈과 피 생성에 좋다는 돼지 간 볶음 한 접시를 먹습니다. 그렇게 살아온 허삼관이 노인이 되었습니다. 노인이 되어 피를 팔려고 하자 늙은이의 피는 죽은 피가 많아 돼지 피 같다며 수매를 거절당합니다.

허삼관은 쓸모없는 인간이 되었다는 생각에 눈물을 쏟으며 동네 길을 배회합니다. 누군가의 격려와 위로를 듣고 싶은데 아무도 위로해 주거나 격려해 주는 사람이 없었습니다. 허삼관의 삶에는 그토록 격려가 중요했던 것입니다. 그때 누군가가 "당신의 인생은 너무나 아름다웠어. 당신의 삶은 너무나 고귀했어"라고 한마디라도 격려를 해줬으면 얼마나 좋았을까마는 아무도 해주는 사람이 없었습니다.

이런 이야기도 있습니다. 《눈물이 나올 만큼 좋은 이야기》라는 책에 나오는 내용입니다. 일본의 한 중소기업 사장이 갑자기 부도를 맞았습니다. 잘나가던 사업이 한순간의 실수로 실패를 맞고 만 것입니다.

그는 막막한 마음으로 타향에 가서 막노동을 하였습니다. 어느 날 점심을 먹으려고 싼 음식점을 찾아 골목 골목을 돌았습니다. 그러다 마침내 싼 식당이려니 하고 들어가서 보니 그게 아니었습니다. '아차, 잘못 왔구나. 이거 비싼 집에 왔네!'

그러나 왕년에 잘나가던 사장 양반이라 다시 나가기에는 자존심이 허락하지를 않았습니다. 엉거주춤한 채 주위를 살펴보니 자기 옷이 너무 초라하고 그 분위기에 도무지 어울리지 않았습니다. 너무 창피해서 구석에 앉아 몸 둘 바를 몰라 하고 있었습니다.

그런데 여직원이 다가오더니 물 한 컵을 따라주면서 빙그레 웃으며 이렇게 말했습니다. "물부터 마시세요. 타향분이신가 보죠? 선생님, 힘내세요." 그 순간 그 실패한 사업자는 눈물이 왈칵 솟구쳤습니다. 큰 위로도 아닌 이 작은 공감, 이 작은 친절과 격려에 새 힘이 솟아난 것입니다. 그 사람 마음을 울컥하게 하고 눈물이 솟구치게 한 격려는 거창한 이야기가 아니라 아주 작은 친절과 격려의 한마디였습니다.

우리 교회 배세영 집사님의 대본으로 "인생은 아름다워"라는 영화가 제작되었습니다. 이 영화에서도 주인공 세연이 얼마 남지 않은 생을 마감하기 전에 첫사랑을 찾아 여행을 떠나는 내용으로 시작됩니다.

깁보르 요시아의 사랑의 전율

그런데 성경을 보면 하나님은 이스라엘 백성들에게 정말 위대한 격려와 위로의 말씀을 하고 계십니다. 당시 이스라엘 백성들은 하나님의 심판과 재앙으로 기가 팍 죽어 있었습니다. 그래서 어깨를 축 늘어뜨리고 두 손까지 늘어뜨리고 있었습니다.

그때 하나님께서 뭐라고 말씀하십니까? "이스라엘아, 네 어깨를 늘어뜨리지 말아라. 네 두 손을 늘어뜨리지 말아라. 왜 너희들은 기가 죽어 있느냐. 절대로 기죽지 말고, 손을 늘어뜨리지 말아라."

> 습 3:16 그날에 사람이 예루살렘에 이르기를 두려워하지 말라 시온아 네 손을 늘어뜨리지 말라

사람이 기가 죽으면 어깨부터 늘어집니다. 어깨가 늘어지면 두 손도 늘어뜨리게 되어 있습니다. 그러나 하나님은 절대로 기죽지 말라고 하십니다. 어깨를 늘어뜨리지도 말고, 두 팔을 늘어뜨리지도 말라고 하십니다. 이 말씀을 하신 후에 하나님은 이스라엘을 향해 더 적극적인 격려와 위로를 하십니다.

하나님께서는 이스라엘 백성들을 바라볼 때마다 기쁨을 이기지 못하신다는 겁니다. 이스라엘을 향한 기쁨을 이기지 못하여 때로는 잠잠히 사랑하기도 하지만, 때로는 이스라엘을 향하여 즐거이 노래를 부르며 기뻐하신다는 것입니다.

> 습 3:17 너의 하나님 여호와가 너의 가운데에 계시니 그는 구원을 베푸실 전능자이시라 그가 너로 말미암아 기쁨을 이기지 못하시며 너를 잠잠히 사랑하시며 너로 말미암아 즐거이 부르며 기뻐하시리라 하리라

'구원을 베푸실 전능자'라는 말은 히브리어로 '깁보르 요시아', 즉 구원이나 승리를 주시는 용사 하나님이라는 말입니다. 그러니 이 얼

마나 감격스러운 말씀입니까? 하나님이 나에게 깁보르 요시아가 되어 주신다니 얼마나 가슴이 뭉클합니까?

하나님은 아들이나 딸을 너무나 사랑해 죽고 못 사는 엄마 아빠처럼 우리를 사랑하신다는 겁니다. 그런데 젊은 부부가 자녀를 낳을 때도 좋지만, 손주를 보는 기쁨도 얼마나 큰지 모릅니다.

늘 드리는 말씀이지만, 사람은 누구나 손주를 보지 않고는 인생을 논하지 말아야 합니다. 그만큼 손주를 보는 기쁨이 크다는 것입니다. 저도 손주를 볼 때마다 얼마나 애틋한 사랑이 느껴지는지 모릅니다. 그런데 이 녀석들하고 시간을 많이 갖지 못하니까 저를 별로 좋아하지 않습니다.

주일날 교회 오면 제가 한번 안아주려고 합니다. 그러면 뭐라고 하는지 아십니까? "아니야, 아니야" 하면서 제 집사람한테만 갑니다. 그래도 너무나 예쁩니다. 집사람도 옛날에는 저한테 잔소리를 많이 하더니 이제 손주가 생기니까 완전히 저한테는 무관심입니다.

연인도 그렇습니다. 사랑할 때는 눈에 콩깍지가 생긴다고 하지 않습니까? 서로 좋아하는 사람은 만나면 죽고 못 살아 마구 들뜨지 않습니까? 그래서 기쁨을 이기지 못하여 필요 이상의 고백을 하고 자꾸 오버를 하는 것입니다.

왜 그렇게 말이 많아지는지 모릅니다. 그냥 사랑한다고 하면 되는데 별 걸 다 합니다. 연인을 만나러 갈 때면 먼저 콧노래부터 부르지 않습니까? 머리도 빗고 새 옷을 입고는 사랑하는 사람을 만나러 갑니다. 그래서 나훈아 씨가 이런 노래를 부르지 않았습니까?

♪ 내게 애인이 생겼어요 너무 좋아 죽습니다
　내가 사랑에 빠졌어요 자랑하고 싶다구요

난생처음으로 향수도 뿌리고 핑크색 셔츠로 멋도 부리구요
교회도 가려구요 왜냐면 그녀가 기도하는 모습을 봤거든요

저 역시 이쁜 여학생을 만나러 교회에 나갔다가 목사까지 된 사람입니다. 아무튼 사랑하는 사람은 누구나 시인이 되고 가수가 된다고 하지 않습니까? 물론 그렇게 사랑하던 사람끼리 결혼을 하고 살다 보면 달라지기는 합니다. 부부로 몇 년을 살다 보면 콩깍지가 벗겨지기 때문입니다.

그래서 이런 이야기가 있습니다. 남자가 살기가 힘들 때면 지갑에 있는 아내 사진을 꺼내 본답니다. "내가 지금까지 이 여자와도 살아왔는데, 이 세상에 못 할 게 뭐가 있겠노?" 여자도 살기 힘들 때면 남편 사진을 꺼내 본답니다. "내가 이 종자도 사람 만들었는데 세상에 못 할 일이 어디 있겠노?"

어찌 연인만 그렇게 죽고 못 살겠습니까? 3대 독자, 4대 독자는 땅에 내려놓지를 않습니다. 특별히 할머니, 할아버지가 안고 얼러주고 비비고 입 맞춰 주면서 얼마나 예뻐하는지 죽고 못 삽니다. 아이를 재울 때는 엉덩이를 살짝살짝 두들기며 이런 노래를 불러줍니다.

♪ 강아지야 내 강아지야 우리 강아지 잘도 잔다
실경쇠야 내 실경쇠야 우리 실경쇠 잘도 잔다

그런데 하나님께서 우리를 그렇게 사랑하신다는 것입니다. 우리를 바라볼 때마다 기쁨을 이기지 못하신다는 것입니다. "사랑하는 아들아, 내가 너로 인하여 기쁨을 이기지 못하겠구나. 그 주체할 수 없는 기쁨으로 너에게 고백한다. 너는 내 눈에 넣어도 아프지

않은 귀염둥이, 나의 하나밖에 없는 자식까지도 아낌없이 내어주었던 내 사랑의 전율. 그래서 나는 너의 이름을 사랑이라고 부른다."

춤을 추며 업고 가시는 하나님

"모래 위의 두 발자국"이란 시의 새로운 버전이 나왔습니다. 한 사람이 꿈속에 보니 예수님과 함께 해변길을 걸은 발자국이 보이는데, 자신이 가장 어려웠던 시절에는 네 발자국이 아니라 두 발자국만 모래사장에 찍혀 있습니다. 더구나 자세히 보니 자신의 발자국이 이리저리 어지럽게 찍혀 있었습니다. 그래서 예수님께 따졌습니다.

"예수님, 저 발자국 보이시나요? 제가 그때 얼마나 힘들었으면 발자국이 저렇게 어지럽게 찍혀 있을까요? 주님은 그때 저를 혼자 내버려두고 뭐 하셨나요?"

그때 주님이 말씀하십니다.

"사랑하는 아들아, 발자국이 왜 그런 줄 아느냐? 내가 너무 기뻐서 너를 업고 춤을 추면서 걸었기 때문이란다."

우리가 가장 힘들고 어려울 때 우리를 업고 가는 것이 얼마나 기쁜 일인지 춤을 추며 가셨다는 겁니다.

어떤 하나님이 말입니까? 우리를 창조하시고 구원하시는 여호와 하나님께서 그러셨다는 것입니다. 깁보르 요시아 되시는 하나님께서 우리를 바라볼 때마다 주체할 수 없는 기쁨으로 바라보신다는 겁니다. 그리고 우리가 너무 힘들 때는 춤을 추며 업고 가신다는 것입니다.

하나님이 우리를 이렇게 사랑하신다는데도 감격이 없으십니까? 가슴에 울컥함이 없으십니까? 이런 하나님이 우리를 업고 춤을 추며 걸어가시겠다는데 낙심하며 살아가시겠습니까? 기죽어 살아가시 겠습니까? 의기소침하여 살아가시겠습니까?

> ♪ 너의 하나님 여호와가 너의 가운데 계시니
> 그는 구원을 베푸실 전능자 전능자시라
> 그가 너로 인하여 기쁨을 이기지 못하시며
> 너를 잠잠히 사랑하시며 즐거이 부르며 기뻐 기뻐하시리라

어느 시인의 말대로 사랑은 위대한 편견입니다. 그래서 사랑은 모든 허물을 덮습니다. 사랑하는 사람끼리는 편견의 안경을 쓰고 있기 때문에 실수도 사랑스럽습니다. 약점도 사랑스럽기만 합니다. 사랑하는 내 자식이 약점을 갖고 있는 것을 어떡합니까? 그래도 사랑스럽습니다.

사랑하는 여인의 얼굴에 사마귀가 있는 게 뭐 대수입니까? 그 사마귀도 아름답게 보이고 복스럽게 보일 뿐입니다. 그러니 제 눈의 안경을 쓴 사람은 사랑하는 사람의 삶이 언제나 무대 위의 연주처럼 느껴집니다. 한 편의 드라마이자 영화처럼 느껴집니다.

너의 이름을 사랑이라 부른다

제가 《너의 이름을 사랑이라 부른다》라는 시집을 썼습니다. 저는 원래 임인년 호랑이해를 맞이해 호랑이 연작시를 쭉 썼습니다. 남이 안 쓴 시를 한번 써보고 싶었습니다. 그런데 호랑이 시를 쓰다 보니 사자 연작시를 쓰게 된 겁니다. 호랑이나 사자는 어디까지나 시의 재료에 불과하고 시적 은유로 쓰인 것입니다.

즉, 저라고 하는 시적 화자가 호랑이가 되어 호랑이의 외로움과 그리움을 노래한 것입니다. 혹은 호랑이를 은유화해서 인간의 사랑과 고독, 그리움을 표현했습니다. 그런데 호랑이나 사자 연작시를 쓰다 보니 표면적으로 볼 때 좀 강렬한 것 같았습니다. 그래서 나비 시를 쓰게 되고, 또 풀벌레 시를 쓰고 종달새와 사랑이 시를 쓰게 된 것입니다.

원래는 시집 이름을 '어느 비단 줄무늬의 애가'라고 정했습니다. 그런데 문학적으로 볼 때는 문학적 귀족성이 넘치는 제목인데, 대중성과 확장성이 좀 떨어지는 겁니다. 그래서 우리 교회 박소현 간사의 제안으로 《너의 이름을 사랑이라 부른다》로 바꾸었습니다. 그런데 이 책이 교보문고에서 실시간 판매율 1위를 기록했습니다. 정말 깜짝 놀랐습니다.

여기서 '사랑이'는 우리 집에 있는 애완견의 이름입니다. 저는 별로 개를 좋아하지 않습니다. 특히 우리 교인들 집에 심방 가서 애완견이 저를 향하여 마구 짖어대면 제가 두 눈에 레이저 불을 켜고 노려봅니다. 그래도 계속 짖어대서 제가 한번은 "야, 보신탕!" 그랬습니다. 그랬더니 그 집 교인이 시험에 든 적이 있습니다. 그래서 제가 그 뒤로는 절대 그런 얘기를 안 합니다.

어느 날 우리 귀여운 손주들이 미국으로 갔습니다. 그래서 저희 집사람이 외톨이가 되었습니다. 그걸 제일 염려했던 사람이 아들입니다. 그래서 아빠 트집도 잡지 않고 엄마도 외롭지 않도록 하기 위해 애완용 개를 하나 키우도록 해야겠다고 생각한 것입니다. 그러면 엄마가 애완견을 예뻐하면서 애완견과 놀고 산책도 하지 않겠는가, 이런 생각을 한 것입니다.

이 녀석이 겉으로는 저를 안 닮은 것 같아도 저처럼 잔정이 아주 많습니다. 공군 학사장교 훈련장에 갈 때, 이 덩치 큰 녀석이 울면서 저한테 뭐라고 한 줄 아십니까? "아빠, 엄마 외로우니까 제발 일주일에 한 번만 집에 들어가 주세요."

저는 약속을 하면 지키는 사람입니다. 그래서 아들이 훈련받는 기간 동안 일주일에 한 번씩 집에 들어가느라 얼마나 힘들었는지 모릅니다. 그러다 아들이 훈련을 마치고 집으로 돌아와 오산으로 출퇴근하게 되면서 저는 '나의 해방일지'를 쓸 수 있었습니다.

이런 잔정이 있는 녀석이라 애완견을 하나 분양을 받아 왔습니다. 그런데 적어도 4~5주는 된 새끼를 데려와야 하는데 3주밖에 안 된 어린 강아지를 데려온 것입니다. 그 강아지와 눈이 마주치는 순간 너무 불쌍하고 애처로웠습니다. 마치 자기를 좀 사랑해 달라고 하는 듯한 그런 연민의 눈빛이 느껴지는 겁니다. 그래서 애완견의 이름을 사랑이라고 부르자고 했습니다. 그리고 제가 전에는 가끔 손주를 보러 집에 갔었는데, 이제는 손주 대신 아주 가끔이지만 애완견을 보러 갔습니다. 그리고 제가 느낀 감정을 시로 쓴 게 바로 "사랑이1"이라는 시입니다.

> 너 역시 사랑받기 위해 태어났단다
> 그러나 사랑은 이별을 전제로 하는 거지
> 홀로 있다 서러워 마라
> 우리 모두 만나고 헤어지는 삶을 살고 있거니
> 어차피 너나 나나 / 비처럼 바람처럼 눈송이처럼 사는 게 아니겠니
> 아무리 내가 너를 사랑한들 / 너 역시 갈증을 느끼고
> 우울함을 떠날 수는 없을 테니까
> 그래도 사랑으로 만나고 / 사랑 속에서 이별한다면

> *우린 사랑 안에서 충만할 수 있기에*
> *너의 이름을 사랑이라 부른다*

그런데 그렇게 조그맣던 녀석이 벌써 많이 자랐습니다. 저처럼 개를 좋아하지 않는 사람도, 그 어린 강아지의 눈빛과 마주치는 순간 연민이 느껴져 '사랑이'라고 불렀다면, 하물며 하나님이시겠습니까?

하나님께서도 이스라엘 백성들을 향하여 사랑이라고 부르십니다. "이스라엘아, 나는 너의 이름을 사랑이라고 부른다. 너는 내 눈에 넣어도 아프지 않은 귀염둥이, 너를 보면 어쩔 수 없이 노래가 나오고 눈물이 나오고 탄성이 나오는 이유가 무엇인 줄 아느냐? 너는 나에게 절대적인 사랑이가 되기 때문이다."

우리도 마찬가지입니다. 하나님께서는 우리의 이름을 사랑이라고 부르십니다. "사랑하는 자녀들아, 나는 너희의 이름을 사랑이라고 부른다. 사랑하는 김 집사야, 이 집사야, 나는 너의 이름을 사랑이라고 부른다. 너는 내 눈에 넣어도 아프지 않은 나의 귀염둥이다."

사람은 누구나 사랑받기를 좋아합니다. 격려받기를 좋아합니다. 누군가가 우리에게 사랑이라고 불러주면 얼마나 위로가 되는지 모릅니다. 그런데 고작 사람이 아니라 하나님이 우리를 이렇게 사랑하시는데 가슴에 울컥함이 없으십니까?

깁보르 요시아 되시는 그 하나님이 우리를 사랑이라 불러주시는데도 계속해서 낙심하며 살아가시겠습니까? 기죽어 살아야겠습니까? 하나님이 우리 때문에 기뻐하시고 그 기쁨을 이기지 못하여 즐거이 노래를 부르시는데 말입니다.

습 3:17 너의 하나님 여호와가 너의 가운데에 계시니 그는 구원을 베

푸실 전능자이시라 그가 너로 말미암아 기쁨을 이기지 못하시며 너를
잠잠히 사랑하시며 너로 말미암아 즐거이 부르며 기뻐하시리라 하리라

진노하시는 하나님의 반전 드라마

원래 스바냐는 진노하시는 하나님을 선포했던 선지자였습니다. 그래서 그는 이스라엘을 향하여 진노하시는 하나님, 그들을 심판하시고 멸망시킬 하나님에 대해 예언했습니다. 이스라엘의 범죄로 인하여 하나님이 얼마나 그들을 가혹하게 심판하실 것인가를 예언했다는 말입니다.

> 습 1:14-15 여호와의 큰 날이 가깝도다 가깝고도 빠르도다 여호와의 날의 소리로다 용사가 거기서 심히 슬피 우는도다 그날은 분노의 날이요 환난과 고통의 날이요 황폐와 패망의 날이요 캄캄하고 어두운 날이요 구름과 흑암의 날이요

하나님께서 왜 이렇게 진노하셨을까요? 당시 므낫세와 이스라엘 백성들이 지었던 죄 때문입니다. 므낫세라는 왕은 차라리 태어나지 않았더라면 좋았을 뻔한 왕이었습니다. 그가 얼마나 패역하고 극악무도한 죄를 지었는지 모릅니다.

그는 자기 아버지가 헐었던 산당들을 다시 세웠습니다. 그리고 바알과 아세라를 위해 제단을 쌓고 하늘의 일월성신을 숭배했습니다. 그뿐 아니라 힌놈의 아들 골짜기에서 자기 자식들을 이방신에게 번제로 드리기도 하고, 온갖 점과 사술과 요술을 행하고, 신접자와 박수들을 신임했습니다(대하 33:3-6).

그래서 여호와 하나님이 진노하셔서 가혹한 징벌을 내리시겠다는 것입니다. 그러자 당시 경건한 사람들은 절망하고 말았습니다. 남들이 범죄하고 타락할 때 그래도 자기들은 경건하게 살고 정결하게 살려고 했는데 자기들도 함께 하나님의 진노와 심판을 받을 것을 생각하니 절망의 구렁텅이에 빠질 수밖에 없었습니다.

그런데 갑자기 하나님께서 반전의 메시지를 주시는 겁니다. 지금까지는 예루살렘에 가혹한 심판과 징벌을 내리겠다고 하시더니, 스바냐 3장 15절에 와서 갑자기 태도를 바꾸시는 것입니다. 먼저 하나님께서는 그들의 죄를 용서하겠다고 말씀합니다.

> 습 3:15 여호와가 네 형벌을 제거하였고 네 원수를 쫓아냈으며 이스라엘 왕 여호와가 네 가운데 계시니 네가 다시는 화를 당할까 두려워하지 아니할 것이라

그뿐 아니라 그들을 반드시 축복하겠다고 하십니다.

> 습 3:19-20 그때에 내가 너를 괴롭게 하는 자를 다 벌하고 저는 자를 구원하며 쫓겨난 자를 모으며 온 세상에서 수욕 받는 자에게 칭찬과 명성을 얻게 하리라…너희에게 천하 만민 가운데서 명성과 칭찬을 얻게 하리라 여호와의 말이니라

그러니 그들에게 절대로 기죽지 말라고 합니다. 기죽고 살지 말라는 것입니다.

> 습 3:16 그날에 사람이 예루살렘에 이르기를 두려워하지 말라 시온

아 네 손을 늘어뜨리지 말라

기가 죽거나 맥이 빠진 사람은 어깨가 축 늘어져 있습니다. 그러나 당당하고 의기양양한 사람은 절대로 어깨를 늘어뜨리지 않습니다. 기가 살아 있는데 왜 어깨가 늘어지겠습니까? 저는 아무리 피곤할지언정 절대로 기죽지 않고 의기양양합니다. 그 이유는 습관 때문입니다. 저는 집에서 쫓겨나 고학으로 신학교를 다닐 때부터 폼을 잡고 다녔습니다. 저는 밥을 굶어도 당당히 걸어 다녔습니다.

신학교 다닐 때 제 별명이 무엇이었는지 아십니까? '설치고 다니는 학생'이었습니다. 이래 봬도 제가 꿈이 있었습니다. 그리고 야성이 있었습니다. 그래서 가락동 개척교회 시절에도 온 동네를 쓸고 다녔습니다.

지금도 그게 습관이 되어서 아무리 얌전히 걸어 다니려고 해도 안 되는 겁니다. 몇 년 전에 대만 집회를 갔는데 목사님들이 공항까지 나오셨습니다. 그분들이 나중에 식사하면서 뭐라고 한 줄 아십니까? "목사님께서 공항에서 나오시는 모습이 마치 한국을 대표하는 조폭 두목 같았습니다."

그러자 집사람이 제발 좀 얌전히 걸어 다니라고 하는 겁니다. 그래서 한번은 진짜 얌전히 걸어가 봤습니다. 그랬더니 성도들이 저에게 뭐라고 한 줄 아십니까? "목사님, 어디 편찮으세요?"

저는 신학교를 간다고 집에서 쫓겨난 이후부터 더 당당하게 살려고 노력했습니다. 120원짜리 식권이 없어 밥을 못 먹어도 기죽지 않고 당당하게 살려고 했습니다. 그러한 행동이 축적되어 오늘도 그렇게 습관적으로 걸어 다닙니다.

기죽지 말아야 합니다. 어깨 펴고 살아야 합니다. 양팔을 절대로 늘어뜨리지 말고 강하고 담대하게 살아야 합니다. 하나님이 우리의 이름을 사랑이라고 부르신다는데 무엇이 두렵습니까? 하나님이 우리의 이름을 사랑이라고 부르신다는데 기죽어 있어서야 되겠습니까?

♪ 너는 내 아들이라 오늘날 내가 너를 낳았도다
너는 내 아들이라 나의 사랑하는 내 아들이라

이 시대의 남은 자가 되어

그런데 하나님이 덮어놓고 아무에게나 이런 격려를 해주시는 줄 아십니까? 아무에게나 사랑이라고 불러주시는 줄 아십니까? 참 송구하게도 성경은 남은 자의 신앙을 가진 사람들에게 사랑이라고 불러주신다는 겁니다.

> 습 3:12-13 내가 곤고하고 가난한 백성을 네 가운데에 남겨 두리니 그들이 여호와의 이름을 의탁하여 보호를 받을지라 이스라엘의 남은 자는…그들을 두렵게 할 자기 없으리라

구약성경에는 '남은 자 사상'이 있습니다.

> 사 6:13 그중에 십분의 일이 아직 남아 있을지라도 이것도 황폐하게 될 것이나 밤나무와 상수리나무가 베임을 당하여도 그 그루터기는 남아 있는 것같이 거룩한 씨가 이 땅의 그루터기니라 하시더라

이 말씀이 무슨 의미입니까? 아무리 백성들이 죄를 지어서 하나

님께 심판을 받고 다 망한다 할지라도 하나님의 거룩한 씨는 반드시 남겨 두신다는 말입니다. 이것이 바로 '남은 자 신앙', 곧 '렘넌트(remnant) 사상'이라는 것입니다.

이처럼 이스라엘이 아무리 죄를 짓고 그 죄 때문에 망하고 심판을 당하여 다시는 소망이 없는 것처럼 보일지라도, 하나님은 역사의 그루터기와 거룩한 축복의 씨를 남겨 놓으신다는 것입니다. 그리고 그 거룩한 씨와 그루터기는 어떤 일이 있어도 멸망하지 않는다는 것입니다. 오히려 그들에게 하나님이 영화로운 화관이 되어 주신다는 것입니다.

> **사 28:5** 그날에 만군의 여호와께서 자기 백성의 남은 자에게 영화로운 면류관이 되시며 아름다운 화관이 되실 것이라

그러면 남은 자는 어떤 신앙을 가진 사람입니까? 이사야서에 의하면, 끝까지 하나님을 섬기는 사람입니다. 하나님이 없으면 못 사는 사람들입니다. 하나님의 은혜에 감격하며 시대를 품고 섬기는 사람입니다. 스바냐서에 의하면, 악행을 하지 않으며 거짓말을 하지 않는 사람입니다.

> **습 3:13** 이스라엘의 남은 자는 악을 행하지 아니하며 거짓을 말하지 아니하며 입에 거짓된 혀가 없으며

그러므로 우리는 하나님의 남은 자가 되어야 합니다. 아무리 소망이 없다 하더라도 우리는 하나님께서 남기신 남은 자가 되어야 합니다. 거짓말하지 않고 불평하지 않으며 진실로 하나님을 섬겨야 합니

다. 하나님이 없으면 못 사는 사람이 되어야 합니다. 하나님을 원망하지 않고 감사하며 살고, 사명대로 살고, 사명을 감당하는 사람이 되어야 합니다.

우리 교회는 '2023 목회, ReStart 콘퍼런스'를 개최했습니다. 그래서 미자립교회 목회자를 비롯하여 1,000명 이상의 목회자들을 초청해 섬겼습니다. 목회자를 섬기고 교회 세우는 일을 지원해 드렸습니다. 이 일은 역시 하나님께서 사랑이라고 불러주시는 사람들이 감당할 수 있었습니다.

하나님께서 "너의 이름을 사랑이라 부른다" 하시면 우리가 어떻게 반응해야 하겠습니까? 남은 자의 신앙으로 이 시대의 사명을 감당해야 하지 않겠습니까? 바로 그런 분에게 하나님은 오늘도 사랑이라고 불러주실 것입니다. 그분의 크고 부드러운 손으로 우리의 마음을 만져주실 것입니다. 우리의 마음을 쓰다듬어 주실 것입니다.

"두려워하지 말라, 놀라지 말라. 나는 너에게 구원과 은혜를 베풀 전능자 하나님이다. 나는 너를 볼 때마다 기쁨을 이기지 못하며 즐거이 노래를 부른다. 이제 너 혼자 인생을 살지 말고 나와 함께 살자. 내가 너의 벗이 되어주고, 내가 너의 동무가 되어줄 테니 이제는 너 혼자 살지 말고 나와 함께 살자. 너 혼자 살다 실패하지 말고 내 손을 잡고 함께 살자. 전능자인 내가 너의 손을 잡아주면 너는 절대로 기죽을 일이 없단다. 어깨를 늘어뜨릴 일이 없단다. 두 손을 늘어뜨릴 일이 없단다. 그러므로 나와 함께 승리하기를 바란다. 나와 함께 잘되고 내가 주는 복을 받으며 살아가기를 바란다."

우리는 지금 어떻습니까? 하나님 없이 살다 광야에 홀로 남겨져 있지는 않습니까? 하나님 없이 잘나가다 실패의 골짜기를 걷고 있지는 않습니까? 그렇다면 이제 하나님께 돌아와야 합니다. 남은 자의 신앙으로 돌아와야 합니다. 하나님께서 우리에게 특별한 격려의 만남을 주실 것입니다. 특별한 위로의 말씀을 주실 것입니다. 우리의 이름을 사랑이라고 불러주실 것입니다. 이제부터는 하나님께서 우리 때문에 기쁨을 이기지 못하시며 즐거이 노래를 부르시게 될 것입니다.

> ♪ 그가 너로 인하여 기쁨을 이기지 못하시며
> 너를 잠잠히 사랑하시며 즐거이 부르며 기뻐 기뻐하시리라

9.
내 인생의 버킷리스트

여호와는 나의 빛이요 나의 구원이시니 내가 누구를 두려워하리요 여호와는 내 생명의 능력이시니 내가 누구를 무서워하리요 악인들이 내 살을 먹으려고 내게로 왔으나 나의 대적들, 나의 원수들인 그들은 실족하여 넘어졌도다 군대가 나를 대적하여 진 칠지라도 내 마음이 두렵지 아니하며 전쟁이 일어나 나를 치려 할지라도 나는 여전히 태연하리로다 내가 여호와께 바라는 한 가지 일 그것을 구하리니 곧 내가 내 평생에 여호와의 집에 살면서 여호와의 아름다움을 바라보며 그의 성전에서 사모하는 그것이라 여호와께서 환난 날에 나를 그의 초막 속에 비밀히 지키시고 그의 장막 은밀한 곳에 나를 숨기시며 높은 바위 위에 두시리로다(시 27:1-5)

재벌 사업가와 자동차 정비공의 만남

10월이 되면 "10월의 어느 멋진 날에"라는 노래가 생각납니다. 그런데 우리 그리스도인에게는 10월의 어느 날만 멋진 게 아니라 주안에서 모든 날이 멋진 날입니다. 그러므로 10월의 모든 날이 우리에게 최고의 멋진 날들이 되면 좋겠습니다.

♪ 창밖에 앉은 바람 한 점에도 사랑은 가득한걸
주님 만난 세상 더는 소원 없어 바램은 죄가 될 테니까 (중략)
시월의 어느 멋진 날에

'버킷리스트'라는 말을 들어보셨습니까? 원래 '버킷'이라는 말은 양동이라는 뜻입니다. 서양에서는 교수형을 집행할 때 '킥 더 버킷'(kick the bucket)이라는 말을 사용했습니다. 이 말은 '양동이를 걷어차다'라는 말입니다. 즉, 양동이 위로 사형선고 받은 사람을 올라가게 한 다음, 눈을 가리고 끈으로 목을 맵니다. 그리고 형을 집행하는 사람이 양동이를 걷어차서 교수형을 집행하였다고 합니다.

그때부터 버킷이라는 말은 죽음이라는 뜻을 내포하게 되었습니다. 따라서 버킷리스트라는 말은 우리가 죽기 전에 평생 한번쯤 해보고 싶은 일들의 목록을 의미하는 것입니다.

의사이자 작가인 오츠 슈이치는 《소중한 사람이 죽은 후 후회한 21가지》라는 책을 썼습니다. 이분은 말기 암 환자 천 명의 죽음을 지켜보면서 이들이 공통적으로 후회하는 것을 21가지로 정리했습니다.

그중 몇 가지만 예를 들면 첫째, 사랑하는 사람에게 고맙다, 사랑한다는 말을 못 한 걸 후회하더라는 겁니다. 그리고 두 번째는 남에게 친절을 베풀지 못한 것을 후회하였습니다. 세 번째는 죽도록 일만 하고 살았던 것을 후회하고, 네 번째로 가고 싶은 곳으로 여행을 떠나지 못한 것을 후회하였습니다. 다섯 번째로 건강을 소중히 여기지 못한 걸 후회했습니다. 그리고 여섯 번째가 정말 중요합니다. 평상시에 신앙을 갖고 살았더라면 좋았을 텐데 신앙을 갖지 못하고 너무 의미 없는 것에 매달려 살아온 것을 후회하더라는 것입니다.

우리가 너무나 잘 아는 퀴블러 로스라는 정신과 의사가 있습니다. 이 사람은 죽을 때 사람들이 후회하는 것을 세 가지로 정리했습니다. 곧 '좀더 베풀걸', '좀더 참을걸', '죽는다는 것을 미리 알고 있을걸'입니다.

이러한 사실을 알았던 로브 라이너 감독은 "버킷리스트"라는 영화를 만들었습니다. 어떤 두 사람이 말기 암에 걸려 입원하였는데 같은 병실에서 만나게 됩니다. 한 사람은 성실하게 살아온 자동차 정비공 카터였습니다. 그는 대학 시절 철학 교수님이 과제로 내주었던 버킷리스트가 생각나 병상에서 자신의 인생 버킷리스트를 기록해 봅니다.

같은 병실에 입원한 재벌 사업가 에드워드도 버깃리스트를 기록합니다. 그런데 자동차 정비공이 자기는 버킷리스트를 적었지만 그것을 실행할 돈이 없다고 하자, 괴팍한 사업가 에드워드는 자신이 가진 것은 돈밖에 없으니 그런 걱정 따위는 전혀 하지 말라고 말합니다.

이 둘은 버킷리스트를 실행해 보자며 의기투합하여 병원을 뛰쳐나갑니다. 그들의 버킷리스트가 어떤 것들인지 아십니까? 아프리카 초원 세렝게티에서 사냥하기, 무한 질주 카레이싱 하기, 스카이다이빙 하기, 눈물 날 때까지 웃어보기 등입니다.

이들은 하나하나 실행하면서 버킷리스트 목록을 지워갑니다. 그러는 가운데 카터는 아내와 소중한 감정을 회복하게 되었고, 한편 딸과 연락을 끊고 살아가던 에드워드는 딸과 화해를 합니다. 그리고 그의 버킷리스트 중에 '가장 아름다운 소녀와 키스하기'가 있었는데, 아름다운 자기 손녀의 볼에 키스를 함으로써 이 항목을 지웁니다. 나름대로 의미 있는 영화입니다. 버킷리스트를 실행함으로써 인생이 좀더 성숙하고 아름다운 모습으로 발전해 간다는 주제를 전하고 있습니다.

인생은 아름다워

그런데 이보다 더 진일보한 영화가 있습니다. 우리 교회 배세영 집사님의 대본으로 제작된 "인생은 아름다워"라는 영화입니다. 너무나 바쁜 일상 속에서 인생의 소중한 가치인 가족과 사랑, 행복과 추억을 잊고 살아가는 현대인들에게 따뜻한 사랑과 위로를 전해주는 힐링 영화라고 할 수 있습니다. 관객들이 영화에 푹 빠져 두 시간 동안 아무 생각 없이 울고 웃다 나오는 영화입니다.

주인공 세연이 갑자기 암 선고를 받고 자신의 첫사랑을 찾으러 갑니다. 그런데 왜 하필 첫사랑을 찾으러 갈까요? 세연이는 어린 시절 자기는 누구에게도 사랑받지 못했다고 생각해서 첫사랑마저도 거절했습니다. 그러나 그 첫사랑은 자신을 진심으로 사랑한 것 같다는 생각이 들어 그제야 첫사랑을 찾아 나선 것입니다.

그러나 제가 보기에는 첫사랑뿐 아니라 삶의 근원과 원형을 찾고 싶어 하는 영혼의 노스탤지어가 거기에 담겨 있지 않았나 싶습니다. 아무튼 주인공 세연이 괴팍한 남편과 함께 첫사랑을 찾아 전국을 다니는 이야기가 전개됩니다. 그런데 첫사랑을 찾으러 가는 과정에서 전혀 생각하지 못했던 감동적인 사건들이 펼쳐집니다.

이처럼 인생의 버킷리스트를 실행한다는 것은 진정한 나를 발견하고 진정한 나로서 살아가는 멋진 일입니다. 그러나 그런 버킷리스트를 달성했다고 해서 정말 나다운 삶을 살고 행복한 삶을 살았다고 할 수 있을까요? 아무리 버킷리스트를 달성했다 할지라도 하나님 없는 버킷리스트는 안개같이 허무하게 사라질 뿐입니다.

그래서 저는 목사로서 '인생이 아무리 아름답다고 할지라도 정말 거기에 행복이 있을까? 정말 나다운 삶의 아름다움을 회복할 수 있을까?'라고 의문을 던져 봅니다. 오죽하면 가수 나훈아 씨가 "테스형"이라는 노래를 불렀겠습니까?

> ♪ 아 테스형 세상이 왜 이래 왜 이렇게 힘들어
> 아 테스형 소크라테스형 사랑은 또 왜 이래

다윗의 버킷리스트

그렇다면 당신의 버킷리스트는 무엇입니까? 당신은 죽기 전에 진짜 뭘 한번 해보고 싶습니까? 다윗은 성경을 통하여 우리에게 가장 고상하고 숭고한 자신의 유일무이한 버킷리스트를 소개하고 있습니다. 그것이 시편에 기록되어 있습니다.

> **시 27:4** 내가 여호와께 바라는 한 가지 일 그것을 구하리니 곧 내가 내 평생에 여호와의 집에 살면서 여호와의 아름다움을 바라보며 그의 성전에서 사모하는 그것이라

그는 평생 한 가지 소원이 있었습니다. 아니, 죽기 전에 꼭 이루고

싶은 한 가지 소원이 있었습니다. 그것은 바로 여호와의 집, 곧 하나님의 성전에서 사는 것이었습니다. 그리고 그곳에서 일평생 여호와 하나님만을 앙망하고 여호와의 아름다움을 바라보면서 하나님을 사모하는 것이었습니다.

> ♪ 주의 성전 안에서 주의 성전 안에서
> 주 사랑을 생각하나이다 주의 사랑을 생각하나이다

다윗은 하나님의 성전을 자신의 영혼의 고향이요, 품으로 생각했습니다. 성전에서 여호와 하나님을 앙망하고 사모하며 사는 것이 자신의 최대의 보람이요, 가치라고 생각했습니다. 시편 27편이 기록된 배경은 둘 중 하나입니다. 사울 왕에게 쫓겨 다니던 때였든지, 아니면 압살롬에게 쫓겨 배회하던 시절입니다. 저는 압살롬에게 쫓겨 다니던 때라고 봅니다.

물론 그것이 중요한 건 아닙니다. 다윗이 정말 목숨이 아슬아슬한 위험한 상황 속에서도 그때마다 하나님을 사모하고 하나님께 기도하였다는 것이 중요합니다. 그리고 그의 평생 소원은 하나님의 전에서 사는 것이었습니다. 그 아슬아슬한 위기 속에서도 평생 하나님의 전에서 사는 것을 버킷리스트로 작성했던 것입니다.

다윗에게는 이스라엘의 왕 자리를 되찾는 것보다 하나님 앞에서 한 마리 양으로 존재하는 것이 더 가치 있는 일이었습니다. 하나님을 사모하고 갈망하는 한 마리 암사슴으로 존재하기를 원했습니다.

> **시 42:1-2** 하나님이여 사슴이 시냇물을 찾기에 갈급함같이 내 영혼이 주를 찾기에 갈급하니이다 내 영혼이 하나님 곧 살아 계시는 하나

님을 갈망하나니 내가 어느 때에 나아가서 하나님의 얼굴을 뵈올까

멋집니까, 아니면 너무 싱겁습니까? 우리 같으면 죽기 전에 6개월이건 1년이건 크루즈 여행 한번 해보고 싶다고 할 수도 있습니다. 저 같은 경우는 사실 죽기 전에 대한민국의 아름다운 산을 다 구석구석 산행해 보고 싶은 마음도 있었습니다.

그런데 다윗의 고백을 보면서 참 부끄러웠습니다. 사실 다윗의 관점에서 본다면 산행이 뭐가 중요합니까? 크루즈 여행이 뭐가 대단합니까? 그는 정말 죽는 그날까지 여호와의 집에 살면서 여호와의 아름다움을 바라보며 사는 것이 소원이라고 했습니다.

이런 고백이 우리에게는 너무나 뻔하고 또 아주 구태의연하게 들릴지도 모릅니다. 그러나 그렇지 않습니다. 지금 다윗은 장인인 사울 왕에게 쫓겨 다니든지, 아니면 아들 압살롬에게 쫓겨 다니든지 둘 중 하나의 상황입니다. 한마디로 자신의 목숨이 경각에 달려 있는 상황이었습니다. 언제 어느 때 독화살을 맞고 죽을지 모릅니다.

이런 다윗의 상황을 이해한다면 당연히 이것은 뻔한 고백이 아닙니다. 생명이 경각에 달려 있었기 때문에 그는 하나님을 의지하지 않을 수 없었습니다. 하나님을 사모하지 않을 수 없었습니다. 그리고 하나님의 성전이 그립지 않을 수 없었습니다.

저는 하나님의 성전을 그리워한다는 고백에서, 다윗이 압살롬에게 쫓겨 다니는 상황이었을 거라고 추측합니다. 사울에게 쫓겨 다닐 때는 성막이 없었기 때문입니다. 다윗이 왕이 되어서야 하나님의 언약궤를 찾아 다윗 성으로 모셔오지 않았습니까?

우리가 다 아는 사실이지만, 다윗은 왕이 되기 전부터 인생의 버킷리스트가 있었습니다. 그것은 바로 하나님의 언약궤를 찾아오는

일이었습니다. 그래서 이 일을 마치기까지는 자기 장막에도 들어가지 않고 침상에도 올라가지 않고 눈꺼풀로 졸게 하지도 않겠다고 고백하지 않았습니까?

> **시 132:2-5** 그가 여호와께 맹세하며 야곱의 전능자에게 서원하기를 내가 내 장막 집에 들어가지 아니하며 내 침상에 오르지 아니하고 내 눈으로 잠들게 하지 아니하며 내 눈꺼풀로 졸게 하지 아니하기를 여호와의 처소 곧 야곱의 전능자의 성막을 발견하기까지 하리라 하였나이다

그래서 다윗은 왕이 되자마자 하나님의 언약궤를 모셔오려 했습니다. 얼마나 언약궤를 사모하였으면 장막에도 들어가지 아니하고 침상에도 올라가지 않고 눈꺼풀로 졸게 하지도 않겠다고 했겠습니까? 그래서 수많은 병사들, 그리고 레위인들과 함께 하나님의 언약궤를 찾으러 나섰습니다. 잃어버린 법궤를 찾아서, 사모하는 법궤를 찾아서 길을 나섰던 것입니다.

> ♪ 잃어버린 법궤를 찾아 돌아와 주님의 약속을 기억하라
> 잃어버린 법궤를 찾아 돌아와 주께 맹세한 것 기억하라
> 너의 사모함을 주께 가져와 너의 모든 삶에 축복 넘치리
> 너의 간절함을 주께 가져와 주의 강한 손 너를 일으키리라
> 사모하는 법궤를 찾아서 사모하는 소망을 찾아서
> 사모하는 은혜를 찾아서 사모하는 약속을 찾아서
> 사모하는 법궤를 찾아서 우린 떠나야 해

마침내 하나님의 언약궤를 기럇여아림에서 찾았습니다. 언약궤를

찾자마자 다윗은 그 앞에 엎드려 하나님을 경배합니다. 그리고 언약궤를 모시고 예루살렘으로 옵니다. 물론 언약궤를 모시고 오다 웃사의 사건 때문에 주춤한 적이 있지만, 그래도 결국은 하나님의 언약궤를 모시고 옵니다. 하나님의 언약궤를 모시고 올 때 얼마나 감사했으면 여섯 걸음을 뗄 때마다 번제와 화목제를 드렸겠습니까?

그리고 마침내 하나님의 언약궤가 다윗 성에 들어올 때 너무 좋아서 하체가 보이도록 춤을 춥니다. 신하들과 궁녀들 눈치도 보지 않고 그냥 좋아서 춤을 췄습니다. 얼마나 기쁘고 감격스러웠으면 그렇게 춤을 추었겠습니까? 얼마나 언약궤를 모셔오는 게 좋았으면 춤을 추었겠습니까?

> ♪ 언약궤가 좋은 걸 어떡합니까 언약궤가 좋은 걸 어떡합니까
> 세상의 어떤 것도 비길 수 없네 언약궤가 좋은 걸 어떡합니까

언약궤를 모셔온 후 그는 날마다 하나님의 언약궤 앞에 가서 기도하고 찬양합니다. "하나님, 에브라임 지파가 대수롭지 않게 여겼던 언약궤를 어떻게 다윗 성으로 모시고 올 수 있었단 말입니까? 저에게 당신의 언약궤를 모실 수 있는 영광을 주셨으니 이 웬 축복입니까? 이 웬 은혜란 말입니까?"

그런데 다윗이 하나님의 언약궤 앞에서 기도하고 생각해 보니까 너무 죄송했습니다. 자기는 백향목 궁전에 살고 있는데 하나님의 언약궤는 천막 안에 있는 걸 생각하니 너무 죄송했습니다. 자기가 다윗 성을 건축한 건 아니었지만 그래도 죄송했습니다. 두로의 왕이 자기에게 잘 보이려고 백향목으로 궁궐을 지어 준 것일 뿐, 그래서 "하나님, 이대로는 안 되겠습니다. 제가 하나님의 집을 지어드리겠습

니다. 하나님의 전을 지어드리겠습니다" 그랬더니, 하나님께서 "네가 내 집을 지어준다고? 내가 네 집부터 지어주마" 하셨습니다.

> **삼하 7:16** 네 집과 네 나라가 내 앞에서 영원히 보전되고 네 왕위가 영원히 견고하리라 하셨다 하라

그러자 다윗이 너무나 감격해서 하나님께 울먹이며 이런 고백을 하는 겁니다. "주님, 도대체 제가 무엇입니까? 제가 누구이기에 이런 복을 주신단 말입니까? 주님, 저는 하나님의 집을 짓고 평생 하나님의 전을 사모하며 살겠습니다. 언제나 주님을 기쁘게 하는 삶을 살겠습니다."

♪ 내가 주님 앞에 무엇입니까 마른 막대기가 아닙니까
내가 주님 앞에 쓸모없었던 타다 남은 재가 아닙니까
나를 도우소서 일으키소서 나와 동행하사 힘 주시고
내 영혼 기쁨을 얻게 하시어 내 영혼 만족게 하옵소서

여호와는 나의 빛이요 생명의 능력이시니

다윗은 이런 사람이었습니다. 그런데 세월이 흘러 다윗이 처음 사랑을 잃었습니다. 그리고 아차 하는 순간 밧세바와 함께 죄를 범했습니다. 그래서 그 죄의 보응을 받고 있는 것입니다. 유다 광야에서 사냥개에 쫓기는 한 마리 사슴처럼 이리저리 도망 다니고 있는 것입니다. 그때 다윗이 다시 하나님을 향한 간절함을 되찾습니다. 하나님의 성전을 사모하는 마음을 다시 회복합니다.

그래서 유다 광야에서 자신의 버킷리스트를 다시 작성하는 것입

니다. 언제 죽을지 모르는 그 상황에서 버킷리스트를 작성하는데 그 1순위가 평생 여호와의 집에 살면서 여호와의 아름다움을 바라보며 그분을 사모하는 것입니다. 그것이 다윗의 처음이자 마지막 최고의 버킷리스트였습니다.

이런 버킷리스트를 작성한 다윗은 이렇게 고백합니다.

> **시 27:1** 여호와는 나의 빛이요 나의 구원이시니 내가 누구를 두려워하리요 여호와는 내 생명의 능력이시니 내가 누구를 무서워하리요

그는 여호와 하나님을 자신의 빛으로 삼았다고 말합니다. 하나님을 빛으로 삼았으니 그 빛이 자신의 내면에서 얼마나 광채를 발했겠습니까? 불이라는 게 그렇지 않습니까? 칠흑 같은 어둠과 한 치 앞도 내다볼 수 없는 깜깜한 밤에는 성냥불 하나만 켜도 환합니다.

옛날 전깃불이 들어오지 않아 시골에서 호롱불을 밝히던 시절이 기억나십니까? 그러다 제삿날이 돌아오면 촛불을 켭니다. 촛불을 켜면 얼마나 환한지 모릅니다. 우리가 옛날에는 호롱불 밑에서 공부하지 않았습니까?

그러다 촛불을 켜면 얼마나 밝았습니까? 촛불도 밝은데 남폿불을 켜면 온 마당이 다 환했습니다. 그러다 이제 전깃불이 들어오니 대낮같이 밝았습니다. 전깃불이 처음 들어오던 날은 잠도 제대로 못 잤습니다. 너무나 신기하고 귀해서 잠을 이룰 수가 없었습니다.

그런데 다윗은 하나님을 자신의 빛으로 삼습니다. 하나님이 자신의 내면에 영광의 광채로 빛을 발하시지 않았겠습니까? 마치 칠흑같이 어두운 깜깜한 밤에 자동차 헤드라이트 불빛이 비치는 것처럼, 아무리 자신의 삶이 어둡고 불안하다 하더라도 그의 내면에는 자동

차 헤드라이트 불빛보다 더 강렬한 불빛이 비치는 것입니다. 그렇다면 그 자체가 하나님의 만져주심의 은혜가 아니겠습니까? 하나님의 안아주심의 은혜이기도 합니다.

또한 다윗은 여호와 하나님을 자신의 구원 자체라고 고백하고 있습니다.

한번은 그가 십 황무지에 있을 때 사울의 군사 3천 명에 의해 포위당한 적이 있습니다. 이제는 언제 죽느냐, 어떻게 죽느냐의 차이일 뿐이었습니다. 얼마나 시간을 끄느냐의 차이지, 반드시 다윗은 죽게 되어 있었습니다.

그러나 그때도 다윗은 하나님을 구원의 하나님으로 믿었습니다. 그리고 하길라산 중턱에 올라가 큰 제사를 드렸습니다. 낙헌제를 드렸을 때 하나님이 어떤 기적으로 역사하셨습니까? 하나님이 블레셋 왕의 마음을 감동해 기브아를 침노하게 만드신 것입니다. 그래서 어쩔 수 없이 사울이 다윗 잡는 일을 그치고 블레셋과 싸우러 기브아로 돌아간 것 아닙니까?

다윗은 이런 하나님을 경험하였기 때문에 여호와 하나님을 자신의 생명의 능력이라고 고백했습니다. 생명의 능력이 하나님이시니 악인들이 자신의 살을 뜯어먹으려고 왔어도 스스로 실족하여 도망을 갔다고 고백하지 않습니까?

> **시 27:2** 악인들이 내 살을 먹으려고 내게로 왔으나 나의 대적들, 나의 원수들인 그들은 실족하여 넘어졌도다

이처럼 하나님이 자신의 빛이요, 생명의 능력 되시니 군대가 자신을 대적하여 진칠지라도 두렵지 않다는 겁니다. 전쟁이 일어나 자신

을 치려 할지라도 여전히 태연하다는 것입니다.

> 시 27:3 군대가 나를 대적하여 진칠지라도 내 마음이 두렵지 아니하며 전쟁이 일어나 나를 치려 할지라도 나는 여전히 태연하리로다

여호와 하나님을 자신의 빛으로 삼고 구원자로 모시며 생명의 능력으로 삼았으니 다윗이 무엇을 두려워했겠습니까? 누구를 두려워했겠습니까?

> ♪ 여호와는 나의 구원 나의 빛이 되시니 내가 누구를 두려워하리요
> 여호와는 나의 구원 나의 빛이 되시니 내 마음이 두렵지 않네

다윗의 한 가지 소원

그는 이렇게 좋으신 하나님을 경험했습니다. 역전의 하나님의 은혜를 경험했단 말입니다. 그런 다윗에게는 평생 한 가지 소원이 있었습니다. 그것은 평생 여호와의 집, 곧 하나님의 성전에서 사는 것이었습니다. 그리고 그곳에서 일평생 여호와 하나님만을 사모하고 앙망하는 것이었습니다.

이것이 다윗의 처음이자 마지막인 버킷리스트였습니다. 그의 유일한 버킷리스트는 하나님의 성전에서 사는 것이고, 그 성전에서 일평생 여호와 하나님의 아름다움을 바라보고 찬양하는 일이었습니다.

> 시 27:4 내가 여호와께 바라는 한 가지 일 그것을 구하리니 곧 내가 내 평생에 여호와의 집에 살면서 여호와의 아름다움을 바라보며 그의

성전에서 사모하는 그것이라

당신의 버킷리스트는 무엇입니까? 당신의 버킷리스트를 바꾸고 싶지 않습니까? 이런 버킷리스트를 갖고 싶지 않습니까?

"주님, 저는 평생 성전 중심의 삶을 살겠습니다. 교회 중심의 삶을 살겠습니다. 그리고 그 하나님의 집 안에서 하나님을 소망하며 하나님의 아름다움을 바라보겠습니다. 하나님의 선하심을 바라보겠습니다. 하나님의 헤세드와 하나님의 자비를 누리며 살겠습니다. 하나님의 어메이징 그레이스를 누리며 살아가겠습니다. 주님, 이 시간 이후로 이것이 저의 평생 소원이 되게 하시고, 제 인생의 버킷리스트가 되게 하옵소서."

> ♪ 나의 맘속에 온전히 주님만 모셔놓고
> 나의 정성을 다하여 주를 섬기리
> 나 기쁠 때나 또 슬플 때나 늘 오직 한 맘 주 위해
> 한평생 주만 모시고 찬송하며 살리라
> 주는 나의 큰 능력 주는 나의 큰 소망
> 내가 항상 영원히 주님만을 섬기리

그럴 때 하나님께서 우리의 마음을 만져주십니다. 우리의 마음만 만져주십니까? 우리의 삶을 만져주십니다. 우리의 삶을 안아주십니다. 항상 여호와 하나님이 우리의 빛이 되어 주시고, 구원이 되어 주시며, 생명의 능력이 되어 주실 것입니다.

옛날 평양에서 신앙생활을 열심히 하던 한 부인이 남포로 이사를 갔습니다. 평양엔 교회가 한두 곳이라도 있는데 남포엔 예배당이 하

나도 없었습니다. 그래서 주일이면 두 아들에게 소달구지를 몰게 해서 평양으로 예배드리러 갑니다. 얼마나 예배를 사모하고 성전을 사모했는지, 토요일에 평양에 가서 잠을 자고, 주일 예배를 드리고 저녁 예배까지 드린 후에 또 그 밤을 지내고 월요일에 다시 남포로 돌아옵니다.

그 부인의 평생 소원은 남포에 예배당을 세우는 것이었습니다. 그러던 어느 날 평양으로 예배를 드리러 가는데 아들들이 빨리 가느라고 채찍을 휘두르며 소를 몰았습니다. 그때는 길이 넓지 않았습니다. 소를 몰던 아들 하나가 소에게 채찍을 휘두르다 실수로 옆에 지나가던 말을 때리고 말았습니다.

말이 깜짝 놀라서 뛰는 바람에 말을 탄 노인이 떨어져 중상을 입었습니다. 경찰서에서 화해가 안 되어서 검찰로 넘어가 조사를 받게 되었습니다. 그런데 두 아들 중에서 도대체 누가 실수를 했는지가 문제였습니다. 둘이 한꺼번에 했을 리는 없는데, 형과 동생이 서로 자기가 채찍을 잘못 휘둘렀다고 하는 것이었습니다. 그래서 검사가 어머니한테 "도대체 누가 잘못을 했습니까?"라고 물었습니다.

어머니가 대답했습니다. "나는 그때 너무 피곤해서 졸고 있었기 때문에 어느 아들이 잘못했는지 모르겠습니다. 그러나 기어이 벌을 주어야 한다면 작은아들을 벌 주어 감옥에 보내십시오." 검사가 이상하다 생각되어 "왜 그렇습니까?" 하고 물었습니다. "큰아들은 전처 소생이요, 작은아들은 제가 이 집에 와서 낳은 친아들입니다. 그러니 전처 소생은 가만히 놔두시고 제가 낳은 친아들을 벌 주십시오."

이 검사가 얼마나 감동을 받았는지 모릅니다. 그날의 재판이 끝난 후 검사가 "당신 소원이 무엇입니까?" 하고 물었습니다. 부인은 "나는 이렇게 평양으로 예배드리러 가지 않게 남포에 예배당을 하나 세우는 것이 소원입니다"라고 말했습니다. 그러자 검사가 자기 사재를 털어 예배당을 하나 세워주었습니다. 성전을 사모하는 열심이 크다 보니 하나님이 그런 방식으로라도 성전을 지어주셨던 것입니다.

보통 힘들고 어려울 땐 하나님밖에 없습니다. 그러나 어느 정도 살 만하고 삶이 안정권에 들어오면 그런 마음이 싹 도망가 버립니다. 오히려 불신과 불평이라는 독버섯이 우리 마음속에 자리 잡습니다. 그래서 하나님은 우리에게 이따금 고난을 주십니다. 하지만 성전을 사모하는 열심을 가진 이에게는 전화위복의 기적을 일으키셔서 행복한 인생이 되게 하십니다.

삶이 힘들고 피곤하십니까? 원하는 대로 일이 이뤄지지 않아 괴로우십니까? 인생의 버킷리스트가 잘못 작성되어 고통 중에 있습니까? 다윗처럼 오로지 하나님의 성전에 살며 하나님을 사모하고 앙망하는 인생으로 버킷리스트를 바꾸셔야 합니다.

우리의 버킷리스트 제1순위가 하나님의 성전 안에서 하나님을 사모하며 하나님의 아름다움을 앙망하며 살아가는 것이 된다면 언제든지 하나님이 우리의 마음을 만져주십니다. 우리의 삶을 안아주십니다. 우리의 삶을 언제나 승승장구하게 해주십니다. 언제나 우리에게 역전 드라마의 주인공이 되게 하시고, 역전의 면류관을 쓰게 해주실 것입니다.

♪ 오직 주의 사랑에 매여 내 영 기뻐 노래합니다
   이 소망의 언덕 기쁨의 땅에서 주께 사랑 드립니다
   오직 주의 임재 안에 갇혀 내 영 기뻐 찬양합니다
   이 소명의 언덕 거룩한 땅에서 주께 경배드립니다
   주께서 주신 모든 은혜 나는 말할 수 없네
   내 영혼 즐거이 주 따르렵니다 주께 내 삶 드립니다

10.
마음에 돌덩이가 있나요?

제육시로부터 온 땅에 어둠이 임하여 제구시까지 계속되더니 제구시쯤에 예수께서 크게 소리 질러 이르시되 엘리 엘리 라마 사박다니 하시니 이는 곧 나의 하나님, 나의 하나님, 어찌하여 나를 버리셨나이까 하는 뜻이라 거기 섰던 자 중 어떤 이들이 듣고 이르되 이 사람이 엘리야를 부른다 하고 그중의 한 사람이 곧 달려가서 해면을 가져다가 신 포도주에 적시어 갈대에 꿰어 마시게 하거늘 그 남은 사람들이 이르되 가만두라 엘리야가 와서 그를 구원하나 보자 하더라 예수께서 다시 크게 소리 지르시고 영혼이 떠나시니라(마 27:45-50)

임금님 귀는 당나귀 귀

'임금님 귀는 당나귀 귀' 이야기를 아시죠? 저는 이 이야기를 이봉희 교수가 쓴 《내 마음을 만지다》라는 책에서 읽었습니다. 이 임금에게는 아무도 모르는 수치스러운 비밀이 있었습니다. 귀가 당나귀처럼 컸던 것입니다. 임금은 신하들과 백성들에게 자신의 비밀을 감추기 위해 늘 전전긍긍했습니다.

하지만 커다란 왕관 속에 감춘 이 귀를 이발사에게는 숨길 수가 없었습니다. 그래서 임금은 이발사에게 자신의 비밀을 누설할 경우 목숨이 위태로울 것이라고 경고하였습니다. 그러니 목숨을 걸고 임금의 비밀을 지켜야만 했던 이발사의 고통은 이루 말할 수가 없었습니다. 그것이 짐이 되어서 끝내 육체적인 병을 얻고 맙니다.

이발사는 더는 견딜 수가 없어서 인적이 없는 깊은 숲속으로 들어가 땅에 구덩이를 파고 자신의 비밀을 속 시원하게 털어놓았습니다. "임금님 귀는 당나귀 귀, 임금님 귀는 당나귀 귀, 임금님 귀는 당나귀 귀, 임금님 귀는 당나귀 귀!" 그리고 구덩이를 메웠습니다. 이때부터 가슴을 답답하게 하던 압박감이 날아가 가벼운 몸이 되었습니다.

그런데 그 땅에서 갈대가 자라더니 바람이 불면 갈대숲이 술렁이며 "임금님 귀는 당나귀 귀~"라는 이상한 소리를 내기 시작한 것입니다. 이발사가 땅속에다 쏟아낸 말들이 되살아나 메아리처럼 퍼져 나간 것입니다.

그래서 이 사실이 온 나라에 퍼졌고, 임금도 수치심 때문에 숨겨왔던 비밀을 모두 털어놓게 되었습니다. 임금은 자신의 모습을 인정하고 나서야 비로소 당당하게 살게 되었다는 이야기입니다.

비록 설화이기는 하지만, 사람은 억눌린 감정들이 무의식에 저장되어 있으면 억압된 상태가 된다는 것입니다. 그리고 그 억압된 감정이 카타르시스로 정화되지 않으면 반드시 병이 됩니다. 그 억압된 감정은 마음에 응어리를 만들고, 그 응어리는 결국 마음에 돌덩이를 만들기 때문입니다. 좋게 말해서 돌덩이지, 과장하면 바윗덩어리가 마음속에 틀어박히는 겁니다. 그것이 모든 병의 근원이 되고 만병으로 발전하게 되는 겁니다.

그러므로 이 억압된 감정, 마음의 돌덩이를 빼내야 합니다. 우리 그리스도인은 더 그렇습니다. 마음에 돌덩이가 있을 때 신앙생활이 정상적으로 되지 않고, 교회생활도 불편하게 됩니다.

비아 돌로로사의 상처와 아픔

십자가에 달려 있는 예수님도 얼마나 고통이 크셨겠습니까? 아무 죄 없이 대제사장의 군병들에게 잡혀서 고문을 당할 때 얼마나 마음의 아픔이 크셨겠습니까? 대제사장 앞에서 아무 죄도 없는 예수님이 신성모독 죄를 지었다고 빌라도 법정에 넘겨질 때 얼마나 상처가 크셨겠습니까? 또 하나님 자신이 사람으로 오셔서 빌라도 법정에서 유죄 판결을 받으실 때 얼마나 기가 막히셨겠습니까?

게다가 빌라도의 군병들에게 온갖 채찍질을 당하고 십자가를 지고 비아 돌로로사의 길을 갈 때 얼마나 마음이 아팠겠습니까? 그뿐입니까? 십자가에 못 박혀 나무 십자가에 매달려 있을 때 육체의 고통이 얼마나 컸겠습니까? 몸이 쑤시고 아릴 뿐 아니라 마음도 아리고 또 아리셨을 것입니다.

예수님은 이때까지 아무 말씀도 안 하셨습니다. 아무런 변명도 하지 않으셨습니다. 그러다 마침내 마태복음에 기록된 대로 가상칠언의 말씀을 하셨습니다. 그중에서도 가장 중요한 말씀이, 하나님 앞에 고백하고 터뜨린 이 말씀입니다.

"엘리 엘리 라마 사박다니, 나의 하나님 나의 하나님 어찌하여 나를 버리셨나이까?"

얼마나 처절한 외침이며 고백입니까? 물론 예수님이 하나님을 원망한 건 아닙니다. 하나님으로부터 잠시 버림받고 단절되는 고뇌가 너무 크기에 그렇게 표현하신 것입니다. 거룩한 부담감을 표현하신 것입니다.

예수님께서도 이렇게 자신의 무거운 마음을 고백하고 푸셨다면 우리도 그래야 하지 않겠습니까? 사람은 억압된 감정을 풀지 않으면 화병에 걸립니다. 그리고 이 화병은 나중에 만병의 근원이 됩니다. 심장병이 될 수도 있고 각종 성인병, 암까지 유발하게 됩니다. 그러므로 병에 걸리지 않기 위해서뿐 아니라 사회생활을 잘하려면 이런 억압된 감정을 잘 해결해야 합니다.

그런 의미에서 심리학자 프로이트도 사회에 잘 적응하려면 억압의 문제를 잘 해결하라고 말합니다. 직장에서 스트레스를 받든지, 가정에서 스트레스를 받든지 이 스트레스가 정화되지 않으면 반드시 자기 자신을 힘들게 하고 인간관계를 파괴적으로 만듭니다.

오죽하면 심리학자 펄츠가 게슈탈트 테라피를 주장했겠습니까? 이 게슈탈트 테라피는 다른 말로 빈 의자 요법이라고 합니다. 빈 의자에 자신이 미워하거나 억압된 분노의 감정을 가지고 있는 사람이 앉아 있다고 가정하는 겁니다. 그리고 그 사람을 향해 하고 싶은 말을 다 해버리는 것입니다. 지금까지 차마 말하지 못한 마음속 말들을 뱉어내라는 겁니다. 욕을 하든지 뭘 하든지 쏟아내라는 것입니다. 그러면 자기도 모르게 카타르시스 작용이 일어난다는 겁니다. 물론 이것이 바람직한 테라피라고 할 수는 없습니다. 그래서 요즘은 미술 치료도 나오지 않습니까?

프리다 칼로의 그림이 주는 위로

프리다 칼로라는 화가가 있습니다. 이분은 멕시코의 초현실주의 화가입니다. 자신의 고통을 예술로 승화시킨 화가로 유명한 사람입니다. 그녀는 여섯 살에 척추성 소아마비에 걸렸고, 열여섯 살에 전차와 충돌 사고를 당했습니다. 그래서 35회의 수술을 했고, 이어 세 차례의 유산을 했습니다. 그뿐 아니라 결혼 후에 남편의 여성 편력으로 두 차례의 이혼과 재결합으로 정신적인 고통을 엄청나게 겪은 여성입니다.

그런데 그녀는 그림으로 자신의 모든 억압된 감정을 다 치료했습니다. 그녀뿐 아니라 그녀의 그림을 보는 사람들도 치료의 효과가 나타났다고 합니다. 그녀의 독특한 그림의 세계는 독특한 외모 때문에 유명하기도 합니다.

그녀의 작품 143점 중 55점이 자화상입니다. 삶의 고통과 절망이 반복될 때마다 작품의 오브제가 되어 거울 속에 비치는 자신의 모습을 즐겁게 그렸다는 것입니다. 그래서 그는 그림을 그리며 스스로 치유를 받고, 그 그림을 보는 사람들도 치유를 받았다고 합니다.

그림뿐 아니라 그가 한 말도 유명합니다. "나는 내 꿈을 그린 것이 아니라 내 현실을 그렸다." 다시 말하면 자신의 그림은 고통스러운 현실에 직면한 자신의 감정을 그때그때 표현한 것이라는 말입니다. 그랬을 때 그런 그림을 통해 자신의 마음의 병을 고쳤고, 또 그 그림을 보는 자들도 미술적 치료 효과가 나타났다는 것입니다.

저의 은사님이시자, 우리 교회 협동 목사님이신 김한식 목사님이 그림을 하나 가져왔습니다. 장복수 화백이 그린 아주 특이한 그림입니다. 이 화백께서 "봄이 오는 소리"라는 주제로 그리셨는데, 제가 보기엔 '봄을 알리는 소리'라고 하는 것이 더 맞을 것 같습니다.

아무튼 봄이 오는 모습을 붉게 표현하셨는데, 위를 향해 직선으로 서 있는 모습은 생명의 나무를 의미한다고 합니다. 그리고 높은 곳에 종달새를 그렸습니다. 종달새는 예로부터 고천자(告天子)라고 하는데, '높이 날아올라 울면서 하늘 뜻을 알린다'는 뜻을 가졌습니다. 저는 그 그림을 볼 때마다 제 마음에 봄이 오는 소리를 듣고, 봄이 오는 소리를 보기도 합니다.

그런데 요즘은 종달새가 사라져 버리지 않았습니까? 그래서 종달새가 사라진 자리에 제가 날개를 달고 날아올라 그 자리에서 고천자 역할을 하고 싶은 마음이 생겼습니다. 그런 의미에서 제가 "종달새"라는 시를 몇 편 썼습니다. 그중 "종달새5"입니다.

당신이 머물던 자리는 허공이 되었고 / 당신이 외쳤던 하늘소리는
온데간데없이 사라진 후 / 푸른 정적이 되었어요
아무도 노래하지 않는 하늘은 너무 외롭고 슬퍼서
나라도 날아올라 하늘 노래를 불러야겠어요
내가 머물던 자리가 허공이 되고
나의 노래가 텅 빈 적막 속으로 사라진다 해도
누군가 그 외로운 하늘가에서 / 노래하고 노래해야 한다면
당신의 빈자리 / 아무도 없는 허공의 끝에서
목 놓아 노래하고 노래하겠어요.

미술 치료뿐 아니라 음악 치료도 있습니다. 음악을 들음으로써 우리의 정서가 환기되고 마음과 정신이 치유되게 하는 테라피입니다. 제가 가끔 좋은 음악을 자주 들으라고 하는 이유가 그 때문입니다. 가을이 오면 저도 가끔 제가 만든 노래를 부릅니다.

♪ 코스모스 향기가 코끝을 스치면
  어느새 들녘엔 갈대꽃들이 피네
  석양 노을빛 비추는 가을 길을 걷노라면
  문득 곁에 있어 준 그대(주님) 생각

시 낭송 테라피

그런데 요즘은 문학 치료까지 등장하고 있습니다. 이 얘기는 문학 치료사인 세리 라이터가 강연 중에 한 말이라고 합니다.

페르시아에 한 시인이 있었습니다. 그가 마음에 무거운 돌덩이가 매달린 듯 늘 마음이 우울해서 의사를 찾아갔다고 합니다. 의사가 이런저런 이야기를 듣고 상담을 하다 이렇게 물었답니다. "혹시 최근에 발표하지 못한 시나 낭송하지 못한 시가 있습니까?" 시인이 그렇다고 하자, 의사는 낭독하지 못한 시를 여러 번 낭독하라고 말했습니다.

그래서 시인이 그 발표하지 못한 시를 의사 앞에서 계속 낭독하였습니다. 그러자 의사가 이렇게 말했습니다. "이제 병이 나았으니 돌아가십시오. 당신 마음속에 돌처럼 매달려 있던 것은 바로 낭독하지 못한 시였소. 그 시를 밖으로 쏟아냈으니 당신은 회복된 것이오."

제가 이 글을 읽고 저도 어쩌면 시를 써서 많은 문학적 치료를 받않지 않았나 하는 생각이 들었습니다. 저라고 어찌 상처가 없겠습니까? 우리 교회뿐 아니라 한국 교계를 섬기다 보니 제 안에도 무거운 돌덩어리가 굴러다닐 때가 있습니다. 저는 그럴 때마다 먼저 하나님께 기도를 하고, 시간을 내서 산행을 했습니다. 하나님과 대화하고 자연과 대화하면서 시의 세계 속으로 들어갔습니다.

그래서 제가 이번에 열두 번째 시집을 내지 않았습니까? 이렇게 시를 쓰면서 짓눌린 마음이 정화되고 해소되지 않았나 하는 생각이 듭니다. 그렇게 쓴 시가 한때는 3주 동안 대형 서점 시집 부문 1위에서 3위 안에 계속 들어가 있었습니다. 참 놀라운 하나님의 은혜가 아닐 수 없습니다. 이 시대 최고의 시인이신 정호승 선생님께서 저의 시집을 이렇게 평해 주셨습니다.

"만인의 목회자 소강석 목사님은 왜 홀로 있는 시간에 기도하는 마음으로 시를 쓰는 것일까? 그것은 그의 시가 바로 그의 기도이기 때문이다. 그의 시는 기도 가운데서 하나님과 나눈 고독한 대화의 결과다. 이 시집은 사랑의 향기로 가득 차 있다. 시를 쓰는 그의 마음이 이미 사랑이기 때문이다…"

정호승 선생님도 제가 시를 통해 문학적 치료를 체험하고 있음을 이미 알고 계셨던 것 같습니다. 어쨌든 우리의 마음에 돌덩이가 있으면 깨뜨리거나 그 응어리를 해소해야 합니다. 그런데 사실 이런 얘기는 세상 지성인들이나 상담심리학자들도 다 할 수 있습니다.

우리 그리스도인도 일반은총의 차원에서 이런 테라피로 마음을 정화할 수 있지만 더 좋은 방법, 더 좋은 길을 소개하려고 합니다. 그게 무엇인 줄 아십니까? 바로 우리 마음의 돌덩이를 가지고 예수님께 나아가는 것입니다. 십자가 앞으로 나아가는 겁니다. 예수님께서도 십자가에서 역설적 고백을 하신 것처럼 우리도 예수님의 십자가 앞에 나아가야 합니다.

저는 이런 얘기를 할 때마다 예수님을 어떤 분이라고 소개하는지 아십니까? 엿장수 같은 분이라고 말합니다. 옛날 엿장수 아저씨는 돈을 받지 않고 폐품 쓰레기만 받았습니다. 헌옷이나 낡은 고무신, 빈 병, 헌책, 찌그러진 양재기, 깨진 그릇 등 아무 쓸모도 없는 것들만 받았습니다.

그것을 받고 둘이 먹다 하나 죽어도 모를 정도로 감칠맛 나고 달콤한 엿가락을 주었습니다. 그래서 어린 시절에 동구 밖에서 엿장수의 가위질 소리가 들리면 벌써 입에 군침이 돌았습니다.

우리 예수님도 엿장수 같은 분이십니다. 옛날 엿장수의 특징이 뭡니까? 현찰은 안 받았잖습니까? 온갖 고물과 폐품 쓰레기만 받았습니다. 예수님도 그렇습니다. 예수님도 우리가 드리는 그 어떠한 헌신보다, 바로 우리의 죄와 마음속 폐품 쓰레기를 가지고 주님께 나아오기를 원하십니다.

우리의 무거운 죄, 한숨, 고통, 눈물, 근심 보따리를 십자가 앞으로 가지고 오길 원하십니다. 우리 마음에 있는 큰 응어리와 돌덩이를 가지고 주님께 나아오기를 원하십니다. 그리고 그 마음의 돌덩이를 주님의 십자가 앞에 던지면 주님께서는 그것을 예물로 받으시고 이바지로 받으십니다.

이바지라는 말을 아십니까? 옛날에 딸이 시집가면 며칠 뒤에 친정을 방문합니다. 그때 사돈네 집에서 석작에다 떡과 여러 한과 등을 보냅니다. 그게 바로 이바지입니다. 그런데 우리 예수님은 우리가 가져오는 폐품 쓰레기를 이바지로 받으신다는 것입니다.

이 세상에 여러 테라피가 있지만, 우리 마음에 매달려 있는 돌덩이, 우리 안에 굳게 박혀 있는 돌부리는 근본적으로 어떻게 없앨 수 있습니까? 그것은 바로 주님의 십자가 앞에 나아가야 해결할 수 있습니다. 주님 앞에 나아가면 주님께서 그 돌덩이를 들어내 주시고, 그 돌부리를 뽑아 주시는 겁니다. 그리고 우리의 한숨을 바꾸어 주십니다. 그 돌덩이 대신 사랑의 노래, 기쁨의 노래로 바꾸어 주십니다.

♪ 나의 한숨을 바꾸셨네 주를 향한 노래로 소망의 노래로
 나의 눈물을 거두신 주 예수 이름 안에 살게 하소서

♪ 빈손 들고 앞에 가 십자가를 붙드네
 의가 없는 자라도 도와주심 바라고
 생명 샘에 나가니 맘을 씻어주소서

그래서 브닌나가 한나를 그렇게 힘들게 할 때 한나는 어떤 상담가도 찾아가지 않았습니다. 그녀는 사람을 찾아가지 않았습니다. 남편에게도 통한의 고백을 하지 않았습니다. 하나님 앞에 나아가 그냥 쏟아붓는 기도를 했습니다. 우리말 성경은 한나가 여호와 앞에 심정을 '통했다'라고 되어 있지만, 원어는 '쏟아붓다'(pour out)라고 되어 있습니다. 그렇습니다. 하나님께 우리 마음을 쏟아놓는 것이 기도이고 상담입니다.

엘리야도 그랬습니다. 온 이스라엘의 제단이 무너지고 예배가 초토화되었을 때 사람을 찾아가지 않았습니다. 어느 누구에게 자신의 통한을 고백하지 않았습니다. 그리고 오직 하나님께 나아갔습니다. 이스라엘 12지파의 이름으로 제단을 쌓고 하나님께 고백했습니다. 그 기도가 무엇입니까?

> **왕상 18:36-37** 저녁 소제 드릴 때에 이르러 선지자 엘리야가 나아가서 말하되 아브라함과 이삭과 이스라엘의 하나님 여호와여 주께서 이스라엘 중에서 하나님이신 것과 내가 주의 종인 것과 내가 주의 말씀대로 이 모든 일을 행하는 것을 오늘 알게 하옵소서 여호와여 내게 응답하옵소서 내게 응답하옵소서

그랬을 때 엘리야 자신의 마음도 정화되었을 뿐 아니라, 하늘에서 불이 떨어지고 3년 6개월 동안 내리지 않았던 비도 쏟아지기 시작했습니다. 그러므로 우리도 마음에 돌덩이가 이리저리 떼굴떼굴 굴러다니면 예수님의 십자가 앞에 나아가야 합니다.

주님 앞에 우리의 온갖 죄와 근심과 염려와 걱정의 보따리를 가지고 나아가야 합니다. 아니, 그 무거운 돌덩이를 십자가 앞에 던져 버려야 합니다. 히브리서 4장에 보면 은혜의 보좌 앞에 담대히 나아가라고 하지 않았습니까?

> **히 4:16** 그러므로 우리는 긍휼하심을 받고 때를 따라 돕는 은혜를 얻기 위하여 은혜의 보좌 앞에 담대히 나아갈 것이니라

그러므로 우리의 모든 슬픔과 걱정을 다 주님의 십자가 앞에 내려놓아야 합니다. 주님의 십자가 앞에 나아가 우리 마음속의 상처와 아픔, 근심과 걱정을 다 고백해야 합니다. 마음의 응어리를 십자가 앞에 다 던져 버려야 합니다. 그럴 때 우리 안에 있는 돌부리와 돌덩이가 다 뽑히게 될 것입니다.

♪ 슬픔 걱정 가득 차고 내 맘 괴로워도

갈보리 십자가 위에서 죄 짐이 풀렸네
놀라운 사랑의 갈보리 갈보리 갈보리
놀라운 사랑의 갈보리 영원한 갈보리

너의 근심 모든 염려 주께 맡기어라
갈보리 십자가 위에서 죄 짐이 풀렸네
놀라운 사랑의 갈보리 갈보리 갈보리
놀라운 사랑의 갈보리 영원한 갈보리

거룩한 돌덩이, 사명

그러나 우리가 마음의 돌덩이를 아무리 없애고 돌부리를 뽑아낸다 하더라도 우리에게 또 다른 돌덩이가 있을 수 있습니다. 그 돌덩이는 우리에게 억압된 감정을 가져다주고 폭발적 분노를 가져다주는 그런 돌덩이가 아닙니다. 그 돌덩이는 어떤 의미에서 좋은 돌덩이고, 긍정적인 돌덩이고, 또 거룩한 부담감을 가져다주는 돌덩이일 수 있습니다.

고정희 시인이 쓴 《이 시대의 아벨》이라는 시집이 있습니다. 거기 보면 "사랑법 첫째"라는 시가 있습니다.

그대 향한 내 기대 높으면 높을수록
그 기대보다 더 큰 돌덩이 매달아 놓습니다.
부질없는 내 기대 높이가 자라는 쪽으로
커다란 돌덩이를 매달아 놓습니다.
그대를 기대와 바꾸지 않기 위해서

기대 따라 행여 그대 잃지 않기 위해서
내 외롬 짓무른 밤일수록 / 제 설움 넘치는 밤일수록
크고 무거운 돌덩이 가슴 한복판에 매달아 놓습니다.

그대를 기대와 바꾸지 않기 위해서, 기대에 따라 행여 그대를 잃지 않기 위해서 외로운 밤일수록, 설움이 넘치는 밤일수록 더 크고 무거운 돌덩이 하나를 가슴 한복판에 매단다는 것입니다. 사랑하는 사람을 위해서, 그리고 사랑하는 사람을 향한 기대 때문에, 크고 무거운 돌덩이 하나 가슴 한복판에 매달아 놓는다는 것입니다.

얼마나 아름다운 시입니까? 한마디로 사랑에는 부담감이 있다는 것입니다. 또 사랑하는 사람을 기대하는 데는 부담감이 있어야 한다는 것입니다. 그 부담감을 돌덩이로 은유화한 것입니다.

어디 비단 사랑뿐이겠습니까? 사명도 마찬가지입니다. 글을 쓰는 사람이 글에 대한 부담감 없이 어떻게 글을 쓰겠습니까? 노래하는 가수가 노래에 대한 부담감 없이 어떻게 노래를 부르고 공연을 하겠습니까? 공부하는 학생이나 운동선수가 성적에 대한 부담 없이 어떻게 좋은 성적을 낼 수 있겠습니까?

누구든 자신의 사명을 알고 사명을 사랑하는 사람이라면, 마음 안에 커다란 돌덩이 하나를 달고 다니는 것입니다. 그것이 오래되면 돌부리로 바뀔 수도 있습니다. 우리 신앙생활도 마찬가지입니다. 신앙생활에도 거룩한 눌림이 필요하고, 거룩한 부담감이 필요한 것입니다.

그래서 사도 바울도 주님의 복음을 위해 말로 다 할 수 없는 고난을 당하지 않았습니까? 유대인들에게 사십에서 하나 감한 매를 다섯 번 맞고, 세 번 태장으로 맞고, 한 번 돌로 맞고, 세 번 파선하고, 일 주야를 깊은 바다에서 지냈습니다. 그뿐 아니라 강의 위험과 강도의 위험과 동족의 위험과 이방인의 위험과 시내의 위험과 광야의 위험과 바다의 위험과 거짓 형제 중의 위험을 당했습니다. 또 수고하며 애쓰고 여러 번 자지 못하고 주리며 목마르고 여러 번 굶고 춥고 헐벗는 고난을 겪었습니다(고후 11:24-27).

그런데 이건 아무것도 아닙니다. 사도 바울에게는 더 커다란 마음의 눌림이 있었습니다. 그것은 바로 교회를 위한 눌림입니다.

> **고후 11:28** 이 외의 일은 고사하고 아직도 날마다 내 속에 눌리는 일이 있으니 곧 모든 교회를 위하여 염려하는 것이라

바울은 자기 안에 있는 이 거룩한 돌덩이 때문에 하나님을 사랑하고 교회를 사랑했습니다. 이 돌덩이는 결코 부정적인 돌덩이가 아니었습니다. 믿음과 사명의 사람은 어떤 면에서는 항상 하나님의 은혜로 정화의 축복과 자유를 누리기도 하지만, 동시에 마음에 어떤 긍정적이고 거룩한 돌덩이가 있어야 합니다. 그 돌덩이를 하나씩 달고 다녀야 합니다.

저에게도 그 돌덩이 하나가 있습니다. 아니, 이 돌덩이가 제 마음속에 아예 박혀 버렸습니다. 저는 한국교회 연합과 공적 사역을 위해 할 만큼 하고 저의 노력을 충분히 다했다고 생각합니다. 그리고 이 정도에서 제가 손을 놔도 인간적으로는 충분하다고 생각합니다. 그러니 하나님께서 이 돌덩이를 빼주셔야 하는데 빼주질 않으십니다. 그대로 달고 다니도록 하십니다.

사실 우리 교회적으로도 그렇지 않습니까? 저는 지금까지 정말 죽을 둥 살 둥 목회를 했습니다. 그러니 이제는 저도 쉬엄쉬엄 할 수

있습니다. 그러나 하나님께서 이 돌덩이를 빼주시질 않는 것입니다.

어디 저뿐이겠습니까? 하나님의 사람이라면 누구나 마음에 거룩한 돌덩이 하나를 달고 다녀야 합니다. 이것은 부정적인 돌덩이가 아닙니다. 거룩한 돌덩이요, 긍정적인 돌덩이요, 창의적인 돌덩이요, 사명의 돌덩이라 할 수 있습니다. 그런 사람이 하나님의 사람이고, 사명의 사람입니다.

얼마 전에 우리 교회에서 이재훈, 김선명, 정두영 목사님의 안수식이 있었습니다. 저도 삼십몇년 전 목사 안수를 받을 때가 생각나고, 지금까지 걸어온 사명의 길을 생각하니까 눈물이 났습니다. 또 그분들이 앞으로 십자가의 길을 걸어갈 것을 생각하니 눈물이 났습니다. 안수를 받는 세 분도 눈물, 콧물을 줄줄 흘렸습니다.

그중에서도 눈물을 비 오듯 쏟은 분이 이재훈 목사님이었습니다. 그 눈물은 어떤 의미였을까요? "하나님, 나 같은 것이 무엇이기에 나를 부르셨단 말입니까? 어찌 나 같은 무익한 종을 불러 주의 복음을 전파하고 몸 된 교회를 세우며 하나님 나라를 확장하신다는 말입니까? 이 부르심을 감당치 못하겠사오나 이 무익한 종, 죽도록 충성하겠습니다. 이 생명 다하는 날까지 죽도록 충성하겠습니다."

이분들이 흘린 눈물은 마음에 큰 돌덩이를 만들어 줄 것입니다. 그 눈물이 마음에 거룩한 부담감을 갖다줄 것이고, 거룩한 강박증도 만들어 줄 것입니다. 그리고 그 거룩한 돌덩이가 진정한 사명자의 삶을 살게 할 것입니다. 저도 그랬습니다.

♪ 주님 나를 부르셨으니 주님 나를 부르셨으니
　내 모든 정성 내 모든 정성 주만 위해 바칩니다
　주님 주님 나의 기도 들으사

영원토록 주님만을 사모하게 하옵소서

신앙생활하면서 어떤 부담감이 있습니까? 그것이 바로 돌덩이고 사명입니다. 교회생활 하면서 뭘 생각하면 자꾸 뭔가 부담이 오지 않습니까? 그렇게 부담이 될수록 그게 사명이고 돌덩입니다.

그렇다고 이 돌덩이를 내던지면 절대 안 됩니다. 이 돌덩이는 반드시 달고 다녀야 합니다. 아니, 평생 누구도 뽑지 못하도록 우리 마음에 박혀 있으면 더 좋습니다. 그래서 돌덩이의 부담감만큼, 그리고 성령의 감동만큼 순종하며 살아야 합니다. 이 얼마나 멋있는 삶입니까? 이 얼마나 아름답고 눈부시고 찬란한 삶입니까?

우리 모두 이런 삶을 살아야 합니다. 우리 모두 마음에 아름다운 돌덩이 하나씩을 달고 살아야 합니다. 그냥 백수처럼 편안하게 신앙생활 하지 말고, 하나님께 받은 사명을 감당하며 살아야 합니다. 이런 돌덩이 같은 부담감을 가져다주는 사명을 잘 감당하며 살아가야 합니다.

♪ 사명이 생명이기에 사명이 눈물이기에
  힘들고 어려워도 사명의 길을 걸어가리라
  사명이 은혜이기에 사명이 축복이기에
  외롭고 고독해도 사명의 노래를 부르리라

11.
기대하지 말 것을 기다린 이유

어떤 사람이 주께 와서 이르되 선생님이여 내가 무슨 선한 일을 하여야 영생을 얻으리이까 예수께서 이르시되 어찌하여 선한 일을 내게 묻느냐 선한 이는 오직 한 분이시니라 네가 생명에 들어가려면 계명들을 지키라 이르되 어느 계명이오니이까 예수께서 이르시되 살인하지 말라, 간음하지 말라, 도둑질하지 말라, 거짓 증언 하지 말라, 네 부모를 공경하라, 네 이웃을 네 자신과 같이 사랑하라 하신 것이니라 그 청년이 이르되 이 모든 것을 내가 지키었사온대 아직도 무엇이 부족하니이까 예수께서 이르시되 네가 온전하고자 할진대 가서 네 소유를 팔아 가난한 자들에게 주라 그리하면 하늘에서 보화가 네게 있으리라 그리고 와서 나를 따르라 하시니 그 청년이 재물이 많으므로 이 말씀을 듣고 근심하며 가니라 (마 19:16-22)

인간, 기다림의 존재

독일의 신학자 폴 틸리히는 인간은 기다림의 존재라고 하였습니다. 이 사람은 우리 교단 신학과는 전혀 다른 자유주의 신학자이지만 인간은 기다림의 존재라고 한 말은 참으로 많이 공감되는 부분입니다. 왜 인간은 기다림의 존재일까요? 왜 기다림의 존재로 살아가야 할까요?

인간은 현실이라는 상황에 갇혀 있고, 지금이라는 삶의 공간에 갇혀 있기 때문입니다. 현실에 갇혀 미래를 예측하지 못하니 어쩔 수 없이 기다리고 사는 것입니다. 그런 의미에서 황지우 시인의 "너를 기다리는 동안"이라는 시가 있습니다.

> 너를 기다리는 동안 / 네가 오기로 한 그 자리에
> 내가 미리 가 너를 기다리는 동안 / 다가오는 모든 발자국은
> 내 가슴에 쿵쿵거린다
> 바스락거리는 나뭇잎 하나도 / 다 내게 온다
> 기다려 본 적이 있는 사람은 안다
> 세상에서 / 기다리는 일처럼 / 가슴 애리는 일 있을까
> 네가 오기로 한 그 자리 / 내가 미리 와 있는 이곳에서
> 문을 열고 들어오는 모든 사람이
> 너였다가 / 너일 것이었다가 / 다시 문이 닫힌다
> 사랑하는 이여 / 오지 않는 너를 기다리며
> 마침내 나는 너에게 간다 (중략)
> 너를 기다리는 동안 나는 너에게 가고 있다.

얼마나 기다림이 간절하였으면 기다려야 하는데 기다리지 못하고 그가 오기로 한 그 자리, 만나기로 약속한 장소에 미리 가는 겁니다. 그곳에서 그를 기다리는 동안 다가오는 모든 발자국이 가슴에 쿵쿵 울린다는 것입니다. 그리고 문이 열릴 때마다 그였다가, 그일 것이었다가, 그러다 문이 닫힌다는 것입니다.

이 얼마나 간절한 기다림의 미학을 보여주는 시입니까? 시인은 이 시를 통해 기다림의 진정한 의미를 보여주고 있습니다. 오지 않는 그를 기다리다 마침내 내가 그에게 간다는 것입니다. 애절한 기다림의 가치와 소중함을 표현한 시입니다.

우리는 이렇게 무엇인가를 기다리면서 사는 존재입니다. 기다리다 오지 않으면 내가 차라리 그에게 가는 존재입니다.

기다림에는 정겨운 기대가 있습니다. 그런데 요즘은 기다림이 별로 없는 세상입니다. SNS, 톡, 전화기가 있어서 기다리는 시간을 허락해 주지 않습니다.

그러나 아날로그 시대에는 기다림이 있었습니다. 옛날 두부 장수에 대한 정겨운 기다림을 기억하십니까? 트럭을 몰고 야채를 파는 야채 장수에 대한 기다림이 기억나십니까? 야채 장수는 그만두고, 옛날 펜팔 할 때 우체부 아저씨에 대한 기다림이 있지 않았습니까? 그래서 이런 아날로그적 기다림을 시인 정호승 선생님께서는 "또 기다리는 편지"를 통해 이렇게 표현하였습니다.

지는 저녁 해를 바라보며 / 오늘도 그대를 사랑하였습니다. (중략)
외로운 사람들은 어디론가 사라져서 / 해마다 첫눈으로 내리고
새벽보다 깊은 새벽 섬 기슭에 앉아
오늘도 그대를 사랑하는 일보다

기다리는 일이 더 행복하였습니다.

사랑하는 일이 얼마나 아팠으면 기다리는 일이 더 행복하다고 하겠습니까? 기다림은 이렇게 소중하고 애틋한 것입니다. 그러나 사람들은 기대하지 말고 기다리지 말아야 할 것을 공연히 기다리는 일도 있습니다.

기다리지 말아야 할 것을 기다렸던 부자 청년

이러한 일이 성경에 소개되고 있습니다. 어느 부자 청년이 예수님께 나아와서 질문합니다. "선생님이여, 내가 무엇을 해야 영생을 얻을 수 있겠습니까?"

> 마 19:16 어떤 사람이 주께 와서 이르되 선생님이여 내가 무슨 선한 일을 하여야 영생을 얻으리이까

이 부자 청년은 은근히 예수님께 칭찬을 기대하고 질문을 한 것입니다. 자기는 지금 영생을 얻을 만한 선행을 충분히 하고 있다는 것을 은근히 과시하고 있습니다. 그래서 예수님께 칭찬을 받으려고 이런 질문을 하는 것입니다.

그러자 예수님은 뼈가 있는 말씀을 하셨습니다. "어찌하여 나에게 선한 일을 묻느냐? 선한 분은 하늘에 계신 하나님 한 분뿐이니라." 그러면서 영생을 얻으려면 하나님의 계명을 지켜야 한다고 말씀하십니다(마 19:17).

청년이 다시 물어봅니다. "도대체 어떤 계명을 지켜야 합니까?" 그

러자 예수님께서 청년에게 대답해 주십니다.

> **마 19:18-19** 이르되 어느 계명이오니이까 예수께서 이르시되 살인하지 말라, 간음하지 말라, 도둑질하지 말라, 거짓 증언 하지 말라, 네 부모를 공경하라, 네 이웃을 네 자신과 같이 사랑하라 하신 것이니라

예수님의 말씀을 요약하면, 십계명 가운데 5계명부터 10계명까지 다 지키라는 것입니다. 그래서 청년은 이렇게 대답했습니다. "이 모든 것을 내가 다 지켰습니다. 아직도 무엇이 부족합니까?"

> **마 19:20** 그 청년이 이르되 이 모든 것을 내가 지키었사온대 아직도 무엇이 부족하니이까

그러자 주님께서 청년으로 하여금 경악하게 하는 말씀을 하십니다. "그러면 네 소유를 팔아 가난한 자들에게 주어라. 그러면 하늘에서 보화가 네게 있으리라. 그러고 나서 나를 따르라."

> **마 19:21** 예수께서 이르시되 네가 온전하고자 할진대 가서 네 소유를 팔아 가난한 자들에게 주라 그리하면 하늘에서 보화가 네게 있으리라 그리고 와서 나를 따르라 하시니

그러니까 이 청년이 재물이 많으므로 근심하며 예수님을 떠났습니다.

> **마 19:22** 그 청년이 재물이 많으므로 이 말씀을 듣고 근심하며 가니라

이 청년은 돈이 많았습니다. 나름 율법을 잘 지켰습니다. 그럼에도 영생의 문제를 해결하지 못해서인지, 아니면 예수님께 은근히 칭찬받기를 기대해서인지 예수님을 찾아왔습니다. 그런데 "네 소유를 팔아 가난한 자들에게 주라"는 예수님의 그 한마디에 시험이 들어 주님을 떠나간 것입니다.

그러자 예수님은 시험 들어 돌아가는 청년을 바라보며 제자들에게 이런 말씀을 하셨습니다. "부자가 천국에 들어가기는 정말로 힘들겠구나. 낙타가 바늘귀로 들어가는 것이 오히려 부자가 천국에 들어가는 것보다 쉽겠구나."

> **마 19:23-24** 예수께서 제자들에게 이르시되 내가 진실로 너희에게 이르노니 부자는 천국에 들어가기가 어려우니라 다시 너희에게 말하노니 낙타가 바늘귀로 들어가는 것이 부자가 하나님의 나라에 들어가는 것보다 쉬우니라 하시니

물론 이 말씀을 오해해서는 안 됩니다. 영생은 선행으로 얻는 것이 결코 아닙니다. 물질을 많이 바쳐야 구원을 얻는 것도 아닙니다. 구원은 절대로 인간의 행위로는 받을 수가 없습니다. 구원은 오직 예수 그리스도를 통해서만 받는 것입니다. 전적인 하나님의 은혜로만 가능한 것입니다.

그러면 부자 청년이 자신의 재물을 내려놓지 못하고 근심하며 돌아가는 모습을 보시고 예수님은 왜 부자가 천국에 들어가는 것이 낙타가 바늘귀로 들어가는 것보다 힘들다고 말씀하셨을까요? 부자 청년은 하나님을 믿는 것처럼 보였지만 하나님의 은혜를 믿지 않았기 때문입니다. 그리고 그는 율법은 믿고 행하고 있지만 예수 그리

스도를 참으로 믿지 않았던 것입니다.

그럼에도 이 문맥의 구조를 보면 부자 청년은 애당초 영생을 얻기 위해서라기보다, 예수님으로부터 칭찬을 받기 위해 온 것입니다. 그는 예수님의 칭찬을 기대해서도 안 되고, 격려를 기다려서도 안 되는데 공연히 그것을 기대하고 온 것입니다.

이 어리석은 청년은 기대하지 말고 기다리지 말아야 할 것을 기다렸던 것입니다. 그 청년이 예수님을 떠나자 예수님께서 이 청년을 오래오래 기다리셨을지도 모릅니다. 그러나 성경을 아무리 뒤져봐도 이 청년은 예수님께 돌아오지 않은 것 같습니다. 어쩌면 예수님도 기대하지 말아야 할 것을 기대하고 기다리셨는지도 모릅니다.

그러나 그렇지 않습니다. 그런 예수님의 기다림은 허영된 기다림이 아닙니다. 예수님은 언제나 죄인이 돌아오기를 원하고 기다리는 분이시기 때문입니다. 오늘도 예수님은 기다리는 분이십니다. 죄인이 돌아오고, 주님을 떠난 사람들이 다시 돌아오기를 기다리고 계십니다. 몸은 이 자리에 있지만 마음은 바깥세상으로 떠나 있는 사람들이 다시 돌아오기를 기다리십니다. 오늘도 우리가 주님께 돌아오길 기다리는 분이십니다.

♪ 어서 돌아오오 어서 돌아만 오오
  지은 죄가 아무리 무겁고 크기로
  주 어찌 못 담당하고 못 받으시리요
  우리 주의 넓은 가슴은 하늘보다 넓고 넓어

대학 입시를 치른 학생들은 합격자 명단을 기다립니다. 직장 면접을 본 사람 역시 합격 여부를 기다립니다. 이북이 고향인 분은 고향 소식을 기다리며 살아갑니다. 이런 기다림은 맛집에서 자기 차례가 오기를 바라는 기다림과는 비교가 되지 않습니다. 스타벅스에서 커피를 기다리는 기다림과도 비교가 되지 않습니다. 이런 것들은 사치스러운 기다림이라 할 수 있습니다. 더구나 부자 청년이 예수님께 은근히 기대했던 칭찬과 격려의 기다림과는 비교할 수도 없는 것입니다.

그런데 더 숭고하고 고상한 기다림이 있습니다. 그것은 그 부자 청년이 마음이 변해서 다시 돌아오지 않을까 하는 예수님의 기다림입니다. 그러나 아무리 성경을 뒤져봐도 청년은 끝내 돌아오지 않은 듯합니다. 그 청년은 왜 돌아오지 않았을까요? 딱 한 가지 이유 때문입니다. 돈 때문에 못 돌아온 것입니다. 그 부자 청년뿐 아니라 대부분의 현대인들도 마찬가지입니다. 돈 문제를 이야기하면 제일 싫어합니다. 지갑을 건드리면 제일 예민해집니다.

"형제여, 지갑도 침례를 받아야 합니다"

미국의 어느 침례교회에서 있었던 일이라고 합니다. 강가에서 침례의식을 행하는데 한 청년이 침례를 받을 차례가 되었습니다. 그런데 자꾸 머뭇거렸습니다. 주머니의 지갑에 돈이 잔뜩 들어 있었기 때문입니다. 돈이 물에 젖을까 봐 망설였던 것입니다. 그래서 그 청년이 말합니다. "목사님, 잠깐만요. 지갑을 꺼내놓고 물속에 들어가야겠어요."

그때 목사님이 뭐라고 말씀한 줄 아십니까? "형제여, 당신의 지갑도 침례를 받아야 합니다. 그래야 마침내 당신이 진정으로 회심을 하게 되는 것이고, 진정으로 침례를 받는 것이 됩니다."

그런 의미에서 종교개혁자 마르틴 루터는 사람들에게 세 가지 회심이 필요하다고 했습니다. 하나는 머리(의식)의 회심이요, 또 하나는 가슴의 회심이요, 또 하나는 지갑의 회심이라고 했습니다. 지갑도 회심하지 않으면 사람은 물질 중심으로 살게 되어 있는 것입니다.

사람들의 관심을 쉽게 알 수 있는 곳이 어딘지 아십니까? 서점입니다. 서점에 가보면 책들이 진열되어 있는데 어느 부분에 사람들이 가장 많이 가는가 하면 재테크를 다룬 책 코너입니다. 한동안은 자기계발서들이 많이 나갔는데 요즘은 재테크에 대한 책이 많이 나간다고 합니다.

예컨대 부의 재테크, 돈의 심리학, 주식 투자, 부동산 투자, 월급쟁이들의 재테크, 백만장자가 되는 법, 돈 버는 부동산 경매 기술 이런 류의 책들이 많이 나간다고 합니다. 인문, 역사, 시 같은 경우는 큰 관심이 없습니다. 그런 의미에서 《너의 이름을 사랑이라고 부른다》라는 제 시집을 읽으신 분들은 수준이 대단하신 분들입니다. 이분들은 절대로 치매에 걸리지 않을 것입니다.

어느 초등학생의 일기장 내용이라고 합니다. "어제 할아버지가 '치매에 걸리지 않는 법'이라는 책을 사오셨다. 오늘 또 사오셨다." 이 할아버지는 치매 걸린 게 확실합니다.

그런데 정신과 의사들이 치매 초기 환자들에게 이렇게 처방을 한다고 합니다. "집에 가시면 당장 에세이를 쓰십시오." 에세이를 쓰면 치매가 안 온다고 합니다. 하물며 에세이보다 더 고상한 시를 읽고 시를 쓰는 사람에게 치매가 오겠습니까?

물론 우리가 살아가는데 돈이 없으면 안 됩니다. 그래서 사람들은 돈에 관심을 갖고 집착을 하게 되어 있습니다. 어쩌면 세상일은 90퍼센트 이상이 다 돈으로 해결되는 것처럼 보입니다. 그래서 돈을 많이 가지면 마음이 든든하고, 돈을 쓰고 쇼핑을 하면 일종의 카타르시스적 행복을 느낄 수 있습니다.

그런데 올해로 103세가 되신 김형석 교수님께서 《백년을 살아보니》라는 책에서 이런 이야기를 하셨습니다. 나이 먹기 전에는 늘 자신과 가정만 생각하고 돈을 벌었다고 합니다. 그런데 돈은 벌어지지 않고, 돈을 벌어도 행복하지 않고 피곤하더라는 겁니다.

그래서 생각을 바꾸셨다고 합니다. 학비를 못 내는 학생들 대신 등록금을 내주고, 어려운 사람들에게 구제하고 베풀었다는 겁니다. 그랬더니 등록금을 내준 학생들이 나중에 돈을 벌어서 다시 가져오더랍니다. 그러면 그걸 교수님이 받았을까요? 안 받았답니다. "너도 가난한 사람에게 나눠줘라" 하면서 다시 돌려보냈다고 합니다. 그랬더니 자신의 내면이 엄청 성장하더라는 겁니다.

자신이 좀 덜 성숙했을 때는 강의를 요청해 오면 "강의료를 얼마 줄 것이냐?" 하고 흥정부터 하였답니다. 그런데 나이가 들어서 생각해 보니 그게 그렇게 어리석은 일이었다는 겁니다.

나이가 들어서 그런 것을 다 내려놓고 나니 돈을 적게 줘도 행복하다는 겁니다. 돈보다 중요한 게 보람이고 가치고 의미였다는 겁니다. 그러면서 이런 말을 합니다. "돈 중심으로 살지 말고 자신의 그릇을 키우라"고 말입니다. 자신의 그릇이 커야 거기서 생의 의미와 가치와 행복을 발견하게 된다는 것입니다.

결코 자랑으로 듣지 않았으면 합니다. 저는 이걸 젊었을 때부터 깨달은 사람입니다. 이래 봬도 제가 20대부터 부흥회를 다녔던 사람입니다. 그리고 30대 중반부터 50대 중반까지 쉴 새 없이 부흥회를 다니고 세미나를 다니고 특강을 다녔습니다.

그런데 저는 단 한 번도 "강사비 얼마 주겠느냐"고 물어본 적이 없습니다. 집회 가서 어려운 교회는 사례비를 받지 않고 왔습니다. 오히려 선교비까지 드리고 왔습니다. 어떤 집회는 아예 지원부터 하고 간 곳도 있습니다.

그래서 저는 하나님 일 때문에 돈을 필요로 했던 거지, 저 개인적으로는 돈으로부터 완전히 자유롭게 살았던 사람입니다. 그런데 돈으로부터 자유로워지면 자유로워질수록 하나님께서 부족함 없이 채워주시고, 쓸 만큼 채워주시는 것을 보았습니다.

돈을 얼마를 가지고 있어도 하나님이 저에게 감동을 주시면 하나님께 드리든지, 저보다 못한 사람에게 주었습니다. 몇 년 전 아들이 미국에서 구속되어 있다고 눈물 바람을 보이며 변호사비 좀 도와달라고 찾아왔던 목사님이 있었습니다. 저는 천만 원짜리 수표가 한 장 들어 있는 줄 알고 있었던 봉투를 그냥 드렸습니다. 어떤 분이 정말 귀한 곳에 쓰라고 주신 것이었습니다.

그런데 알고 봤더니 천만 원짜리 수표가 아니라 2천만 원짜리 수표였습니다. 어떤 사람은 이런 얘기에 좀 거부감을 느낄지도 모르지만, 그러지 않으셨으면 좋겠습니다. 어차피 우리는 주님의 이름으로 남을 섬기고 어려운 사람을 도와주고 살아야 합니다. 저는 그때 그 일도 하나님이 허락하신 일이라고 믿습니다.

은혜에 감사하고 은혜로 살아야

김장환 목사님을 모르시는 분은 없을 것입니다. 아주 오래전 어떤 동네 아주머니 한 분이 목사님과 사모님께 절박한 사정을 말하며 100만 원만 좀 꾸어달라고 했답니다. 그때 100만 원이면 지금의 수천만 원입니다. 그래도 어찌어찌해서 100만 원을 꾸어드렸답니다.

오랜 세월이 흘러 그 아주머니가 돈을 갚으러 왔습니다.

150만 원을 가지고 왔지만 50만 원은 받지 않았습니다. 그랬더니 이런 목사님이 어디 있느냐며 교회 출석까지 하셨답니다. 얼마나 아름다운 이야기입니까? 목사님도 그때는 아주 어려웠을 때인데 못 받는 셈치고 빌려줬더니 교회 등록까지 한 것입니다.

새에덴교회가 500명의 미자립교회 목회자들과 1,200명의 목회자들을 섬긴 적이 있습니다. 그것은 예수님의 뜻을 행하려고 한 것입니다. 요즘 경제가 많이 힘들다는 거 압니다. 그러나 미자립교회는 더 힘듭니다. 그렇다고 경제적 지원만 한 것은 아니었습니다. 제가 며칠 밤을 새워가면서 강의안을 준비했습니다. 몇 마리 고기만 손에 쥐어주는 게 아니라 고기를 잡는 법을 가르쳐줘야 할 거 아니겠습니까?

그러나 본문의 부자 청년은 그런 일을 전혀 못 한 겁니다. 그런데도 주님께서 나눠주라고 하시자 근심하며 돌아간 것입니다. 실족하고 돌아간 겁니다. 시험이 들어서 돌아간 겁니다. 그런 사람은 행복이라는 걸 모릅니다. 부자 청년에게는 돈으로 인한 근심과 고통밖에 없었습니다.

> **마 19:22** 그 청년이 재물이 많으므로 이 말씀을 듣고 근심하며 가니라

성경을 보면 재물이 많으므로 근심하며 갔다고 되어 있습니다. 여기서 '근심'이라는 단어는 헬라어로 '뤼페오'인데 '고통스럽다'는 뜻입니다. 그는 돈을 움켜쥐느라 너무나 고통스러워 나눔의 행복이라는 건 도대체 알지도 못했습니다. 그는 하나님보다 돈을 더 사랑하는 사람이었습니다. 그래서 하나님을 알지 못하고, 예수님을 진정으

로 만나지 못한 사람이었습니다.

청년이 예수님께 돌아오지 못한 이유가 또 하나 있었을 것입니다. 주님보다 끝없는 물질의 욕망에 빠져 주님께서 하라고 하시는 것을 할 용기가 없었기 때문에 돌아오지 못했을 것입니다. 이 사람은 인생의 목적이 무엇인지를 모릅니다.

우리가 믿는 웨스트민스터 소요리문답 제1조를 보면 "사람의 제일 되는 목적이 무엇이냐?"라고 되어 있습니다. 거기에 대한 대답은 하나님을 영화롭게 하고 하나님으로 말미암아 영원토록 즐거워하는 것입니다. 그러므로 정말 하나님께 영광을 돌리고 사는 사람은 하나님의 감동을 받아 하나님께 드리는 것 자체를 영광으로 생각합니다.

그러나 자기중심으로 사는 사람은 도대체 아까워서 드릴 수가 없습니다. 하나님의 영광을 위해서 사는 사람은 드리는 것 자체를 영광으로 생각하고 행복으로 생각합니다. 더구나 어렵게 번 것일수록, 마리아가 눈물로 옥합을 깨뜨리듯이 그렇게 눈물 젖은 예물을 드립니다. 광야의 이스라엘 백성들은 400년 동안 종 노릇 해서 벌었던 그 품삯을 성막 건축을 위하여 기쁨으로 드리지 않았습니까?

그러나 삶의 목표가 자기 자신에게만 있는 사람이 어떻게 드리겠습니까? "내가 어떻게 번 돈인데, 내가 허리가 구부러지도록 땀 흘리며 번 돈을 아까워서 어떻게 드리겠느냐"고 합니다.

그러나 정말 하나님 중심으로 사는 사람은 마리아처럼 감동이 오는 대로 옥합을 깨뜨립니다. 그리고 주님의 몸에 향유를 붓고, 눈물을 흘리며 주님의 발을 머리털로 씻어드립니다.

♪ 내게 있는 향유 옥합 주께 가져와
그 발 위에 입 맞추고 깨뜨립니다

> 나를 위해 험한 산길 오르신 그 발
> 걸음마다 크신 사랑 새겨 놓았네

그런데 하나님께 헌신하는 것도 기회가 있습니다. 그 기회를 잡을 줄 알아야 합니다. 그리스의 한 도시 중앙에 조각가 뤼지푸스가 만든 동상이 서 있다고 합니다. 앞에만 머리카락이 있고 뒤쪽은 대머리인 동상입니다. 발에는 날개가 달려 있어서 언제든지 날 것처럼 준비를 하고 있습니다.

그 동상 밑에는 이런 글이 쓰여 있습니다. "누가 그대 이름을 만들었지?" "뤼지푸스." "그대의 이름은?" "기회." "왜 발에 날개가 있지?" "땅 위로 재빠르게 날아가려고." "왜 앞에만 머리가 있지?" "내가 오면 사람들이 나를 잘 잡으라고." "그러면 왜 뒤에는 머리가 없지?" "내가 떠난 다음에는 잡을 수 없도록 하려고." 뤼지푸스라는 조각가가 정말 창의적인 동상을 만든 것입니다.

우리 교회는 참으로 어려운 때에 천여 명이 넘는 목회자들을 섬겼습니다. 이런 표현을 해도 되는지 모르겠습니다만, 처음에는 다는 아니지만 일부 목회자들께서 선물에만 관심을 갖고 오는 것으로 보였습니다. 어떤 분은 얼마나 피곤에 찌들었는지 처음부터 아예 졸고 계셨습니다.

그런데 강의를 들으면서 그분들의 눈빛이 살아나고 얼굴빛이 살아나기 시작했습니다. '나도 해봐야겠다. 나도 하면 되겠구나. 그까짓 돈 몇 푼 도움받는 것이 중요하냐. 소 목사만 할 수 있단 말이냐, 나도 해보겠다.' 이런 도전적인 눈빛이 강렬하게 비쳤습니다.

그런 눈빛을 보고 제가 적당히 강의를 하겠습니까? 원래는 앉아서 하려고 했는데, 그렇게 되지가 않았습니다. 그래서 두 타임의 강의를 일어서서 열정적으로 했습니다. 그런데 저 혼자라면 이런 일을 할 수 있었겠습니까? 우리 교회 성도들이 기도하고 응원하고 헌금을 해서서 그런 일을 할 수 있었던 것입니다.

그때 콘퍼런스에 어떤 부담을 가지고 헌신을 하신 분들이 있다면 이 글을 읽고 좀 위로가 되었으면 좋겠습니다. 격려가 되었으면 좋겠습니다. 주님으로부터 정말 칭찬을 받으셨으면 좋겠습니다. 이분들은 주님으로부터 칭찬을 기대하셔도 됩니다. 격려를 기대하셔도 됩니다.

부자 청년 같은 경우는 기대하지 말아야 할 것을 기대했고, 기다리지 말아야 할 것을 기다렸습니다. 그러나 이분들은 기대하고 기다리셔도 됩니다. 정말 큰 사람들입니다. 마음 그릇도 크고, 말 그릇도 크고, 손도 큰 사람들입니다.

오래전에 어느 재벌의 사무실에 가서 기도를 해드린 일이 있습니다. 그분은 개인 재산만 수조 원이나 되는 분입니다. 그분이 저에게 아주 적은 금액이 들어 있는 봉투를 주며 이렇게 말씀을 하는 것입니다. "목사님, 돈 많이 벌어서 다음에 많이 드리겠습니다."

도대체 돈을 얼마나 벌어야 많이 버는 것입니까? 저는 그분이 보는 앞에서 그 봉투를 수행한 두 사람에게 바로 줘 버렸습니다. 그분을 생각하면 콘퍼런스에 헌신하신 분들은 얼마나 마음 그릇과 손이 큰 사람들인지 모릅니다. 말 그릇도 재벌보다 훨씬 더 큽니다. 그러니 이분들은 하나님의 칭찬을 기대해도 좋습니다. 하나님의 격려를 기대해도 좋습니다. 옥합을 깨뜨린 마리아를 주님이 칭찬하시지 않았습니까?

마 26:13 내가 진실로 너희에게 이르노니 온 천하에 어디서든지 이 복

음이 전파되는 곳에서는 이 여자가 행한 일도 말하여 그를 기억하리라 하시니라

마태복음에 등장하는 부자 청년은 기대하지 말아야 할 예수님의 칭찬을 기대하고, 기다리지 말아야 할 예수님의 격려를 기다리다 공연히 상처만 받고 시험만 들어 주님을 떠나갔습니다. 그럼에도 예수님은 십자가에서 죽으시기까지 그 청년을 끝까지 기다리고 또 기다리셨을 것입니다.

사실은 기다리지 않아도 되는 사람이고, 기다릴 필요가 없는 사람입니다. 그 청년은 생각이 오로지 돈에 사로잡혀 있고, 물질의 알고리즘에 갇혀 있는 사람이었기 때문입니다. 그래도 예수님은 끝까지 기다리셨을 것입니다. 주님께서는 기다리지 말아야 할 사람인지도 알고, 기다릴 필요도 없다는 사실을 알면서도 끝까지 그 청년이 돌아오기를 기다리셨을 것입니다.

우리는 어떤 사람입니까? 대부분은 주님의 칭찬을 기다려도 되는 사람입니다. 아니, 마리아처럼 주님의 칭찬을 넉넉히 받고도 남을 사람들이 많이 있습니다. 그러나 혹시 부자 청년과 같은 마음을 갖고 계신 분은 없습니까? 그래서 어느새 나도 모르게 길 잃은 청지기가 되지는 않았습니까?

♪ 내가 너를 믿고 맡긴 재물 왜 너의 배만 채우나
나를 위해 다시 바치리라 그 약속 잊어버렸나
위로받기보다는 위로하고 사랑받기보다는 사랑하고
십자가만 면류관만 바라보며 의의 길 간다더니
위로하기보다는 위로받고 사랑받기만 원하네

그러나 잠시 길 잃은 청지기가 되었다고 해서 우리가 부자 청년과 같은 사람은 아닙니다. 우리는 언제든지 다시 돌아와 주님을 기쁘게 할 수 있기 때문입니다. 내 모든 삶의 목표를 하나님의 영광과 주님을 기쁘게 하는 일에 두면 됩니다. 우리는 이런 사람이 되어야 합니다.

생각해 보면 우리는 다 하나님의 은혜로 여기까지 왔습니다. 사실 지금 우리가 숨 쉬고 있는 것도 하나님 은혜이고, 여기에 앉아 있는 것도 하나님 은혜이며, 이렇게 말씀을 들을 수 있는 것도 하나님 은혜 아닙니까? 하나님의 은혜만 생각하면 우리의 생각은 아무것도 아닙니다. 우리의 물질도 아무것도 아닙니다.

우리가 이 땅을 떠나버리면 우리가 가지고 있는 모든 부귀영화가 무슨 소용이 있겠습니까? 하나님의 은혜만 생각하면 우리는 부자 청년이 가졌던 생각을 1분, 1초도 할 수 없습니다. 우리 같은 무익한 종을 이렇게 사용하셔서 하나님께서 영광 받으신 것 자체가 은혜 아닙니까?

"주님, 이 은혜에 감사하고 앞으로 이 은혜로 살아가겠습니다." 우리는 언제나 이렇게 고백하며 살아야 합니다.

♪ 내가 누려왔던 모든 것들이 내가 지나왔던 모든 시간이
　내가 걸어왔던 모든 순간이 당연한 것 아니라 은혜였소
　아침 해가 뜨고 저녁의 노을 봄의 꽃향기와 가을의 열매
　변하는 계절의 모든 순간이 당연한 것 아니라 은혜였소
　모든 것이 은혜 은혜 은혜 한없는 은혜
　내 삶에 당연한 건 하나도 없었던 것을
　모든 것이 은혜 은혜였소

12.
외로워야 길을 떠난다

나는 광야의 올빼미 같고 황폐한 곳의 부엉이같이 되었사오며 내가 밤을 새우니 지붕 위의 외로운 참새 같으니이다 내 원수들이 종일 나를 비방하며 내게 대항하여 미칠 듯이 날뛰는 자들이 나를 가리켜 맹세하나이다 나는 재를 양식같이 먹으며 나는 눈물 섞인 물을 마셨나이다 주의 분노와 진노로 말미암음이라 주께서 나를 들어서 던지셨나이다 내 날이 기울어지는 그림자 같고 내가 풀의 시들어짐 같으니이다 여호와여 주는 영원히 계시고 주에 대한 기억은 대대에 이르리이다(시 102:6-12)

자기 앞에 찍힌 발자국을 보려고

가수 박경애 씨가 부른 "사랑의 종말"이라는 노래가 있습니다. 그 가사가 외로움을 주제로 하고 있어 소개해 봅니다.

> ♪ 외로워 외로워서 못 살겠어요 하늘과 땅 사이에 나 혼자
> 사랑을 잊지 못해 애타는 마음 대답 없는 메아리 허공에 지네
> 꽃잎에 맺힌 사랑 이루지 못해 그리움에 타는 마음 달래가면서
> 이렇게 가슴이 아플 줄 몰랐어요 외로워 외로워서 못 살겠어요

옛날 노래이긴 하지만 지금을 사는 현대인에게도 많은 공감을 불러일으키는 노래입니다. 프랑스 시인 오르텅스 블루도 "사막"이라는 시로 외로움을 이렇게 노래했습니다.

> *그 사막에서 그는 너무도 외로워 때로는 뒷걸음질로 걸었다.*
> *자기 앞에 찍힌 발자국을 보려고.*

얼마나 외로웠으면 사막을 뒷걸음질로 걸었겠습니까? 너무 외로워 자기 앞에 찍힌 발자국을 보려고 사막을 뒤로 걸었다는 것입니다. 정말 뼈저린 외로움을 느낀 것입니다.

성경의 시편 기자도 자신의 깊은 외로움을 토로하고 있습니다. 얼마나 외로웠던지 자신이 광야의 올빼미 같고 황폐한 곳의 부엉이 같다고 했습니다.

> **시 102:6** 나는 광야의 올빼미 같고 황폐한 곳의 부엉이같이 되었사오며

올빼미가 어떤 새인 줄 아십니까? 올빼미는 울창한 숲속에서 사는 새입니다. 그런데 왜 울창한 숲속에 살아야 할 올빼미가 광야에 있느냐는 말입니다. 그만큼 자신의 외로움을 은유적으로 묘사하고 있는 것입니다.

부엉이 역시 깊은 숲속에 사는 새입니다. 그런데 왜 이 부엉이가 저 황무한 광야에 있느냔 말입니다. 얼마나 외로웠으면 그 외로움의 처지를 광야에 홀로 있는 부엉이로 비유했겠습니까? 그만큼 자신의 내면이 외로움으로 황폐화되고 사막화되어 있다는 것입니다.

그뿐인가요? 그는 자신을 지붕 위에 외롭게 앉아 있는 한 마리 참새에 비유했습니다.

시 102:7 내가 밤을 새우니 지붕 위의 외로운 참새 같으니이다

혹시 지금까지 참새가 한 마리만 외롭게 지붕에 앉아 있는 모습을 보신 적이 있습니까? 저는 시골에서 자랐지만, 그런 모습은 본 적이 없습니다. 참새는 언제나 떼를 지어 날아다닙니다. 그런데 왜 참새 한 마리가 지붕 위에서 스스로 왕따가 되어 앉아 있느냐는 것입니다.

특별히 시편 기자는 중년의 외로움을 겪고 있는 것 같습니다.

시 102:23 그가 내 힘을 중도에 쇠약하게 하시며 내 날을 짧게 하셨도다

중년이 되면 왜 외로울까요? 계절로 말하면, 가을과 같기 때문입니다. 인생을 사계절로 비유하면 봄은 사춘기 시절입니다. 그러나 제2의 사춘기가 있습니다. 바로 중년에 찾아오는 일명 '사추기'입니다.

이걸 제2의 사춘기라고 합니다.

  이 제2의 사춘기에도 신체적인 큰 변화가 있습니다. 흰머리가 나기 시작하고, 몸이 예전 같지 않다는 것을 느낍니다. 피부도 탄력을 잃어가고, 눈도 침침해져 갑니다. 커가는 자식과 팔씨름을 해도 아버지는 아들을 이길 수가 없습니다. 커가는 딸과 비교해 봐도 엄마의 외모와 피부, 몸매는 비교가 되지 않습니다. 그러면서 스스로 소외감과 외로움을 느끼게 되는 것입니다.

  또한 심리적인 변화도 옵니다. 무엇인가 성취하지 못한 것에 대한 압박감을 느끼기 시작합니다. 무언가 대단한 일을 이루어 놓은 사람도 '내가 나이만 먹었지 별로 해놓은 일도 없이 늙어가는 건 아닌가' 하는 생각이 듭니다. 그래서 젊을 때 꿈꾸며 누렸던 낭만은 다 산산조각이 나버린 것 같고, 이제는 인생의 석양길을 달리고 있는 것만 같습니다. 그래서 스스로 외로움을 느낍니다.

  중년 여성들은 더 그렇습니다. 남편은 밤늦게 귀가하고, 애들도 학교만 가는 게 아니라 학원과 도서관을 들러 늦게 들어옵니다. 그러니 혼자 있는 집이 얼마나 적막하겠습니까? 자연스럽게 깊은 고독에 빠질 수밖에 없습니다. 이걸 빈 둥지 신드롬이라고 합니다.

  더구나 중년이 되면 왜 그렇게 크고 작은 성인병들이 몸에 달라붙습니까? 어떤 사람은 중년에 심각한 질병이 찾아오기도 합니다. 그래서 오늘 시편 기자는 이렇게 고백합니다. "나의 하나님이여, 나의 중년에 나를 데려가지 마옵소서."

> **시 102:24** 나의 말이 나의 하나님이여 나의 중년에 나를 데려가지 마옵소서 주의 연대는 대대에 무궁하니이다

외로움의 창의적 승화

사계절 중 봄이 사춘기 시절이라고 한다면, 가을은 제2의 사춘기입니다. 가을은 들뜨는 계절이 아닙니다. 외로움을 느끼는 계절입니다. 봄은 마구 가슴이 설레는 계절이지만, 가을은 그렇지 않습니다. 제1의 사춘기와 제2의 사춘기는 좀 다릅니다.

가을은 우수에 젖는 계절입니다. 단풍 드는 모습을 봐도 우수에 젖습니다. 그러다 단풍이 낙엽이 되어 떨어지는 모습을 보고, 또 그 떨어진 낙엽을 밟으며 걸으면 더 외로움과 고독을 느끼게 됩니다. 그래서 가을이 되면 구르몽이 쓴 "낙엽"이라는 시가 생각나지 않을 수가 없습니다.

시몬, 나무 잎새 져버린 숲으로 가자.
낙엽은 이끼와 돌과 오솔길을 덮고 있다.
시몬, 너는 좋으냐? 낙엽 밟는 소리가. (중략)
가까이 오라, 우리도 언젠가는 낙엽이 되리니.
가까이 오라, 밤이 오고 바람이 분다.
시몬, 너는 좋으냐? 낙엽 밟는 소리가.

이 시를 읽으면 가슴이 설레고 누군가와 만나고 싶은 기분이 듭니까? 괜히 쓸쓸하고 외로움을 느끼게 하지 않습니까? 이처럼 가을은 외로움을 느끼게 합니다. 그리고 이별을 생각하게 하는 계절입니다. 그래서 10월이 되면 "잊혀진 계절"이라는 노래가 생각납니다.

♪ 지금도 기억하고 있어요 시월의 마지막 밤을

뜻 모를 이야기만 남긴 채 우리는 헤어졌지요

이 노래도 이별을 주제로 한 노래가 아닙니까? 하여간 가을 하면 뭔가 설레는 분위기보다는 괜히 외로운 분위기를 가져다주고, 이별을 생각하게 합니다. 그뿐입니까? 가을이 오면 우리는 노년을 자연스럽게 생각하게 되어 있습니다.

여름에 하지라는 절기가 있습니다. 그래서 여름에는 해가 깁니다. 그러나 가을이 되면서부터 해가 짧아집니다. 마찬가지로 젊은 시절에는 인생이 마냥 길게만 느껴집니다. 그러나 중년이 되면 시간이 날개를 단 것처럼 휙휙 날아가 버립니다.

가을이 되면 여성들이 더 외로워지는 것은 빈 둥지 신드롬 때문만이 아닙니다. 가을이 오면 일조량이 적어지다 보니 여자들의 몸속에서 멜라토닌 분비가 적어진다고 합니다. 그래서 가을이 오면 중년 여성들은 잠도 잘 안 오고 외롭고 우울해진다고 합니다.

그런데 최인수 씨가 쓴 《트렌드 모니터 2020》이라는 책을 보면 중년보다 더 외로움을 느끼는 연령대가 20대랍니다. 20대들이 그토록 외로움을 느끼는 이유는 스마트폰 때문이라는 겁니다. 외로움의 공포로부터 탈출하려고 스마트폰을 붙잡았지만, 스마트폰이 자신의 외로움을 달래주지 못한다는 것입니다.

아무리 그들의 손에 스마트폰이 쥐어졌어도 미래에 대한 희망이 없다는 걸 느끼기 때문에 고독하다는 겁니다. 아무리 스마트폰을 손에 쥐고 있어도 세상에는 나 혼자밖에 없다는 걸 느낄 때 고독해지더라는 겁니다. 또한 경제적인 여유가 없고 딱히 만날 사람이 없을 때, 또는 마음 터놓고 이야기할 사람이 없을 때 외로움을 느끼더라는 겁니다.

BBC가 영국 대학교 3곳의 학자들과 전 세계 5만 5천 명을 대상으로 외로움에 대한 온라인 설문 조사를 공동으로 진행했습니다. 그 결과, 75세 이상 노인은 27퍼센트만 자주 외로움을 느낀다고 답변한 것에 반해, 16~24세 젊은 층은 무려 40퍼센트가 자주 외로움을 느낀다고 답했습니다. 노인보다 젊은이가 외로움을 자주 느낀다는 것입니다.

그렇다고 외로움을 젊은이들만 느낍니까? 노인들은 노인들대로 고독하다는 겁니다. 특히 독거노인들은 더 외롭다는 겁니다. 그래서 영국에서는 외로움 장관 혹은 고독부 장관까지 세웠다는 것 아닙니까? 이 외로움은 결국 사회를 아프게 하고 병들게 하기 때문이라는 것입니다.

그러나 정호승 시인은 뭐라고 했습니까? 외로우니까 사람이라는 겁니다. 그리고 그는 "달팽이"라는 시에서, 사람들이 외롭지 않으면 길을 떠나지 않듯이 달팽이도 외롭지 않으면 길을 떠나지 않는다고 말합니다. 결국 무슨 말입니까? 사람은 외로워야 길을 떠난다는 겁니다. 외롭지 않으면 길을 떠나지 않는다는 것입니다.

알랭 드 보통이 지은 책 《여행의 기술》을 보면 여러 예술가들과 창의로운 삶을 사는 사람들은 더 넓은 세계를 보기 위해 길을 떠난다고 합니다. 다시 말하면, 외로운 사람일수록 자유로운 상상과 고독의 길로 떠난다는 것입니다. 그리고 그런 사람들은 외로움을 창의적인 삶으로 승화시키더라는 것입니다.

그래서 조승연 씨 역시 그의 저서 《비즈니스 인문학》이라는 책을 통해서 이런 얘기를 하였습니다. "긍정적인 외로움은 대부분 창의성으로 연결된다"라고 말입니다.

저도 지난날을 돌이켜 보니 외로우니까 길을 떠났던 것 같습니다.

아버지를 비롯하여 온 집안 식구들이 제가 예수 믿고, 더구나 신학교를 간다고 하니까 얼마나 저를 따돌리고 핍박했는지 모릅니다. 그래서 저도 집을 나와 길을 떠났던 것이 아닙니까? 그때 제가 떠난 길은 정말 저만의 독창적인 길이었습니다. 세월이 흘러서는 아버지도 어머니도 형제들도 제가 목회자의 길을 걸어온 것을 단 한 번도 비난한 적이 없습니다. 오히려 그 길을 잘 선택하고 잘 갔다고 칭찬해 주었습니다.

이지성 씨가 쓴 《리딩으로 리드하라》라는 책이 있습니다. 이 책에는 외로움을 창조성으로 연결한 사람들의 얘기가 나옵니다. 그중에 손무라는 사람을 소개하고 있습니다. 손무는 중국 춘추전국시대의 병법가입니다.

손무가 어떻게 그 유명한 《손자병법》을 쓰게 된 줄 아십니까? 손무가 서른 살쯤 되었을 때 권력 투쟁에 실패하여 가문이 멸문지화(滅門之禍)를 당할 처지에 이르렀습니다. 이때 손무의 가족은 제나라를 탈출해 오나라로 망명합니다. 그 이후 손무는 10년 동안 오나라의 시골에 은거하면서 춘추전국시대 200년간 벌어진 전쟁을 연구했고, 이를 6,074자로 정리하였습니다. 그것이 바로 《손자병법》입니다.

손무가 어떻게 《손자병법》을 쓸 수 있었습니까? 외로움으로 인해 길을 떠났기 때문입니다. 그가 외롭고 멸문지화를 당할 처지가 아니었다면 결코 이런 병법서가 나오지 못했을 것입니다.

바울 서신도 마찬가지입니다. 바울 서신의 대부분이 감옥에서 쓴 것입니다. 사도 바울이 감옥에 가지 않았으면 그 유명한 옥중서신이 나올 수가 없었습니다. 존 번연의 《천로역정》이나 다니엘 디포가 쓴 《로빈슨 크루소》 역시 저자들이 모두 감옥에서 외로울 때 쓴 것입니다.

수평적 창의성, 수직적 창의성

저는 지난주 군산 지역 기독교 연합집회를 인도하고 왔습니다. 집회를 마치고 김관영 도지사님과 식사를 하였습니다. 김관영 도지사님은 제 고등학교 후배입니다. 20대에 고시 3관왕을 한 분입니다. 열아홉 살 때 공인회계사에 합격하고, 20대에 행정고시와 사법고시를 패스했습니다. 얼마나 총명했으면 그 이른 나이에 고시 3관왕을 했겠습니까?

그런데 그에게도 고난의 시간이 있었습니다. 국회의원을 두 번 하고 나서 세 번째는 낙선의 고배를 마셨습니다. 그리고 2년 동안 길고도 짧은 고난과 고독의 시간을 가졌습니다. 그런데 그 고난과 고독의 시간이 마침내 그를 전라북도 도지사로 당선되게 하였습니다. 그리고 고난과 고독의 시간에 사색하고 묵상한 그 내공으로 지금 전라북도 도정을 완전히 창의적이면서도 혁신적으로 바꾸고 있습니다.

특별히 250명의 사무관들에게 다른 지자체가 잘하는 것들을 한 번 모방해서 전라북도에 적용 가능하도록 연구한 다음 직접 보고하도록 했다는 것입니다. 그리고 그걸 도지사가 직접 다 보고를 받았다고 합니다. 직접 보고를 받은 후에 그중에서 가장 모범적인 사람 15명을 승진시켰다고 합니다.

그다음 6, 7급 공무원들에게 보고서를 쓰게 했다는 겁니다. "내가 도지사라면 전라북도를 이렇게 발전시키겠다"라는 주제로 보고서를 받고 도 행정을 더 창의적이고 획기적으로 만들었다는 겁니다. 그런 아이디어로 어떻게 전라북도의 밝은 미래를 이뤄갈 것인가를 놓고 국장, 실장들과 1박 2일로 워크숍을 했다는 겁니다.

그 얘기를 듣고 제가 "다윗이 유다 지파를 잘 섬기고 다스렸을 때 하나님께서 이스라엘 12지파를 다 맡긴 것처럼, 여기서 도를 잘 섬기고 관리해서 앞으로 나라를 위해 더 크게 쓰임 받을 준비를 하면 좋겠다"고 말해주었습니다. 그분에게도 고난과 고독의 시간이 오늘의 창의적 삶으로 승화된 것입니다.

결국 사람은 외로워야 길을 떠난다는 것입니다. 외로울 때 떠나는 길이 어떤 길입니까? 창조성의 길입니다. 그러므로 여기서 우리가 깨달아야 할 교훈이 하나 있습니다. 그것은 외로움을 창조성으로 연결해야 한다는 것입니다.

외롭다고 절망하고 삶을 포기할 것이 아니라 오히려 창조성으로 연결하라는 것입니다. 창의적인 길을 떠나고, 독창적인 길로 달려가라는 것입니다. 그럴 때 위대한 창의적 작품들이 나온다는 것입니다.

부족하지만 저도 마찬가지입니다. 수많은 외로움의 순간, 고독의 시간이 있었기 때문에 오늘의 소 목사가 존재한다고 할 수 있습니다. 지금까지 고독한 시간이 없었다면 어떻게 창의적인 목회를 하고 창의적인 설교를 할 수 있었겠습니까? 외로워 길을 떠났는데 그 길에서 고독의 눈물을 흘렸더니 그 눈물이 창의석 영감과 상상려을 만들어 준 것입니다.

누구나 마찬가지입니다. 누구나 나름대로의 외로움이 왜 없겠습니까? 그러나 외롭다고 너무 슬퍼하면 안 됩니다. 어떤 사람은 너무 외롭다고 생을 포기합니다. 하지만 그럴 용기가 있다면 차라리 외로움을 포근하게 안아줘야 합니다. 그리고 그 외로움을 창조성으로 연결해야 합니다.

다시 말하면, 외로울 때는 그 자리를 떠나야 합니다. 창의적인 길, 새로운 독창성을 발휘하게 해주는 그 길로 떠나야 합니다. 그러다 보면 어느새 창의적인 사람이 되어 있을 것입니다. 창의적이고 생산적인 위대한 결과물들을 만들어낼 것입니다. 우리 모두 이런 사람이 되어야 합니다.

> ♪ 어두운 밤에 캄캄한 밤에 새벽을 찾아 떠난다
> 종이 울리고 닭이 울어도 내 눈에는 오직 밤이었소
> 우리가 처음 만난 그때는 차가운 새벽이었소
> 주님 맘속에 사랑 있음을 나는 느낄 수가 있었소
> 오 주여 당신께 감사하리라 실로암 내게 주심을
> 나에게 영원한 사랑 속에서 떠나지 않게 하소서

지금까지는 우리의 외로움을 수평적 창의성으로 연결하자는 말씀을 드렸습니다. 그러나 우리의 외로움을 수평적 창의성으로만 연결해서는 안 됩니다. 수직적 창의성으로도 연결해야 합니다. 그것은 바로 외로울수록 하나님을 찾고 만나는 것입니다.

외롭고 고독할 때 수평적 창의성의 길을 떠나는 것도 중요하지만 그것보다 중요한 것은 수직적 길을 찾아 떠나는 것입니다. 그것이 바로 하나님을 찾는 길이라는 것입니다. 그래서 성경의 시편 기자도 외로우니까 하나님을 찾았습니다.

> 시 102:23-24 그가 내 힘을 중도에 쇠약하게 하시며 내 날을 짧게 하셨도다 나의 말이 나의 하나님이여 나의 중년에 나를 데려가지 마옵소서 주의 연대는 대대에 무궁하니이다

고독하고 외로우니까 하나님을 찾지 않습니까? 그는 먼저 중년의

고독을 이기게 해달라고 했습니다. 그리고 잘못하다 중년에 죽을까 싶으니 중년에 자신을 데려가지 말아 달라고 기도하지 않습니까? 시편 기자만이 아닙니다. 모세도 고독할 때마다 하나님을 찾았습니다. 엘리야도 고독할 때 로뎀 나무 아래에서 하나님께 솔직한 마음을 토로하지 않았습니까? 예수님은 어떻습니까? 외롭고 고독할 때마다 한적한 곳에 가서 하나님을 찾고 하나님께 기도하였습니다.

> 막 1:35 새벽 아직도 밝기 전에 예수께서 일어나 나가 한적한 곳으로 가사 거기서 기도하시더니

> 눅 5:16 예수는 물러가사 한적한 곳에서 기도하시니라

수직적 창의성의 길을 떠나야

예수님뿐 아니라 성경의 많은 인물이 외로움을 수평적 창의성으로 연결하였을 뿐 아니라 수직적 창의성으로 연결하였습니다. 외로우면 외로울수록 수직적 창의성의 길로 떠났습니다. 다시 말하면, 외로우면 외로울수록 하나님을 찾고 만났다는 것입니다.

그래서 저도 외로울 때면 기도를 합니다. 자주는 아니지만, 이따금 깊은 저녁에 강단에 가서 하나님을 찾습니다. 그리고 "주여"를 100번이고 200번이고 불러봅니다. 저의 외로움을 수직적 창의성으로 연결하는 것입니다.

저는 신학생 시절부터 이런 일을 습관화하였습니다. 시간만 나면 신학교 예배실에 가서 기도하였습니다. 그리고 학교 안 가는 날은 언제나 무등산 기도원으로 가서 기도하였습니다. 특별히 백암교회를

개척하던 시절에 날마다 무등산 헐몬수양관에 가서 얼마나 하나님을 찾고 기도했는지 모릅니다. 시편 기자도 그랬잖습니까?

> **시 102:1-2** 여호와여 내 기도를 들으시고 나의 부르짖음을 주께 상달하게 하소서 나의 괴로운 날에 주의 얼굴을 내게서 숨기지 마소서 주의 귀를 내게 기울이사 내가 부르짖는 날에 속히 내게 응답하소서

이런 얘기를 할 때마다 한 에피소드가 생각납니다. 필리핀의 임종웅 선교사님은 저와 광주신학교 입학 동기입니다. 그런데 그분은 성경고등학교를 졸업하고 아예 교육전도사로 사역을 하는 분이었습니다. 성경고등학교를 나왔다 보니 성경을 달달달 외웠습니다. 3년 동안 성경을 공부하고 왔으니 얼마나 대단하셨겠습니까?

그런데 한번은 이런 일이 있었습니다. 기숙사에만 있기가 너무 무료하고 따분해 무등경기장으로 프로야구를 보러 가고 싶은데 티켓이 없어서 못 간다는 겁니다. 그 얘기를 듣고 제가 뭐라고 한 줄 아십니까? "전도사님, 신학생이 틈이 나면 기도를 해야지 무슨 프로야구를 봅니까? 전도사님, 프로야구 볼 시간에 기도나 하세요!"

지금 생각해 보면 정말 오만방자한 모습이 아닐 수 없습니다. 임 선교사님께도 참 송구한 맘이 듭니다. 프로야구도 봐야 합니다. 좋은 콘서트도 가야 합니다. 그런 곳에 가서 정서적으로 힐링을 받고 정서적 순화를 이루는 것도 좋은 것입니다. 그런데 그때는 제가 완전히 저의 신앙의 세계에 갇혀 있었습니다.

그러나 그때 저는 저다웠다고 생각합니다. 당시에 신학생 소강석은 그럴 수밖에 없는 상황이었습니다. 신학교에 간다고 집에서 쫓겨나 가족 어느 누구도 저를 눈여겨보지 않았습니다. 저는 하나님이라

도 찾아야 했습니다. 저는 저의 외로움과 고독을 하나님 앞에서 수직적 창조성으로 연결할 수밖에 없었던 것입니다.

지금도 마찬가지입니다. 저는 외로우면 외로울수록 성경을 묵상합니다. 그리고 기도하고 찬양합니다. 더 사명의 길로 가고, 더 사명자의 삶을 살려고 노력합니다. 물론 산행도 하고 좋은 책도 읽고 좋은 음악을 듣는 것도 중요합니다. 이 모든 행위 역시 우리의 고독을 수평적 창의성으로 연결하는 것입니다.

그러나 그것으로는 너무나 부족할 때가 많습니다. 정서적으로, 심리적으로, 영적으로 막다른 골목에 이를 때는 저의 외로움을 수직적 창의성으로 연결하지 않으면 안 될 때가 많습니다. 그래서 외로울수록 기도하고 찬양하고 성경을 묵상합니다. 그리고 더 사명의 길로 가고 더 사명자의 삶을 살려고 몸부림을 칩니다.

언젠가 어떤 분과 식사를 하는데 제 취미가 뭐냐고 물었습니다. 갑자기 물어보는 질문에 제가 대답을 못 했습니다. 가만히 생각해 보니 저는 취미가 없는 것 같았습니다. 있다면 가끔 가는 산행이라고 할 수 있습니다. 저에게 취미가 무엇이냐고 물어보신 분은, 사진 찍는 걸 취미 삼으려고 열심히 사진 찍는 기술을 배운다고 하셨습니다.

목사님들 중에 사진 찍는 취미를 갖고 있는 분들이 제법 많습니다. 그리고 자신이 찍은 사진으로 달력을 만드는 분도 봤습니다. 그런 분과 여행을 하면 정말 피곤합니다. 작품 사진을 찍는다고 이동 시간을 지연시키곤 하기 때문입니다.

제가 언젠가 총회 중부협의회에서 주관하는 홍콩 행사에 갔습니다. 행사 후 야경을 보기 위해 이름 모를 언덕 위에 올라갔는데 사진 찍기를 좋아하는 분이 얼마나 난리를 피우시는지 모릅니다. 다른 곳도 가야 하는데 제발 잠깐만 기다려 달라고 하면서 계속 사진을 찍는 겁니다. 정말 사진 찍는 게 재미있으신 것 같았습니다. 저는 아직 그런 재미는 모르겠습니다.

그러나 분명하고도 확실한 것은 저는 외로울수록 길을 떠난다는 사실입니다. 수평적 창의성의 길을 떠나든지, 아니면 수직적 창의성의 길을 떠납니다. 둘 중 하나는 분명합니다.

고독, 하나님과의 깊은 친교로 들어가는 길

우리 교회가 1,200여 명의 목회자들을 모시고 '2023 목회, ReStart 콘퍼런스'를 했습니다. 그 콘퍼런스에서 500여 명이 넘는 미자립교회 목회자들에게 100만 원의 격려비를 지원했습니다. 우리 교회 재정이 넉넉해서 그런 것이 아니라, 어려운 교회를 지켜내기 위해 처절하게 몸부림치고 있는 어려운 목회자들을 격려하고, 교회를 세우기 위해 섬겨 드렸던 것입니다. 사랑하는 성도들의 눈물 젖은 헌금으로 말입니다.

그런데 저를 음해할 목적으로 단톡방에 악의적인 인포데믹 (infodemic), 즉 가짜 악성 루머를 퍼뜨리는 사람이 있었습니다. 제가 미자립교회 목회자들에게 어느 특정 집회에 참석하라고 돈을 주었다고 말입니다. 어쩌면 사람들이 이렇게 악할 수 있단 말입니까?

얼마나 확증 편향성이 강하거나, 아니면 얼마나 불안하고 초조하면 이런 악성 루머를 만들어낸단 말입니까? 또 그걸 믿고 퍼 나르는 사람도 똑같습니다. 얼마나 창피한 일입니까? 제가 그 말을 듣고 '허허' 웃어 버리고 말았습니다. 그 웃음은 좋아서 웃는 웃음이 아니라 어이없고 외롭기 짝이 없어서 웃는 웃음입니다.

바로 이럴 때 저는 다시 길을 떠납니다. 외로우니까 길을 떠나는 것입니다. 그러니 저는 더 창의적인 사람이 되는 겁니다. 이럴수록 더 창의적이고 생산적인 목회를 할 수밖에 없는 것입니다.

수평적 창의성의 길을 떠나든지, 수직적 창의성의 길을 떠나든지 외로울수록 길을 떠나는 사람은 절대로 고독의 알고리즘에 빠질 수가 없습니다. 고독의 알고리즘이 우리를 절대로 지배할 수가 없습니다. 이런 사람이 어떻게 외로움이 온다고 해서 극단적인 생각을 하겠습니까?

이런 사람이야말로 외로움이 오면 올수록 창의성을 발휘하게 되는 겁니다. 고독하면 고독할수록 창조적인 삶을 살게 되는 겁니다. 그러니 삶이 항상 성숙해져 갈 수밖에 없습니다. 항상 행복한 삶을 살 수밖에 없습니다.

성숙하고 행복한 삶만 사는 것이 아닙니다. 언제나 마음도 젊고 정신도 젊게 되어 있습니다. 몸은 어쩔 수 없이 늙어갈지 모르지만, 마음은 언제나 청춘의 삶을 살아갑니다. 중년이 되어도 청춘의 삶을 살고, 노년이 되어도 만년 청춘입니다.

그러니 이런 사람은 언제나 그리스도 안에서 창의적인 삶을 살아갑니다. 그리고 언제나 성숙한 삶을 살아갑니다. 하나님과 함께 항상 행복한 삶을 살아갑니다. 얼마나 복된 삶입니까? 얼마나 행복하고 눈부신 삶입니까? 이런 사람이야말로 하나님의 은혜가 가득한 사람이고, 하나님의 축복이 흘러넘치는 사람입니다.

그동안 어떠한 삶을 살아오셨습니까? 삶이 고독하다고 한탄하며 살아오지는 않았습니까? 삶이 너무나 지독하게 외롭다고 슬피 울던 때도 있지 않았습니까? 그러나 어찌 됐든 여기까지 우리가 살아왔다면 그마저도 하나님의 은혜입니다.

고독하다고 슬피 울며 탄식할 때도 주님이 우리와 함께하셨다는 걸 잊지 말아야 합니다. 주님이 우리의 손을 붙잡고 여기까지 걸어왔다는 것도 알아야 합니다. 그러므로 이제부터는 외롭다고 한탄하지 말고 주님과 함께 손을 잡고 창의성의 길을 걸어가야 합니다.

때로는 주님과 함께 수평적 창의성의 길을 걸어가다가도, 또 때로는 주님의 이름을 부르며 수직적 창의성의 길을 걸어가야 합니다. 앞으로 우리가 인생길을 살아가면서 고독과 외로움에 직면할 때가 또 올지도 모릅니다. 그럴 때일수록 주님과 함께 길을 떠나야 합니다.

고독은 외로움의 고통 너머에 있는 하나님과의 깊은 친교에 들어가는 길입니다. 영적 성장은 고독 속에서 이루어집니다. 주님 앞에서 진지하게 홀로 있어 보지 못한 이는 결코 삶의 진정한 의미에 다가갈 수 없습니다. 깊은 영성은 고독의 영성입니다. 그러므로 주님께서 인도하시는 저 창의적인 길, 그 길이 수평적인 길이든지 수직적인 길이든지 그 길을 주님과 함께 떠나야 합니다. 그래야 우리의 인생이 더 창의적이고 성숙하고 행복한 삶이 됩니다. 아니, 우리의 삶이 만년 청춘의 삶이 됩니다.

> ♪ 내가 걸어온 길 길고도 짧은 길 내 힘으로 걸어온 줄 알았는데
> 여기까지 온 것도 주가 동행함이라 주님 나와 동행하심이라
> 때론 험한 길에서 폭풍우를 만나고
> 때론 가시밭길에서 고난을 당하나
> 주님 동행하시니 나는 두려움 없네 주님 나와 동행하심이라
> 할렐루야 주 동행하시네 할렐루야 주 동행하시네
> 험한 골짜기도 나 두렴 없네 주님 나와 동행하심이라

13.
당신을 위한 분노 처방전

무리가 돌아올 때 곧 다윗이 블레셋 사람을 죽이고 돌아올 때에 여인들이 이스라엘 모든 성읍에서 나와서 노래하며 춤추며 소고와 경쇠를 가지고 왕 사울을 환영하는데 여인들이 뛰놀며 노래하여 이르되 사울이 죽인 자는 천천이요 다윗은 만만이로다 한지라 사울이 그 말에 불쾌하여 심히 노하여 이르되 다윗에게는 만만을 돌리고 내게는 천천만 돌리니 그가 더 얻을 것이 나라 말고 무엇이냐 하고 그날 후로 사울이 다윗을 주목하였더라(삼상 18:6-9)

분노를 멈출 수 없는 이유

일본의 정신과 전문의 가타다 다마미가 쓴 《왜 화를 멈출 수 없을까?》라는 책이 있습니다. 그 책 제목 밑에 부제가 있는데, "지금 당신에게 필요한 건강한 분노 처방전"이라고 쓰여 있습니다. 병원에 가서 진료를 받으면 처방전을 내주는 것과 마찬가지로 분노에도 처방전이 필요하다는 것입니다.

일본이든 우리나라든 화가 날 때 참는 것을 미덕으로 삼습니다. 그래서 사람들이 부정적인 감정들을 숨기고 삽니다. 억울해도 참고, 슬퍼도 참고, 낙담해도 말을 못 하고, 실망해도 참습니다. 부정적인 감정을 드러내지 않는 것이 미덕이라고 생각하기 때문입니다.

그럼에도 우리 사회에는 분노 조절을 못 해 일어나는 사고들이 많지 않습니까? 예컨대, 묻지 마 폭행, 위협 운전, 약자에 대한 폭력, 버스 운전기사 폭행 같은 일들은 모두 분노를 조절하지 못해 일어나는 일들입니다.

그래서 가타다 다마미는 그의 저서를 통해 화를 내는 기술에 대해 소개하고 있습니다.

첫 번째는 화가 난 이유를 상대방에게 말하라는 것입니다. 대부분은 사람들이 착한 사람 코스프레 때문에 화를 참는다는 것입니다. 착한 사람 코스프레라는 말은 좋은 사람으로 보이려고 하는 걸 의미합니다. 그래서 다마미는 화를 내되 화가 난 이유를 먼저 설명하라고 합니다. 사실 이게 쉽지는 않습니다. 일단 화부터 내지, 화가 나는 이유를 먼저 설명하기는 힘듭니다. 그런데 이분은 그렇게 한 다음에 화를 내라고 합니다.

두 번째로 화를 낼 때는 상대방의 입장을 잘 고려해서 화를 내라는 것입니다. 일방적으로 화를 내면 안 된다고 합니다. 그런데 이것도 쉽지 않습니다. 욱하고 성질이 올라오는데 어떻게 상대방의 입장을 고려해서 화를 낼 수 있겠습니까?

분노 전문가는 이런 식으로 얘기를 하지만, 저에게는 전혀 도움이 안 될 것 같습니다. 사실 이렇게 말하는 정신과 의사도 그렇게 하기는 쉽지 않을 겁니다. 저자 자신도 이 책에서 이런 고백을 합니다. 사실은 정신과 의사인 자기 자신이 화가 많이 나더라는 것입니다. 워낙 많은 정신병 환자들과 상담을 하고 처방전을 내주다 보니 억압된 분노가 자기 안에서 마구 쌓이더라는 겁니다. 그래서 자신이 이런 처방전을 내기는 하였지만 정신과 의사가 더 화나는 일이 많이 있더라는 겁니다.

저는 화 내는 것을 우리 안의 분노의 늑대가 눈을 뜨는 것으로 은유화할 때가 있습니다. 정말 우리 안에서 분노의 늑대가 눈을 뜨고 꿈틀거리며 으르렁거립니다. 분노한 늑대의 모습이 얼마나 무서운 줄 아십니까? 송곳니를 드러내고 눈에서 무시무시한 레이저를 발산하면 곰도 슬슬 피할 때가 많습니다.

우리가 화를 내는 것은 마치 우리 안에 잠자던 늑대가 분노를 드러내는 것과 같습니다. 그러면 언제 내 안에 잠들어 있는 늑대가 분노하게 됩니까? 여러 가지 경우가 있습니다.

상대방이 나를 무시할 때일 수도 있습니다. 또 가만히 있는데 누가 건드리니까 화가 나는 겁니다. 또는 나는 전혀 그런 사실이 없는데 애먼 소리를 하며 악의적인 헛소문을 내고 인포데믹을 지어낼 때입니다. 그리고 악의적인 프레임으로 덮어씌우는 겁니다. 그럴 때 화가 안 나는 사람이 어디 있겠습니까?

중국의 심리상담사이자 작가인 충페이충은《심리학이 분노에 답하다》라는 책에서 분노의 이유를 과잉 기대로 설명합니다. 나는 엄청나게 기여한 부분이 많은데 나를 전혀 몰라줄 때 화를 낸다는 겁니다. 기대에 어긋나게 나를 전혀 몰라주고 오히려 나를 음해할 때 화가 나는 것입니다. 또는 두려움과 불안이 쌓일 때 화가 날 수도 있습니다.

사울, 분노의 늑대가 눈을 뜨다

성경에도 분노의 늑대가 눈을 뜨고 꿈틀거리는 모습이 나옵니다. 그 주인공이 누구입니까? 사울 왕입니다.

이스라엘과 블레셋이 전쟁을 할 때였습니다. 블레셋 장수 골리앗은 키가 3미터쯤 되는 거인 중의 거인입니다. 이 골리앗이 나와 여호와의 군대를 모욕하면서 이스라엘 장수와 일대일로 싸우고자 합니다. 그런데 이스라엘 장수 가운데는 누구도 골리앗에 맞설 사람이 없었습니다.

그래서 다들 부들부들 떨고 있는데, 그때 다윗이 나타난 것입니다. 다윗이 얼마나 용맹합니까? "골리앗 이놈, 너는 칼과 단창으로 나아오지만 나는 네가 모욕하는 만군의 여호와의 이름으로 나아가노라." 그러고는 물맷돌 한 방으로 끝내버렸습니다. 그러자 온 이스라엘 군사들은 사기가 오르고 블레셋 군사들은 풀이 죽었습니다. 그래서 이스라엘 군사들이 블레셋 군사들을 거의 다 진멸해 버렸습니다.

그러고 나서 개선식을 할 때 이스라엘 여자들이 뭐라고 환영을 합니까? "사울이 죽인 자는 천천이요, 다윗이 죽인 자는 만만이라." 사울이 죽인 블레셋 군인들은 천천이요, 다윗이 죽인 블레셋 군사는 만만이라는 것입니다.

삼상 18:6-7 무리가 돌아올 때 곧 다윗이 블레셋 사람을 죽이고 돌아올 때에 여인들이 이스라엘 모든 성읍에서 나와서 노래하며 춤추며 소고와 경쇠를 가지고 왕 사울을 환영하는데 여인들이 뛰놀며 노래하여 이르되 사울이 죽인 자는 천천이요 다윗은 만만이로다 한지라

문제의 시작은 입이 가벼운 여자들 때문이었습니다. 그 입 가벼운 여자들 때문에 사울이 분노하기 시작했고, 다윗이 핍박을 받기 시작한 것입니다. 교회에서도 마찬가지입니다. 대부분 남자가 말이 많습니까, 여자가 많습니까? 여자들이 많습니다. 교회 안에 입 가벼운 여자들이 많으면 목사는 정말 목회하기 힘듭니다. 10퍼센트의 사실을 가지고 90퍼센트의 말을 꾸며냅니다. 어떨 때는 없는 말을 만들어내기도 합니다.

바로 이런 여자들이 사울 안에 잠자고 있는 늑대를 건드리기 시작한 겁니다. 사울 안에 잠자고 있던 질투의 늑대가 눈을 뜨고 분노를 일으키기 시작했습니다.

삼상 18:8 사울이 그 말에 불쾌하여 심히 노하여 이르되 다윗에게는 만만을 돌리고 내게는 천천만 돌리니 그가 더 얻을 것이 나라 말고 무엇이냐 하고

사울이 분노한 경우는 질투심 혹은 열등의식으로 인한 것입니다. 그래서 사울은 마침내 송곳니를 드러내고 으르렁거리는 늑대처럼 다윗을 물어뜯어 죽이려고 합니다.

삼상 18:9-11 그날 후로 사울이 다윗을 주목하였더라 그 이튿날 하나님

께서 부리시는 악령이 사울에게 힘 있게 내리매 그가 집 안에서 정신없이 떠들어대므로 다윗이 평일과 같이 손으로 수금을 타는데 그때에 사울의 손에 창이 있는지라 그가 스스로 이르기를 내가 다윗을 벽에 박으리라 하고 사울이 그 창을 던졌으나 다윗이 그의 앞에서 두 번 피하였더라

그래서 이때로부터 사울은 다윗을 죽이려고 쫓아다니고, 다윗은 사울의 공격을 피해 도망다녔습니다. 사울은 다윗을 쫓을 때마다 아주 분노하는 늑대의 모습으로 추격을 했습니다.

늑대의 특징이 뭔 줄 아십니까? 지구력입니다. 늑대는 아무리 달려도 지치질 않습니다. 호랑이나 사자는 얼마간 달리다 지치면 바로 그만두는데, 늑대는 얼마나 지구력이 강한지 달려도 달려도 지치질 않습니다. 그래서 늑대 떼에게 표적이 되면 반드시 잡히게 되어 있습니다.

사울이 바로 그런 늑대와 같았습니다. 그래서 끈질기게 다윗을 죽이려고 쫓아다녔습니다. 10년이 넘도록 말입니다.

그런데 한 번은 사울이 동굴에 들어가 용변을 보고 있을 때 다윗이 사울의 겉옷 자락을 몰래 벤 적이 있습니다. 다윗은 이때 얼마든지 사울을 죽일 수 있었지만 살려줬습니다. 그랬을 때 사울이 감동을 받았습니다. 그리고 울면서 이렇게 말하는 겁니다. "나는 너를 죽이려고 하였지만 너는 나를 선대하였구나. 내가 다시는 너에게 분노하지 않고 너를 죽이지 않을 것이다."

> **삼상 24:17-19** 다윗에게 이르되 나는 너를 학대하되 너는 나를 선대하니 너는 나보다 의롭도다 네가 나 선대한 것을 오늘 나타냈나니 여호와께서 나를 네 손에 넘기셨으나 네가 나를 죽이지 아니하였도다 사람이 그의 원수를 만나면 그를 평안히 가게 하겠느냐 네가 오늘 내게

행한 일로 말미암아 여호와께서 네게 선으로 갚으시기를 원하노라

이랬던 사울이 또 분노가 치밀어 다시 다윗을 죽이려고 했습니다. 왜 그런 줄 아십니까? 악한 영이 사울에게 힘 있게 내렸기 때문입니다.

> **삼상 18:10** 그 이튿날 하나님께서 부리시는 악령이 사울에게 힘 있게 내리매 그가 집 안에서 정신없이 떠들어대므로 다윗이 평일과 같이 손으로 수금을 타는데 그때에 사울의 손에 창이 있는지라

> **삼상 19:9-10** 사울이 손에 단창을 가지고 그의 집에 앉았을 때에 여호와께서 부리시는 악령이 사울에게 접하였으므로 다윗이 손으로 수금을 탈 때에 사울이 단창으로 다윗을 벽에 박으려 하였으나 그는 사울의 앞을 피하고 사울의 창은 벽에 박힌지라 다윗이 그 밤에 도피하매

이 얼마나 불행한 사람입니까? 그러므로 우리는 사울처럼 화를 내서는 안 됩니다. 사울처럼 분노의 노예가 되어서는 안 됩니다. 우리 안에 있는 분노의 늑대가 으르렁거리지 않도록 해야 합니다. 우리의 내면세계가 정말 평화롭고 고요하게 해야 합니다.

♪ 평화 평화로다 하늘 위에서 내려오네
  그 사랑의 물결이 영원토록 내 영혼을 덮으소서

♪ 나의 맘속이 늘 평안해 나의 맘속이 늘 평안해
  악한 죄 파도가 많으나 맘이 늘 평안해

분노의 늑대를 잠들게 하는 처방전

그러면 우리가 어떻게 해야 분노를 다스릴 수 있을까요? 우리가 어떻게 해야 분노의 늑대를 다시 잠들게 할 수 있을까요?

1) 화를 내게 하는 원인을 무시해 버리는 것입니다.

프랑스의 작가 베르나르 베르베르의 소설 《잠 1》이라는 책이 있습니다. 거기 보면 이런 내용이 있습니다. 약한 사람은 복수하고 강한 사람은 용서하지만, 더 강한 사람은 무시한다는 겁니다.

중국 영화를 보면 대부분 복수하는 내용이지 않습니까? 자신의 원수뿐 아니라 아버지의 원수를 갚기 위 산에 들어가 무술을 연마해 결국 원수에게 복수를 합니다. 그런데 베르나르에 의하면, 약한 사람들이 이런 복수를 한다는 겁니다. 복수는 또 다른 복수를 낳게 하는 악순환의 시작이라는 것입니다.

그런데 힘이 있고 강한 사람은 복수보다는 용서를 한다고 합니다. 그러나 그에 의하면 완벽한 용서란 사실상 불가능하다는 겁니다. 왜냐하면 앙금이 남기 때문입니다. 그래서 용서를 해놓고도 기회만 생기면 그 아픔이 다시 되살아난다는 겁니다. 그러니까 제일 좋은 게 무시라는 겁니다.

사울도 여자들의 말을 무시했으면 좋았을 것입니다. "왕을 하다 보니 별소리 다 듣네. 그래, 이번 전쟁에서 다윗이 공을 세운 건 사실이야. 다윗 때문에 우리가 이겼으니 입 가벼운 여자들이 그런 말을 하겠지."

우리도 마찬가지입니다. 무시해야 할 것은 확실하게 무시하는 게 좋습니다. 연예인들이 왜 자살하는 줄 아십니까? 그 부질없는 악플 때문에 죽는 겁니다. 왜 그런 걸 봅니까? 그냥 보지 말아야 합니다. 그리고 보더라도 무시해 버려야 합니다.

제가 교단총회장을 하고 한교총 대표회장을 할 때 얼마나 많은 공격을 받았습니까? 위기의 시대와 사회는 희생양을 찾으려고 하는데, 신천지가 그랬습니다. 사실 신천지는 희생양이라고 할 수도 없습니다. 당연히 잘못된 집단이고, 잘못했으니까 비난을 받은 것입니다.

그런데 이때 교회가 조금만 지혜롭게 초기 대응을 잘했으면 두 마리 토끼를 다 잡을 수 있었습니다. 예배도 잘 지켜내고 교회의 이미지와 브랜드도 향상시킬 수 있었습니다. 저는 총회장과 한교총 대표회장으로서 이 두 마리 토끼를 다 잡아야 했습니다.

그런데 한쪽에서는 "그런 게 어디 있느냐, 그냥 무조건 밀고 나가라"는 것입니다. 그때 만약에 제가 중심을 잡지 못하고 그분들 말대로 했으면 국민과 언론으로부터 얼마나 많은 비난이 쏟아졌겠습니까? 한국교회는 더는 돌이킬 수 없을 정도로 이미지에 치명타를 입었을지도 모릅니다. 저는 그때 학자들의 자문을 받고, 칼빈의 쿼런틴 시스템을 알게 되었습니다. 그래서 온라인과 오프라인 예배를 동시에 진행하는 듀얼예배 서비스를 실행한 것입니다.

그런데 그때 한 마리 토끼만 생각하는 분들이 저를 그렇게 공격했습니다. 제가 일일이 그걸 대응했으면 얼마나 힘들었겠습니까? 심지어 인포데믹을 만들고 악성 루머를 만드는 사람도 있었습니다. 만약 제가 그걸 일일이 다 대응했으면 제 안에 있는 분노의 늑대가 꿈틀거렸을 겁니다. 그래서 저는 어쩔 수 없이 그런 공격들을 무시해야 했습니다. 그런 사람들을 무시한 게 아니라 그런 공격 자체를 무시했습니다.

그런데 얼마 전에 우리 교회가 목회 콘퍼런스를 열어 개척교회 목사님들을 섬겼는데, 이 일에 대해 어떤 인포데믹 환자 같은 사람이 말도 안 되는 이야기를 퍼뜨렸습니다. 살다 보면 별일이 다 있습니다. 그래서 이번에도 어쩔 수 없이 무시했습니다. 그것이 저를 위한 길이고, 또 상대방을 위한 길이기도 하기 때문입니다.

2) 십자가를 지신 예수님을 바라보며 참아야 합니다.

> 히 12:2 믿음의 주요 또 온전하게 하시는 이인 예수를 바라보자 그는 그 앞에 있는 기쁨을 위하여 십자가를 참으사 부끄러움을 개의치 아니하시더니 하나님 보좌 우편에 앉으셨느니라

화가 날 때 우리는 어떻게 해야 합니까? 십자가에 달리신 예수님을 바라보아야 합니다. 예수님이 얼마나 억울하셨겠습니까? 아무 죄도 없이 사형 언도를 받으시고 십자가에 달리셨습니다. 더구나 그분은 하나님 자신이었습니다. 하나님이 사람을 구원하러 메시아로 오셨는데, 그런 예수님에게 있지도 않은 죄를 덮어씌웠습니다. 그것도 이스라엘의 종교 지도자들이 말입니다.

그런데 예수님은 참으시지 않았습니까? 끝까지 자신의 억울함을 참으셨습니다. 예수님도 참으셨다면 우리도 참아야 하지 않겠습니까? 그러니 우리가 이를 악물고 참아야 합니다. 괴로울 때 주님의 얼굴을 보며 참아야 합니다.

김장환 목사님은 미국인을 아내로 맞으셨습니다. 당연히 아이들이 혼혈아로 태어났습니다. 특히 큰아들은 완전히 미국인이었습니다. 그러니 그 옛날에 얼마나 친구들에게 놀림을 당했겠습니까? 어

느 날은 너무 힘들어 수업도 하지 않고 집으로 와버렸습니다.

그러자 사모님은 아이에게 이렇게 위로하셨습니다. "아들아, 엄마도 한국에 와서 얼마나 놀림받은 줄 아니? 그때마다 엄마는 십자가에 달려서 신음하시는 예수님을 바라봤단다." 이 말을 듣고 아들이 눈물을 흘리며 십자가에 달린 예수님을 바라보다 주님을 인격적으로 만났다고 합니다.

그러므로 우리도 화가 날 때 십자가에 달리신 주님을 바라봐야 합니다. 억울할 때 그 주님을 바라보며 이를 악물고 참아야 합니다.

> ♪ 괴로울 때 주님의 얼굴 보라 평화의 주님 바라보아라
> 세상에서 시달린 친구들아 위로의 주님 바라보아라
> 눈을 들어 주를 보라 네 모든 염려 주께 맡겨라
> 슬플 때에 주님의 얼굴 보라 사랑의 주님 안식 주리라

3) 그래도 못 참겠으면 십자가 앞에 나아와 마음을 쏟아붓는 기도를 드려야 합니다.

진짜 화를 참다 참다 못 참으면 화병이 납니다. 이 화병은 그냥 그걸로 끝나는 게 아니라 우리 몸의 모든 기관에 병을 가져올 수 있습니다. 그래서 주님의 십자가 앞에 나아와 마음을 쏟아붓는 기도를 해야 합니다.

한나가 그런 기도를 하지 않았습니까? 브닌나라는 여자가 얼마나 한나의 속을 뒤집으며 화가 나도록 부채질하였습니까? 그때 한나는 하나님께 억울함을 쏟아붓는 기도를 했습니다. 어디 한나뿐입니까?

다윗은 얼마나 그런 기도를 했겠습니까? 사울에게 쫓겨 다니고

압살롬에게 쫓겨 다닐 때에 광야에서 얼마나 마음을 쏟아붓는 기도를 드렸겠습니까? 시편의 기도가 다 그런 기도 아닙니까?

> **시 13:1-2** 여호와여 어느 때까지니이까 나를 영원히 잊으시나이까 주의 얼굴을 나에게서 어느 때까지 숨기시겠나이까 나의 영혼이 번민하고 종일토록 마음에 근심하기를 어느 때까지 하오며 내 원수가 나를 치며 자랑하기를 어느 때까지 하리이까

> **시 22:1-2** 내 하나님이여 내 하나님이여 어찌 나를 버리셨나이까 어찌 나를 멀리하여 돕지 아니하시오며 내 신음 소리를 듣지 아니하시나이까 내 하나님이여 내가 낮에도 부르짖고 밤에도 잠잠하지 아니하오나 응답하지 아니하시나이다

그러므로 화가 날 때는 마음을 쏟아붓는 기도를 해야 합니다. 분노가 머리끝까지 치밀어 오를 때는 마음을 쏟아붓는 기도를 해야 합니다.

> ♪ 마음속에 화가 나는 사람 주 예수 앞에 다 아뢰어라
> 분노의 마음이 있을 때에라도 주 예수께 아뢰라
> 주 예수 앞에 다 아뢰어라 주 우리의 친구니
> 무엇이나 근심하지 말고 주 예수께 아뢰라

4) 화를 냈다 해도 그날 풀어 버려야 합니다.

> **엡 4:26** 분을 내어도 죄를 짓지 말며 해가 지도록 분을 품지 말고

화를 내더라도 그날 바로 풀어야 합니다. 우리가 어떻게 화를 안 낼 수가 있겠습니까? 우리 교회 권용관 장로님 같은 분은 화를 내는 걸 한 번도 보지 못했습니다. 집에서는 화를 내시냐고 물어보니 아니라고 합니다. 그럼 화가 나면 어떻게 푸냐고 했더니 마음으로 그냥 화를 낸다고 합니다. 그러나 누가 작심을 하고 권 장로님 안에 잠들어 있는 늑대를 깨우면 장로님도 분명히 화가 날 겁니다. 사람이 화를 안 내고 어떻게 삽니까?

그런데 성경은 화를 내도 그날 당장 풀어버리라고 합니다. 해가 지도록 분을 품으면 마귀가 틈을 타기 때문입니다. 그래서 에베소서 4장 26절과 27절이 연결이 됩니다. 해가 지도록 분을 품고 있으면 마귀에게 틈을 주는 것이라는 겁니다.

> 엡 4:26-27 분을 내어도 죄를 짓지 말며 해가 지도록 분을 품지 말고 마귀에게 틈을 주지 말라

우리 교회 김문기 장로님은 화를 못 참는 사람입니다. 특히 김 장로님에게 화를 내게 하는 두 가지 방법이 있는데, 하나는 아들 흉을 보는 것입니다. 아들에 대해 험담하고 흉을 보면 화를 못 참고 버럭 하고 성질을 내버립니다.

두 번째로 김 장로님은 노래를 가지고 트집을 잡으면 화를 버럭 냅니다. 이래 봬도 김 장로님이 CCM 가수 아닙니까? 약간 일명 '뽕필'이 있긴 하지만 CD를 몇 장이나 내신 분입니다. 그런데 반음에 약하니, 뽕필이 있느니 해보세요. 버럭 화를 낼 것입니다.

이런 단점이 있지만, 또 장점이 있습니다. 화를 내도 저녁까지 품지 않고 바로 풀어 버립니다. 이분이 저한테도 화를 낼 때가 있습니

다. 그런데 저녁이 되기 전에 저한테 잘못했다고 빌러 옵니다. 이건 김 장로님의 큰 장점이기도 합니다. 우리도 화를 내더라도 그날 풀어 버려야 합니다.

5) 언제나 성령의 인도와 지배 아래 사는 연습을 해야 합니다.

사람의 성격과 기질은 결코 바뀔 수 없습니다. 원래 성질이 급하게 태어난 사람이 있습니다. 그런가 하면 성격이 온유하게 태어난 사람도 있습니다. 성격이 온유하게 태어난 사람은 화를 버럭 안 내지만, 은근히 자기 의와 교만이 있을 수 있습니다. 그러므로 성격이 온유하게 태어난 사람도 성령의 지배와 인도 아래 살아야 합니다.

그런데 특히 성격이 불같이 급하게 태어난 사람이 있습니다. 이런 사람은 더 성령의 인도와 지배 아래 살아가면 됩니다. 제가 성격이 온유하게 태어난 사람으로 보입니까, 급하게 태어난 사람으로 보입니까? 제가 여리고 부드럽고 유순한 면이 있지만 어떨 때는 제 성질이 나올 때가 있습니다. 그러니 제가 승부의 세계에서는 절대로 지지 않는 겁니다.

남자에게는 부드러움도 있어야 하지만 좀 강한 면도 있어야 한다고 봅니다. 그러나 더 중요한 건 부드럽든 강하든, 성령의 인도를 받고 말씀의 지배 아래 살아가야 한다는 것입니다. 성령의 인도와 지배 아래 살아가는 사람은 타고난 성격과 기질도 다 성령 안에서 길들여지게 되는 겁니다.

화를 내도 의로운 화를 내고, 주님을 위해 의분을 내는 겁니다. 저는 성질을 못 참아 화를 냈다 하더라도 바로 깨닫고 하나님께 회개합니다. 그리고 상대방에게 바로 사과합니다. 그러니 성령의 인도와 지배를 받는 사람은 그 안에 이따금 으르렁거릴 수 있는 늑대를 굶주리게 만듭니다.

또는 그 늑대에게 그냥 강력한 수면제를 먹이는 것입니다. 이것은 어디까지나 은유적인 표현인데, 화날 때일수록 말씀을 묵상하고 경건한 책을 읽으며 성령님의 인도를 따라야 한다는 것입니다. 우리는 항상 그런 연습을 하고 살아야 합니다. 그래서 성경은 이렇게 말씀하지 않습니까?

> 시 37:7-8 여호와 앞에 잠잠하고 참고 기다리라 자기 길이 형통하며 악한 꾀를 이루는 자 때문에 불평하지 말지어다 분을 그치고 노를 버리며 불평하지 말라 오히려 악을 만들 뿐이라

> 약 1:19 내 사랑하는 형제들아 너희가 알지니 사람마다 듣기는 속히 하고 말하기는 더디 하며 성내기도 더디 하라

저만 이렇게 분노의 처방전을 내놓은 줄 알았더니, 미국의 찰스 스탠리 목사님도 성령의 지배를 받고 분노를 조절하며 사는 얘기를 했습니다. 그가 쓴 《찰스 스탠리의 화내지 않고 평안히 사는 법》이라는 책이 있습니다. 그도 젊었을 때 목회를 하면서 주변 사람들에게 얼마나 많은 모함을 당했는지 모릅니다. 그래서 그때는 모함을 이기지 못하고 분노를 표현했다고 합니다.

그러나 '이래서는 안 되지!' 하면서 화날 때마다 항상 말씀을 묵상했다고 합니다. 그리고 성령께서 자신의 기질을 지배하고 마음을 다스려주실 것을 기도했다는 겁니다. 그럴 때 화를 극복할 수 있고 분노의 열매 대신 선한 열매를 맺게 되더라는 겁니다.

그러므로 화가 날 때는 먼저 화나는 원인을 무시해야 합니다. 그리고 십자가를 지신 예수님을 바라보며 참아야 합니다. 그래도 못 참겠거든 주님 앞에 마음을 쏟아붓는 기도를 드려야 합니다. 또한 혹 화를 내더라도 그날 풀어 버려야 합니다. 그리고 언제나 말씀을 묵상하면서 우리의 성격과 기질이 성령의 지배를 받기를 기도해야 합니다.

그럴 때 주님께서 우리의 마음을 만져주실 것입니다. 십자가에서 억울하게 달려 돌아가신 예수님께서 그분의 피 묻은 손으로 우리 마음을 어루만져 주실 것입니다. 우리 마음을 쓰다듬어 주실 것입니다. 꺼져가는 심지에 불을 켜주시고, 부러진 갈대를 다시 일으켜 주실 것입니다. 그럴 때 우리가 다시 주님 앞에서 건강한 영혼으로 살 수 있으며, 위대한 사명자로 일어날 수 있습니다.

과거에 참지 못하고 분노를 일으켰던 그 사건 때문에 아직도 상처가 있습니까? 지금도 화를 못 참고 화를 내야 할 일이 있습니까? 그 마음을 주님이 만져주시기를 기도해야 합니다. 주님의 피 묻은 손으로 우리의 심장과 흉선을 쓰다듬어 주시기를 기도해야 합니다. 그리고 예수님의 손을 붙잡고 다시 일어나야 합니다. 일어나 건강한 영혼으로 살아가야 합니다. 아름다운 사명자의 길을 걸어가야 합니다.

♪ 예수의 이름으로 나는 일어서리라
　주가 주신 능력으로 나는 일어서리라
　원수가 날 향해 와도 쓰러지지 않으리
　주가 주신 능력으로 주가 주신 능력으로
　주가 주신 능력으로 일어서리

14.
당신의 10할은 무엇인가요?

예수께서 대답하시되 진실로 진실로 네게 이르노니 사람이 물과 성령으로 나지 아니하면 하나님의 나라에 들어갈 수 없느니라 육으로 난 것은 육이요 영으로 난 것은 영이니 내가 네게 거듭나야 하겠다 하는 말을 놀랍게 여기지 말라 바람이 임의로 불매 네가 그 소리는 들어도 어디서 와서 어디로 가는지 알지 못하나니 성령으로 난 사람도 다 그러하니라(요 3:5-8)

무슨 꽃으로 문지르는 가슴이기에

군산 지역 연합집회를 하는 중에 고창에 있는 서정주 문학관에 다녀왔습니다. 제가 아는 한 서정주 시인은 한국이 낳은 최고의 시인입니다. 유명 시인 수십 명을 갖다 놔도 그의 시를 능가할 수 없다고 봅니다.

그러나 친일파 논란이 제기되면서 그의 시는 교과서에서 사라지고 말았습니다. 그가 윤동주처럼 민족 저항 시인이 되지 못하고, 또 이육사처럼 강직하고 꿋꿋한 투사적 시를 쓰지 못한 것은 참으로 아쉬운 일입니다. 시로써 애국애족을 한 서정주였다면 더없이 좋았을 것입니다.

그래서 서정주 시인 본인도 여러 번 자신의 친일 행적에 대해 참회하였고, 그런 마음으로 성경을 많이 읽었다고 안내원이 설명해 주는 걸 들을 수 있었습니다. 물론 저는 친일파 행적을 넘어 순수한 문학적 측면에서만 그분의 시를 언급하고 있는 것입니다.

심미적 세계로 사람들을 이끌어가는 그분의 시적 언어와 세계에 관하여는 누구도 따라갈 수 없습니다. 특히 "무슨 꽃으로 문지르는 가슴이기에 나는 이리도 살고 싶은가"라는 긴 제목의 시를 보면 이런 구절이 나옵니다.

> 다만 느끼는 건 너희들의 숨소리. 소녀여, 어디에서들 안재하는지.
> 너희들의 호흡의 훈김으로써 다시금 돌아오는 내 청춘을 느낄 따름인 것이다 (중략)
> 소녀여. 비가 갠 날은 하늘이 왜 이리도 푸른가.
> 어디서 쉬는 숨소리기에 이리도 똑똑히 들리이는가.

무슨 꽃으로 문지르는 가슴이기에 나는 이리도 살고 싶은가.

얼마나 멋진 표현입니까? "무슨 꽃으로 문지르는 가슴이기에 나는 이리도 살고 싶은가." 정말 아름답기도 하지만, 종교성이 아주 짙게 스며들어 있고 영원을 사모하는 시이기도 합니다. 서정주 시인은 인간의 유한성에 절망하고 있습니다. 그의 종교성이 아름다운 시로, 문학으로 발현이 되어 지금 영원을 사모하는 마음을 노래하고 있는 겁니다.

그의 시는 그리움으로 가득 차 있으며, 그 외로움은 삶의 근원 혹은 원형으로 향합니다. 그의 시 "뻐꾹새 소리뿐"이라는 시를 보면 더 그렇습니다.

> 머리에도 뼛속에도 가슴 속에도
> 끊임없이 스며드는 뻐꾹새 소리뿐
> 개울가로 달려가서 개울 속을 보면은
> 저기 어린 구름에서도 뻐국새 소리뿐
> 집으로 되돌아와 숨을 죽이며
> 벽에 흙을 떼어서 먹어보면은
> 그 속에서도 울어대는 뻐꾹새 소리뿐

그런데 그는 "자화상"이라는 시를 통하여 자신을 키운 것은 8할이 바람이라고 표현하였습니다.

> 애비는 종이었다. 밤이 깊어도 오지 않았다.
> 파뿌리같이 늙은 할머니와 대추꽃이 한 주 서 있을 뿐이었다.

> 어매는 달을 두고 풋살구가 꼭 하나만 먹고 싶다 하였으나…
> 흙으로 바람벽 한 호롱불 밑에
> 손톱이 까만 에미의 아들
> 갑오년이라든가 바다에 나가서는 돌아오지 않는다 하는
> 외할아버지의 숱 많은 머리털과 그 크다란 눈이 나는 닮았다 한다.
> 스물세 해 동안 나를 키운 건 팔할이 바람이다.

여기서 바람은 실제로 바람일 수 있습니다. 서정주 생가에서 보면 마을 뒤에는 소요산이 있고 앞에는 변산만 바다가 있습니다. 서정주는 산과 바다, 하늘과 바람, 아름다운 꽃들이 있는 이곳에서 자랐습니다. 그래서 시적 감수성이 더 움틀 수 있었습니다.

거기다 구술력이 뛰어난 외할머니가 어릴 때부터 이야기를 많이 해줬습니다. 그런데도 그는 유독 자기를 키운 8할이 바람이었다고 말합니다. 그 동네는 실제로 바람이 많이 불었습니다. 그래서 그 바람은 실제 바람일 수도 있습니다.

그러나 바람이라는 시어는 자신의 삶을 흔들어온 풍파와 시련과 고통의 의미가 더 클 것입니다. 그것도 아니면 풍파와 시련 속에서도 꿋꿋이 살아 있음을 스스로 증명하고 싶어 하는 모든 예술적 열망의 다른 이름일 수도 있습니다. 바로 그 예술적 열망이 자신을 키웠고 시를 쓰게 한 것이라고 그는 고백하고 있는 셈입니다.

10할의 바람, 은혜의 바람

저는 그곳에서, 그렇다면 오늘날 나를 나 되게 한 바람은 무엇인가를 생각해 봤습니다. 가만히 생각해 보니 저의 8할도 바람이었습

니다. 아니, 저에게는 8할이 아니라 10할이 바람이었습니다.

그런데 그 바람은 풍파와 시련 속에서 살아 있음을 스스로 증명하고 싶어 하는 예술적 열망이 아니라, 그 무참한 시련과 풍파 속에서도 하나님의 사람으로 살아감을 갈망하며 그런 삶을 스스로 보여 주고 싶어 한 거룩한 영혼의 열망입니다.

한마디로 나를 나 되게 한 10할의 바람은 하나님의 거룩한 바람이었고, 성령이 일으키는 은혜의 바람이었다고 할 수 있습니다. 원래 인간은 하나님의 바람에 의해 창조되었습니다.

> **창 2:7** 여호와 하나님이 땅의 흙으로 사람을 지으시고 생기를 그 코에 불어넣으시니 사람이 생령이 되니라

하나님이 인간을 만드실 때 흙으로 먼저 만드셨습니다. 그런 다음 사람의 코에다 생기를 훅 불어넣어 주셨습니다. 그 '생기'가 히브리어로 '니쉬마트 하임'인데, 진정한 생명이 있는 바람이라는 뜻입니다.

이를 좀더 의역하면 하나님의 호흡이란 말입니다. 그래서 인간은 하나님의 호흡이 담겨 있고 하나님의 형상이 내새한 생명이 된 것입니다. 그러면 하나님은 왜 하나님의 형상이 담긴 인간을 만드셨을까요? 하나님을 섬기고 찬양하도록 하기 위해서입니다.

> **사 43:21** 이 백성은 내가 나를 위하여 지었나니 나를 찬송하게 하려 함이니라

하나님이 우리를 진정한 생명으로 만드신 것은 하나님을 찬양하게 하기 위해서입니다. 하나님의 '니쉬마트 하임', 즉 생기를 불어넣

어 우리를 하나님의 형상이 담겨 있는 존재로 만드신 것은 하나님을 섬기고 찬양하게 하기 위해서라는 것입니다.

> ♪ 흙으로 사람을 지으사 그 코에 생기를 / 불어넣으신 주 하나님
> 우리 위해 아들을 세상에 보내신 사랑의 주 하나님을 사랑해
> 나는 하나님 형상 따라 지음 받은 몸이니 이 몸을 주께 바치리
> 항상 내 생활 중에 주를 부인하지 않으며 내 주를 섬기렵니다

그런데 '니쉬마트 하임'을 좀더 광활하고 광대하게 표현한 단어가 바로 '루아흐'입니다. 이게 바로 하나님의 영이라는 뜻입니다.

> **창 1:2** 땅이 혼돈하고 공허하며 흑암이 깊음 위에 있고 하나님의 영은 수면 위에 운행하시니라

여기서 '하나님 영'을 히브리어로 '루아흐'라고 표현하고 있습니다. '루아흐'의 원뜻은 바람입니다. 같은 바람이어도 우리 코에 하나님이 '후' 하고 불어넣으신 바람은 생기입니다. 천지창조가 이루어지기 전에 혼돈과 공허 속에 있는 지구를 하나님이 깊은 관심과 배려의 마음을 갖고 운행하셨다고 할 때, 이 운행하신 분이 '하나님의 영'입니다. 이를 '루아흐'라고 합니다.

이것은 하나님의 포괄적인 바람 또는 통전적인 바람 정도로 말할 수 있지 않을까 싶습니다. 그래서 부활하신 예수님께서도 제자들을 향하여 숨을 내쉬며 이르시길 "너희가 성령을 받으라"라고 하시지 않았습니까?

> 요 20:22 이 말씀을 하시고 그들을 향하사 숨을 내쉬며 이르시되 성령을 받으라

이 말씀이 무슨 말씀인지 아십니까? 예수님의 구속 사역은 하나님의 재창조 사역이었습니다. 하나님은 타락한 창조 세계를 다시 그리스도의 구속 사역으로 재창조하신 것입니다.

그러므로 예수님께서 제자들에게 찾아오셔서 숨을 내쉬며 "너희가 성령을 받으라"라고 하신 말씀은, 하나님께서 흙으로 빚어진 아담과 하와를 향하여 생기의 바람을 불어넣으신 행위와 똑같은 사건이라는 것입니다.

지금 제자들은 두려워서 벌벌 떨고 있습니다. 행여나 제사장의 군병들이 자기들을 잡으러 올까 싶어 마음을 졸이면서 두려워 떨고 있습니다. 그런 제자들을 향하여 주님이 오셔서 숨을 내쉰 것입니다. 제자들에게 하나님의 생기, 예수 그리스도의 생명의 기운을 불어넣으셨다는 것입니다.

그러면서 "성령을 받으라"라고 말씀하십니다. 여기서도 성령은 생기, 즉 하나님의 거룩한 호흡이 바람으로 표현되고 있는 것을 볼 수 있습니다. 이처럼 인간을 창조하신 하나님이나 또 인간을 구속하신 예수님이나, 우리에게 동일한 생기를 불어넣어 주셨다는 것입니다. 그런데 그 생기가 무엇입니까? 바로 성령님이십니다.

그러면 창조주 하나님께서 육신으로 빚어진 몸에 생기를 불어넣어 주시고, 또 타락한 인간에게 생기의 바람인 성령을 보내주신 목적이 무엇입니까? 우리로 하여금 하나님의 생기가 충만한 진정한 생명이 되어서 하나님을 잘 섬기라는 것이 아니겠습니까? 마음을 다하고 성품을 다하고 힘을 다하여 하나님을 잘 섬기라는 것 아니겠습

니까?

그러므로 하나님의 새 영을 받고 하나님의 거룩한 생기인 성령을 받은 우리는 정말 하나님을 잘 섬겨야 합니다. 마음을 다하고 성품을 다하고 힘을 다하여 하나님을 더 사랑하고 섬겨야 합니다.

♪ 나는 하나님 형상 따라 지음 받은 몸이니 이 몸을 주께 바치리
  항상 내 생활 중에 주를 부인하지 않으며 내 주를 섬기렵니다

바람처럼 오시는 성령

예수님은 일찍이 니고데모와의 대화를 통해 성령님을 바람으로 비유하시고, 또 바람처럼 역사하시는 분이라고 설명해 주셨습니다. 요한복음 3장을 보면 어느 날 밤 니고데모라는 사람이 예수님께 찾아오지 않습니까?

니고데모는 당시 유대인의 산헤드린 공회원이었습니다. 당시 산헤드린 공회는 이스라엘의 입법과 사법과 행정을 모두 총괄하는 권력기관이었습니다. 그러므로 그는 당대 최고의 지성인이요 권력자요, 최고 지도급에 있었던 사람이었습니다. 한마디로 이스라엘 사회에서 하이 클래스였습니다.

그런데 이 사람이 찾아와 예수님을 말합니다. "선생님, 정말 선생님은 하나님의 사람입니다. 하나님의 사람이 아니라면 어떻게 그렇게 많은 기적과 기사를 나타낼 수 있겠습니까?"(요 3:1-2) 그러자 예수님께서 이렇게 대답하시지 않습니까? "내가 진실로 진실로 네게 이르노니 사람이 거듭나지 아니하면 하나님의 나라를 볼 수 없다"라고 말입니다.

요 3:3 예수께서 대답하여 이르시되 진실로 진실로 네게 이르노니 사람이 거듭나지 아니하면 하나님의 나라를 볼 수 없느니라

니고데모가 다시 묻습니다. "선생님, 사람이 늙으면 어떻게 다시 태어날 수 있습니까? 다시 어머니 뱃속으로 들어가야 하겠습니까?" (요 3:4)

그러자 예수님은 니고데모를 책망하십니다. "너는 이스라엘의 선생으로서 아직도 이러한 것을 모르느냐? 육으로 난 것은 육이요 영으로 난 것은 영인데, 어찌하여 너는 이스라엘 최고의 지성인이요 최고의 지도자요 랍비로서 이런 것도 알지 못하느냐?"

요 3:5-7 예수께서 대답하시되 진실로 진실로 네게 이르노니 사람이 물과 성령으로 나지 아니하면 하나님의 나라에 들어갈 수 없느니라 육으로 난 것은 육이요 영으로 난 것은 영이니 내가 네게 거듭나야 하겠다 하는 말을 놀랍게 여기지 말라

요 3:10 예수께서 그에게 대답하여 이르시되 너는 이스라엘의 선생으로서 이러한 것들을 알지 못하느냐

한마디로 니고데모는 당대 최고의 지성인이었지만 아직도 육신적인 사람이었습니다. 성령에 대해서 알지도 못하고 듣지도 못한, 그야말로 육적인 사람이었습니다. 바로 이런 니고데모에게 주님께서 성령을 소개하십니다. 먼저 예수님은 반드시 물과 성령으로 거듭나야 하나님 나라를 볼 수 있고 하나님 나라에 간다고 말씀하십니다.

> **요 3:5** 예수께서 대답하시되 진실로 진실로 네게 이르노니 사람이 물과 성령으로 나지 아니하면 하나님의 나라에 들어갈 수 없느니라

그런데 우리를 거듭나게 하시는 성령, 우리를 살리시는 성령을 바로 바람과 같은 존재요, 바람처럼 역사하는 분이라고 표현하셨습니다.

> **요 3:8** 바람이 임의로 불매 네가 그 소리는 들어도 어디서 와서 어디로 가는지 알지 못하나니 성령으로 난 사람도 다 그러하니라

이것이 무슨 말입니까? 성령은 바람처럼 오시고 또 바람처럼 역사하시기 때문에 사람의 눈에 보이지 않는다는 겁니다. 또 성령은 바람처럼 보이지 않게 임의로 불며 임의로 사라지기 때문에 이해하기도 힘들다는 것입니다. 그러나 성령의 역사는 반드시 나타난다는 것입니다.

그래서 성령으로 난 사람, 곧 영적으로 다시 태어난 사람은 바로 이렇게 살아가게 한다는 것입니다. 그러므로 예수 믿고 거듭난 사람은 항상 성령으로 살아갑니다. 성령을 의지하여 살아갑니다. 그리고 항상 성령 안에서 영적인 생각을 하며 살아갑니다. 이런 사람은 육신적이거나 이성적인 생각이 삶의 중심이 될 수 없습니다.

생각을 해도 항상 성령 안에서 영적인 생각을 합니다. 그리고 삶의 기초가 성령이 될 수밖에 없습니다. 서정주 시인은 자신의 삶의 8할이 바람이라고 했지만, 정말 거듭나고 성령 충만한 그리스도인은 삶의 8할이 아니라 10할이 성령의 바람입니다. 이런 사람의 삶은 언제나 성령의 바람에 흔들리고 움직이는 모습을 보여줍니다.

여름이든 가을이든, 바람이 불면 꽃들이 움직입니다. 요즘 같은

늦가을에도 바람이 불면 코스모스가 바람에 흔들리고, 산자락에 피어나 있는 구절초가 흔들립니다. 아니, 바람에 흔들리는 억새와 갈대의 모습은 또 얼마나 아름답게 보입니까?

적어도 우리 그리스도인의 삶은 이런 삶이 되어야 합니다. 육신적이고 이성적인 생각이 삶의 중심에 있는 게 아니라 정말 거룩한 바람에 흔들리는 모습을 보여주어야 합니다.

그렇게 거룩한 바람에 흔들리며 살아가는 사람은 어떤 생각을 했다가도 성령의 바람이 불어오고 위로부터 성령의 감동이 오면 흔들리는 겁니다. '아, 그것이 아니구나. 성령의 바람에 순종하는 삶을 살아야 하는 거구나.' 이게 성령의 바람에 흔들리는 모습입니다.

이런 그리스도인의 삶은 누구든지 알아볼 수 있습니다. "저 사람은 성령의 사람이구나. 저 사람은 영적인 사람이구나." 성령의 사람으로 인정하고 존경합니다. 그런 영적인 사람이 되어야 합니다. 그런 성령의 사람이 되어야 합니다. 성령이 우리를 운행하실 때 우리는 성령의 바람에 움직이고 흔들려야 합니다.

> ♪ 주 여기 운행하시네 나 경배해 주 경배해
> 주 여기 역사하시네 나 경배해 주 경배해
> 우리 맘 만지시는 주 나 경배해 주 경배해
> 우리 맘 치료하시네 나 경배해 주 경배해
> 큰 길을 만드시는 주 큰 기적을 행하시는 주 그는 나의 하나님
> 약속을 지키시는 주 어둠 속의 빛이 되시는 그는 나의 하나님
> 우리 삶 변화시키네 나 경배해 주 경배해
> 우리 맘 고쳐주시네 나 경배해 주 경배해

성령의 바람이 가져다 주는 세 가지 특징

이런 사람에겐 특징이 있는데, 크게 세 가지로 나눌 수 있습니다.

첫 번째는 하나님의 은혜를 향한 갈망이 있습니다. 성령의 인도와 성령의 감동에 대한 간절한 갈증이 있습니다. 진짜 주님 없이는 살 수 없습니다. 주님의 감동 없이는 살 수 없습니다. 주님의 인도 없이는 살 수 없습니다.

이런 사람에게는 거룩한 바람이 불어옵니다. 그래서 성령님의 은혜와 감동에 대한 간절함이 있습니다. 갈급함이 있습니다. 목마른 사슴이 시냇물을 찾는 것처럼 성령을 향한 갈망과 갈증이 있습니다.

우리는 과연 하나님의 은혜를 향한 갈망이 얼마나 있습니까? 성령의 은혜와 감동에 대한 그 간절함이 얼마나 있습니까? 언제나 하나님의 은혜를 간절하게 사모하는 사람이 되어야 합니다. 내 삶의 한복판에 성령의 바람이 불어오기를 갈망해야 합니다.

두 번째 특징은 모든 것이 하나님의 은혜라는 사실을 깨닫습니다. 그래서 저는 신앙생활에서도 언제나 성령의 바람을 사모합니다. 사역에서도 언제나 성령님의 역사를 갈망합니다. 저를 저 되게 하고 저의 사역을 사역 되게 하는 10할은 성령의 은혜이기 때문입니다.

저는 이 거룩한 바람이 없으면 영혼이 숨조차 쉬지를 못합니다. 그래서 저는 10할의 바람을 사모합니다. 제가 지금 여기까지 올 수 있었던 것도 10할의 바람 때문이었고, 10할의 은혜 때문이었습니다. 한마디로 모든 것이 은혜, 은혜, 은혜였던 것입니다.

♪ 모든 것이 은혜 은혜 은혜 한없는 은혜
　내 삶에 당연한 건 하나도 없었던 것을

모든 것이 은혜 은혜였소

　세 번째 특징은 어떤 상황이 오고 어떤 환경이 와도 무조건 감사하며 찬양합니다. 바람이 불면 나무도 흔들리고 꽃도 흔들리지 않습니까? 그런 것처럼 과거 우리는 우리의 이성과 생각으로 어떤 일을 결정하고 판단하려고 했습니다. 그런데 성령의 바람이 불어오니까 그 감동으로 우리가 다시 결정을 하고 결단을 하는 겁니다. 아니, 그걸 넘어서 정말 불평할 수밖에 없고 원망할 수밖에 없는 상황에도 감사하는 겁니다.
　찌는 듯한 여름 햇빛이 비치고 바람 한 점 없으면 아마 나무들도 답답해 죽을 것입니다. 꽃들도 짜증 날 것입니다. 그런데 한 줄기 시원한 바람이 불어오면 꽃들이 살랑살랑 웃고, 나무들도 이파리가 웃음 짓는 모양을 보여주지 않습니까? 그런 것처럼 성령의 바람을 갈망하는 사람, 그리고 그 바람이 그 인생을 흔들어대는 사람은 어떤 경우에도 하나님께 감사합니다. 어떤 경우에도 하나님을 찬양합니다.
　그래서 저는 10할의 바람을 넘어 퍼펙트 스톰을 사모할 때가 있습니다. 퍼펙트 스톰이 무엇입니까? 위력이 크지 않은 둘 이상의 작은 태풍이 서로 충돌하면서 그 영향력이 가히 폭발적으로 커지는 현상을 말합니다.
　보통의 태풍은 흔적이라도 남기는데 퍼펙트 스톰은 흔적조차 남기지 않는 완벽한 폭풍입니다. 그런데 성경을 보면 하늘의 거룩한 퍼펙트 스톰이 소개되고 있습니다. 이 거룩한 퍼펙트 스톰이 예루살렘 마가의 다락방을 쓸고 갔습니다.

> 행 2:2 홀연히 하늘로부터 급하고 강한 바람 같은 소리가 있어 그들이 앉은 온 집에 가득하며

무엇을 쓸고 갔습니까? 불안과 걱정에 휩싸이게 만들었던 그들의 죄들을 쓸고 가버렸습니다. 그렇지 않아도 성령의 불이 내려와 정욕과 죄악에 물든 마음을 태우고 있었는데, 그 재마저 다 쓸고 가버렸습니다. 그리고 그 거룩한 퍼펙트 스톰에 의해 복음의 역사가 들불처럼 타오르기 시작한 것입니다. 예루살렘을 비롯하여 주님의 몸 된 교회가 사방천지에 세워지기 시작했습니다.

거룩한 퍼펙트 스톰을 기다리며

오늘날도 마찬가지입니다. 오늘날도 거룩한 퍼펙트 스톰이 우리에게 임하면 우리 마음속에 있는 모든 근심과 염려를 싹 쓸어가 버립니다.

저는 우리 교회나 저 자신의 문제 때문에 스트레스를 받은 적은 거의 없습니다. 그러나 한국교회 연합 사역과 공적 사역을 생각하면 얼마나 많은 마음의 압박과 눌림이 있는지 모릅니다. 그러나 하늘의 거룩한 퍼펙트 스톰이 제 마음속에 불어오면 모든 근심과 염려가 다 쓸려가는 것을 느낍니다. 그래서 저는 하늘의 거룩한 퍼펙트 스톰을 사모합니다.

우리는 거룩한 바람을 사모해야 합니다. 그래서 거룩한 퍼펙트 스톰이 불어와야 합니다. 우리 교회 사역 현장에도 거룩한 성령의 퍼펙트 스톰이 불어와야 합니다. 아니, 우리 한국교회 연합사역의 현장에도 이런 성령의 바람이 불어와야 합니다.

불같은 성령이 오셔서 모든 지도자들에게 아주 교묘하게 숨어 있는 교권적 욕망을 다 태워 버리고 쓸어 버렸으면 좋겠습니다. 진짜 제가 해보니까 인간의 능력으로는 한계가 있다는 사실을 알게 되었습니다. 그러므로 우리 교회뿐 아니라 한국교회 전체에 성령의 바람이 불어와야 합니다. 하늘의 거룩한 퍼펙트 스톰이 불어와야 합니다.

♪ 부흥의 불길 타오르게 하소서
 진리의 말씀 이 땅 새롭게 하소서
 은혜의 강물 흐르게 하소서
 성령의 바람 이제 불어와
 오 주의 영광 가득한 새날 주소서
 오 주님 나라 이 땅에 임하소서

그러니까 저를 저 되게 하고 저의 사역을 사역 되게 하는 10할은 바람이라고 표현할 수밖에 없습니다. 그런 사람은 언제나 하나님을 향한 간절함이 가득하고, 어떤 상황이 와도 하나님께 무조건 감사하고 찬양하게 되어 있습니다.

내 인생을 만들어온 것의 10할이 거룩한 바람이라고 생각하는 사람은 하나님의 은혜에 대한 간절함과 절박함이 가득합니다. 그리고 무슨 일을 당해도 감사하고 찬양합니다.

그런데 감사하고 찬양하는 사람들에게는 하나님께서 반드시 기적을 일으키게 만들어 주십니다. 불평과 원망과 절망을 하는 사람은 항상 그 부정적 알고리즘 안에서 살아가게 됩니다. 그러나 감사와 찬양만 가득한 사람은 항상 기적의 원리 속에서 살아가고, 기적의 법칙 속에서 살아갑니다.

사도 바울이 실라와 함께 복음을 전하다 감옥에 던져졌을 때 무조건 감사하고 찬양하지 않았습니까? 그랬더니 옥 터가 흔들리고 옥문이 열리는 기적이 일어난 것 아닙니까? 그러므로 우리는 우리의 인생을 만들어온 것의 10할이 거룩한 성령의 은혜요, 거룩한 바람이라고 고백할 수 있어야 합니다. 그리고 무조건 감사하고, 무조건 찬양해야 합니다.

> ♪ 내 평생 살아온 길 뒤돌아보니 짧은 내 인생길 오직 주의 은혜라
> 주의 은혜라 주의 은혜라 내 평생 살아온 길
> 주의 은혜라 주의 은혜라 다함이 없는 사랑
> 달려갈 길 모두 마친 후 주 얼굴 볼 때
> 나는 공로 전혀 없도다 오직 주의 은혜라

15.
겨울, 생의 마지막 계절

브리스가와 아굴라와 및 오네시보로의 집에 문안하라 에라스도는 고린도에 머물러 있고 드로비모는 병들어서 밀레도에 두었노니 너는 겨울 전에 어서 오라 으불로와 부데와 리노와 글라우디아와 모든 형제가 다 네게 문안하느니라 나는 주께서 네 심령에 함께 계시기를 바라노니 은혜가 너희와 함께 있을지어다(딤후 4:19-22)

가을을 남기고 떠난 사람

　미국 펜실베이니아주에서 목회를 하셨던 메가트니 목사님은 40여 년 동안 매년 10월 넷째 주만 되면 오늘 본문을 중심으로 "겨울이 오기 전에"라는 설교를 했습니다. 그 설교를 듣기 위해 비행기를 타고 미국 전역에서 온 사람들 때문에 그날은 예배당이 입추의 여지가 없었다고 합니다.
　저도 그 말을 듣고 거의 30여 년을 11월 넷째 주만 되면 "겨울이 오기 전에"라는 제목으로 설교하였습니다. 가을 하면 마치 가곡 같은 유명한 대중가요가 있습니다. 패티김 씨가 부른 "가을을 남기고 떠난 사람"이라는 노래입니다.

> ♪ 가을을 남기고 떠난 사람 겨울은 아직 멀리 있는데
> 　사랑할수록 깊어가는 슬픔에 눈물은 향기로운 꿈이었나
> 　당신의 눈물이 생각날 때 기억에 남아 있는 꿈들이
> 　눈을 감으면 수많은 별이 되어 어두운 밤하늘에 흘러가리

　그리고 마지막은 이렇게 끝납니다.

> ♪ 내 가슴에 봄은 멀리 있지만 내 사랑 꽃이 되고 싶어라

　가을이 주는 또 다른 희망과 사랑을 표현하고 있는 노래입니다. 성경에도 가을을 남기고 떠난 사람이 소개되고 있습니다. 그가 누구입니까? 사도 바울입니다. 그는 지금 복음을 전하다 로마 감옥에 갇혀 있습니다. 감옥에 갇혀 디모데에게 편지를 쓰고 있습니다. 때

는 가을이었던 것 같습니다. 그래서 겨울을 앞두고 디모데에게 겨울 전에 어서 빨리 자신에게 오라고 부탁하고 있습니다.

> **딤후 4:21** 너는 겨울 전에 어서 오라 으불로와 부데와 리노와 글라우디아와 모든 형제가 다 네게 문안하느니라

그런데 올 때 가죽 종이에 쓴 책과 외투를 가져오라고 했습니다. 그는 지금 겨울을 맞을 월동 준비를 하고 있습니다.

> **딤후 4:13** 네가 올 때에 내가 드로아 가보의 집에 둔 겉옷을 가지고 오고 또 책은 특별히 가죽 종이에 쓴 것을 가져오라

그런데 바울은 겨울을 생각할 때 계절적인 겨울만 생각하지 않았습니다. 아마도 그는 깊은 심중에 인생의 마지막 계절인 영적 겨울도 생각하고 있는 것 같습니다. 왜냐하면 그에게는 순교의 때가 다가오고 있었기 때문입니다.

> **딤후 4:6** 전제와 같이 내가 벌써 부어지고 나의 떠날 시각이 가까웠도다

그런 의미에서 바울은 가을을 남기고 떠난 사람이었습니다. 그에게 생애 마지막 계절인 겨울이 다가오고 있었기 때문입니다. 어디 바울뿐이겠습니까? 우리도 마찬가지입니다. 우리도 언젠가는 가을을 남기고 떠날 사람입니다. 언젠가는 죽음의 계절이 찾아오기 때문입니다.

인생의 겨울은 나이를 먹어서만 맞는 것이 아닙니다. 젊은 사람도 언제 이러한 생의 마지막 계절을 맞을지 모릅니다. 우리에게는 세월호

의 아픔이 지금도 남아 있습니다. 이태원 참사 사건은 말할 수도 없습니다. 그 젊은 애들이 그렇게 빨리 떠날 줄을 누가 알았겠습니까?

오늘도 모든 인생은 태어나는 순간부터 일제히 죽음의 길로 달려가고 있습니다. 아니, 우리가 굳이 달려가지 않아도 우리 생의 마지막 계절은 성큼성큼 우리에게 다가오고 있습니다. 인생의 겨울이 다가오면 우리 역시 생을 마감하게 되는 겁니다. 그냥 마감하는 것이 아니라 빈손으로 세상을 떠나는 겁니다. 이런 것을 생각하면 얼마나 인생이 허무한지 알 수가 없습니다. 그래서 이 세상에는 인생의 허무함에 절규한 사람이 얼마나 많은지 모릅니다.

다윗의 인생 허사가

다윗과 같이 절대 권력을 가졌던 왕도 나이를 먹고 보니 자신의 인생이 손바닥만 한 인생이라고 말했습니다.

> **시 39:5** 주께서 나의 날을 한 뼘 길이만큼 되게 하시매 나의 일생이 주 앞에는 없는 것 같사오니 사람은 그가 든든히 서 있는 때에도 진실로 모두가 허사뿐이니이다

아무리 부귀와 영광과 절대적인 권력을 누린 인생도 결국은 허무하게 된다는 사실을 말해주고 있습니다. 그래서 베드로는 우리 인생을 풀과 꽃에 비유하지 않았습니까?

> **벧전 1:24** 그러므로 모든 육체는 풀과 같고 그 모든 영광은 풀의 꽃과 같으니 풀은 마르고 꽃은 떨어지되

모든 육체는 풀과 같다고 했습니다. 그리고 그 육체의 영광이 풀의 꽃과 같다고 합니다. 풀이라고 하는 것이 얼마나 연약합니까? 그런데 그 약한 것이 봄이 되면 겨울의 대지를 뚫고 파릇파릇 자라납니다. 그 잔인한 4월의 대지 속에서 생명의 오랜 침묵을 깨고 스프링처럼 솟아납니다.

그러면 그 눈부신 생명의 찬란함으로, 빈 들의 소리 없는 아리아로 온 대지가 푸른 바다가 됩니다. 아니, 바람이 부는 들판에서 흔들리는 풀들은 생명의 세레나데를 노래합니다. 사랑의 환희를 노래합니다. 검은 땅에 뿌리를 박고 푸른 생명을 펌프질합니다.

그러다 이 풀이 여름이 되면 얼마나 무성해지는지 모릅니다. 억새와 갈대들은 하늘을 향하여 칼을 갈고 날을 세웁니다. 잡초는 잡초대로 온 들녘과 산천초목을 푸르르게 만듭니다. 그런데 풀에는 꽃이 있습니다. 풀의 클라이맥스, 풀의 영광, 그것이 바로 꽃이라는 겁니다.

그러니 결국 그 풀들이 아름다운 꽃을 피우기 위해 푸른 풀잎을 자랑하였던 것이 아니겠습니까? 그 풀이 꽃을 피울 때 얼마나 아름답습니까? 얼마나 황홀하고 환상적입니까?

그러나 성경을 보면 아무리 그 풀이 푸르르고 꽃이 아름다워도 결국 풀도 마르고 꽃도 떨어진다고 하지 않습니까? 아무리 억세게 자란 억새풀이나 갈대 잎도 가을에 된서리 몇 번만 맞으면 갈대 잎들은 다 말라 버리고 그 아름다운 꽃도 다 떨어집니다.

이것이 바로 우리의 인생입니다. 우리 인생에도 꽃이 있습니다. 그러나 아무리 우리의 삶이 성공과 영광이라는 화려한 꽃을 활짝 피워 만인들이 예찬하고 환호하고 박수를 한다 해도, 그것들은 반드시 마르고 떨어지게 되어 있습니다. 그 영광이 아무리 화려하다 할지라도 속히 지나가 버린다는 겁니다.

그래서 누구나 그 죽음의 절벽 끝을 생각하면 모든 것이 헛되고 공허하며 부질없다고 느끼게 됩니다. 죽음은 우리의 인생을 한순간에 물거품처럼, 안개처럼 헛되게 만들어 버리기 때문입니다. 누구든지 그 절벽 끝에 서게 되면 백기를 들고 무릎 꿇고 항복하게 만들어 버리기 때문입니다. 이것이 바로 인생의 겨울입니다.

그런데 인생의 겨울은 누구에게나 찾아옵니다. 어김없이, 그리고 예외 없이 말입니다. 우리는 올해도 어김없이 생일 케이크를 잘랐습니다. 하지만 이런 질문을 한번 해보고 싶습니다. "과연 우리의 남은 인생 가운데 생일 케이크를 몇 번이나 더 자를 수 있겠느냐?"고 말입니다.

영적인 월동 준비를 하는 방법

보통 겨울이 오기 전에 김장을 하지 않습니까? 김장을 하는 사람들에게 "과연 우리의 남은 생에 김장을 몇 번이나 더 할 수 있겠느냐?"고 조심스럽게 묻고 싶습니다. 그런 걸 생각하면 우리는 정말 지혜롭게 영혼의 월동 준비를 해야 합니다. 그러면 생의 마지막 계절인 겨울을 앞두고 우리는 어떻게 영적인 월동 준비를 해야 할까요?

1) 지나온 삶을 되돌아볼 필요가 있습니다.

지나온 삶을 뒤돌아보면 누구나 아쉬움을 느끼게 됩니다. 인생을 덤벙덤벙 살았든지, 아무것도 아닌 것에 목숨을 걸었든지, 아쉬운 순간들이 생각날 것입니다. 제가 자주 하는 얘기가 있습니다. 하나는 제가 어린 시절에 했던 땅따먹기 이야기이고, 또 하나는 표딱지 따먹기 이야기입니다.

　어린 시절에 친구들과 표딱지 따 먹기를 할 때, 먼저 순서를 정하기 위해 가위바위보를 하는데 그때부터 얼마나 신경을 써야 하는지 모릅니다. 서울에서나 가위바위보라고 하지, 우리 시골에서는 '장께 장께 세요'라고 했습니다. 그렇게 해서 순서를 정하면 표딱지를 수두룩하게 올려놓고 순서대로 손바닥으로 쳐서 거꾸로 뒤집히면 자기 것이 되는 것입니다.

　그걸 뒤집으려고 손을 구부리기도 하고, 호호 하고 불기도 하고, 때로는 침을 뱉기도 했습니다. 손바닥으로 칠 때도 얌전하게 치는 것이 아니라 손을 돌리기도 하고, 그래도 안 넘어가면 기합을 넣기도 했습니다. 그걸 따 먹으려고 얼마나 손바닥으로 내리쳤는지 고사리 같은 손이 벌겋게 달아올라 탱탱 부어오른 적도 있습니다.

　그렇게 열심히 했는데도 표딱지를 다 잃어버린 날이면 분이 나서 저녁 내내 씩씩거리면서 속을 끓이던 시절이 있었습니다. 저는 그때부터 사업하는 사람들이 부도가 나서 벌어 놓은 것 다 잃어버리고 도산당하는 아픔을 미리 경험해 본 사람입니다. 혹은 도박해서 전 재산을 잃어버린 사람들의 심정도 그때 다 경험해 보았습니다.

　그런데 어떤 날은 손으로 치자마자 다 뒤집히고 넘어져 표딱지를 까스명수 상자 한가득 딸 정도로 일이 술술 잘 풀립니다. 그럴 때면 얼마나 기분이 좋은지, 꿈꾸는 듯이 황홀하고 가슴이 둥둥 떠서 행복한 마음에 입이 찢어졌습니다. 그런 날은 너무 기분이 좋아서 밤에 잠도 오지 않을 것 같습니다.

　그러나 그런 기쁨도 한순간입니다. 해가 뉘엿뉘엿 서산마루에 떨어질 때면 가장 높은 고개턱 위에 있는 우리 집 쪽에서 아버지의 성난 목소리가 동네에 카랑카랑하게 메아리칩니다. "강석아, 강석아, 어서 안 들어올래. 이 맞아 죽을 놈아. 어서 안 들어와!"

그러면 우리는 서둘러 손과 옷을 털고 집으로 돌아가야 했습니다. 아버지는 그렇게 많이 딴 표딱지를 다 빼앗아, "이 썩을 놈아, 공부는 안 하고 표딱지 놀이만 하냐!" 하시면서 소죽 끓이는 아궁이에 던져 넣고 태워 버립니다. 그러면 저는 밤이 새도록 아버지를 원망하며 엉엉 울었습니다.

뒤돌아보니 이게 우리의 인생인 듯합니다. 인생은 마치 한 박스, 두 박스 힘들게 모으고 또 모아도 결국에는 아궁이에 불쏘시개로 던져지는 표딱지와 같습니다. 인간의 온갖 욕망과 탐욕의 몸부림도 결국 불꽃 앞에서 팔락거리는 불나방의 마지막 몸짓에 불과합니다. 그토록 몸부림치며 이루어낸 세상의 부와 성공, 명예와 그 많은 소유들….

그 모든 것도 생의 마지막 계절인 겨울이 찾아오면 결국엔 헛되고 공허한 한 줌의 재가 되어 버릴 뿐입니다. 언젠가 하늘에서 그만 오라고 손짓하면 손 털고 가야 한다는 말입니다. "나 하늘로 돌아가리라. 노을빛 함께 단둘이서 기슭에서 놀다가 구름 손짓 하면은…" 말입니다.

♪ 정일랑 두지 말자 미련일랑 두지 말자
　인생은 나그넷길 구름이 흘러가듯 정처 없이 흘러서 간다

그런데 우리는 아무것도 아닌 일을 가지고 얼마나 울고불고 난리를 피웠습니까? 그것이 없으면 당장 망하고 죽을 줄 알았는데 지나고 나니 아무것도 아니었습니다. 그런 것을 생각하면 인생을 어떻게

진지하게 살고 의미 있고 가치 있게 살아야 할 것인가를 깨닫게 되는 것입니다.

오늘 사도 바울도 자신의 삶을 뒤돌아보니 한스러웠던 일이 있었습니다. 그것은 마가와 원수를 맺고 살아온 것입니다. 사실 마가는 항상 믿음이 약하고 불평이 많았던 사람입니다. 그래서 바울이 선교사역을 하는 데 얼마나 큰 방해가 되고 장애가 되었는지 모릅니다. 그래서 바울은 그런 마가를 버렸습니다. 그 일 때문에 바나바와 크게 다투었습니다.

그러나 죽음을 눈앞에 둔 사도 바울은 그런 마가와 화해하고 용서하고 사랑으로 품어주기 위해 마가를 어서 데려오라고 하고 있지 않습니까? 얼마나 아름다운 모습입니까?

딤후 4:11 네가 올 때에 마가를 데리고 오라 그가 나의 일에 유익하니라

그래서 결국 생의 마지막 계절인 겨울을 앞두고 마가와 화해를 하게 된 것입니다.

우리도 늘 오늘이 생의 마지막인 것처럼 소중히 여기며 진지하게 살아야 합니다. 이번 겨울이 마지막 계절인 것처럼 여기며 정말 의미 있고 가치 있는 삶을 살아야 합니다. 그러지 않으면 아무렇게나 인생을 소비하게 됩니다. 그러므로 우리는 지나온 삶을 되돌아보면서 더 의미 있고 가치 있는 것들을 붙잡으며 살아야 합니다.

2) 절대 가치와 진리를 붙잡고 살아야 합니다.

딤후 4:13 네가 올 때에 내가 드로아 가보의 집에 둔 겉옷을 가지고

오고 또 책은 특별히 가죽 종이에 쓴 것을 가져오라

여기 가죽 종이에 쓴 책은 성경을 의미합니다. 그는 죽기 전에 성경 말씀을 더 가까이 묵상하고 싶었던 것입니다. 다시 말하면, 자신의 절대 가치와 진리가 담겨 있는 성경 말씀을 붙잡고 살려고 한 것입니다.

아마 도스토옙스키의 《죄와 벌》이라는 소설을 모르는 분은 없을 것입니다. 주인공 라스콜리니코프는 악랄한 전당포 노파와 그의 여동생을 죽였습니다. 그런 악한 인간은 죽어도 된다고 생각했습니다. 그리고 죽인 후에 증거를 완벽하게 인멸하였습니다. 한마디로 완전범죄를 저지른 것입니다.

그러나 그의 여자친구인 소냐의 권유로 자수를 합니다. 그래서 시베리아로 유배를 갑니다. 유배를 가면서도 그는 마음속으로는 그 노파를 잘 죽였다고 스스로를 정당화했습니다. 그러던 어느 날 그는 소냐에게 신약성경을 가져오게 하였습니다. 그리고 항상 성경을 옆에 두고 잤습니다. 그런데 성경을 옆에 두기만 했는데도 그의 마음은 변화되기 시작했습니다.

한마디로 도스토옙스키가 하고 싶었던 말은, 성경만 옆에 두어도 사람이 변화된다는 것을 말해주고 싶었던 것입니다.

영국의 한 기자가 국회의원, 교수, 사업가, 정치가, 작가 등 유명인사 100명을 골라 설문조사를 하였습니다. "만일 당신이 감옥에 들어가게 되었는데 책을 딱 한 권만 가지고 들어가야 한다면 무슨 책을 가지고 가겠습니까?" 그랬더니 100명 중 98명이 "성경을 가지고 들어가겠다"고 대답했습니다. 그런데 그렇게 대답하였던 사람들이 대부분 불신자였다는 것입니다. 정말로 놀랍지 않습니까?

그러면 그들은 왜 성경을 가져가려고 했을까요? 그 안에는 절대 진리와 가치가 담겨 있기 때문이라고 했습니다. 그렇습니다. 성경 안에는 하나님의 사랑과 예수 그리스도의 구속의 이야기가 담겨 있습니다.

이 세상에는 많은 종교가 있습니다. 그 많은 종교들이 결코 악을 가르치지는 않습니다. 그러나 이 세상의 어떤 종교도 인생의 가장 큰 문제인 죄와 죽음의 문제에 대해 가르쳐주지 못합니다. 결국 죄는 자신의 업보라는 것입니다. 성경에서는 죗값은 사망이라고 했습니다. 더구나 다른 종교는 죽음의 문제를 해결해 주지 못합니다.

그런데 제가 뒤늦게 깨달은 것이 있습니다. 예수님은 하나님의 아들이시지만 이 땅에 사람으로 오셔서 우리를 위해 십자가에서 죽으셨다는 사실 말입니다. 그 십자가의 죽음으로 우리의 죄와 죽음의 문제를 해결해 주신 것입니다. 그래서 그를 믿는 자마다 멸망치 않고 영생을 얻게 해주신 것이 아닙니까?

요 3:16 하나님이 세상을 이처럼 사랑하사 독생자를 주셨으니 이는 그를 믿는 자마다 멸망하지 않고 영생을 얻게 하려 하심이라

그러므로 우리는 절대 가치와 구원의 진리가 담겨 있는 성경을 가까이하며 살아가야 합니다. 하나님의 말씀을 깊이 묵상하며 경건하게 살아가야 합니다. 그런 사람은 당연히 예수 그리스도를 보화로 여기며 살아가게 되어 있습니다. 그래서 모세도 이 땅에 살면서 예수 그리스도를 이 땅에서 가장 큰 보화요 재물로 여기는 삶을 살았습니다.

히 11:26 그리스도를 위하여 받는 수모를 애굽의 모든 보화보다 더 큰 재물로 여겼으니 이는 상 주심을 바라봄이라

모세만이 아닙니다. 사도 바울도 이 땅에서 예수 그리스도를 가장 큰 보화로 여기며 그분을 아는 것이 가장 고상한 지식이라고 고백했습니다.

빌 3:8 또한 모든 것을 해로 여김은 내 주 그리스도 예수를 아는 지식이 가장 고상하기 때문이라 내가 그를 위하여 모든 것을 잃어버리고 배설물로 여김은 그리스도를 얻고

어디 바울뿐입니까? 저도 마찬가지입니다. 저도 예수 그리스도가 이 땅의 최고의 보화요, 나의 재산이며 보배라고 생각하며 살아왔습니다. 저는 원래 그런 사람이 아니었습니다. 저의 가정환경을 보면 예수 믿을 사람이 아니고, 더더구나 목사가 될 사람은 전혀 아니었습니다.

얼마 전에 우리 교회 평신도사역개발원 및 전도단 사역자들과 함께 계족산 황톳길 산행을 갔습니다. 산행을 하고 돌아오는 길에 야외음악당에서 여러 평신도들이 저에게 보내는 엽서를 읽고 함께 이야기를 나누는 시간이 있었습니다.

평신도 사역자들이 저에게 하고 싶은 말이나 질문하고 싶은 것을 미리 엽서로 써서 가져온 것입니다. 그런데 어떤 분이 이런 내용을 썼습니다. 우리 교회에 처음 왔는데 목사님 얼굴이 자기 시어머니하고 너무 닮았더라는 겁니다. 모두가 한바탕 웃었습니다.

또 어떤 분은 이런 질문을 했습니다. "목사님은 목사가 안 되었다

면 지금 무슨 일을 하고 있을지 생각해 보셨나요?" 저는 사업을 했을 것 같다고 답했습니다. 제가 사업을 했으면 돈을 많이 벌었을까요, 못 벌었을까요? 엄청 벌었을 겁니다.

그런데 제가 이렇게 예수를 믿고 목사가 되었다니 이런 하나님의 은혜가 어디 있고, 이런 축복이 어디 있단 말입니까? 그래서 제가 예수 그리스도를 이 땅의 최고의 보화요 재산으로 생각하는 것입니다. 그러니 저는 이런 노래를 안 부를 수가 없습니다.

> ♪ 천 번을 불러도 내 눈에는 눈물이
> 멈추지 않는 것은 십자가의 그 사랑
> 나를 살리려 하늘 보좌 버리신
> 나를 사랑하신 분 그분이 예수요

3) 서로 사랑하며 화목한 삶을 살아야 합니다.

사람은 살면서 미워하는 사람이 없어야 합니다. 대적이 없고 원수가 없으며 증오의 대상이 없어야 합니다. 그러나 우리가 살다가 보면 원수 같은 사람이 없을 수가 없습니다. 물론 사도 바울에게도 원수가 있었습니다. 그가 누구인지 아십니까? 마가였습니다. 왜냐하면 마가는 항상 믿음이 약하고 불평이 많았던 사람입니다.

그래서 선교사역을 하는데 얼마나 큰 방해가 되고 장애가 되었는 줄 모릅니다. 따라다니면서 맨날 불평이나 하고 짜증만 내니까 바울은 그런 그를 버렸습니다. 그리고 그를 평생 원수처럼 생각했습니다. 그러자 마가는 평생 가슴에 상처를 안고 살았습니다. 그러나 죽음을 눈앞에 둔 사도 바울은 그런 마가와 화해를 하고 용서하기 위하여 마가를 어서 오라고 하고 있지 않습니까?

> **딤후 4:11** 누가만 나와 함께 있느니라 네가 올 때에 마가를 데리고 오라 저가 나의 일에 유익하니라

소아시아와 유럽과 로마까지 그리스도의 복음으로 온 천지를 뒤흔들었던 사도 바울도 마가 하나를 용서하지 못하고 화해하지 못한 채 한평생을 살아왔습니다. 왜냐하면 사람은 누구나 용서하고 화해하며 살기가 힘들기 때문입니다.

그러나 용서하지 못하고 미워하는 사람은 누구나 마음에 아픔이 있습니다. 스스로 상처가 되고 억눌림이 있습니다. 그 억눌림이나 아픔과 상처 때문에 더 사랑을 못하는 것입니다. 내가 내 안에 스스로 감옥을 만들고 그 감옥 안에 살아가는 것입니다. 그래서 스스로 분노의 노예가 되고 미움의 노예가 되는 것입니다.

그러나 정말 사랑하고 화목하기 위해서는 그 모든 분노와 상처와 아픔을 깨뜨려야 합니다. 모든 증오를 박살내 버려야 합니다. 그래야 우리가 신실한 사랑을 할 수 있습니다. 그래서 바울은 모든 분노와 증오를 박살내 버리고 마가와 화해하기 위해 그를 부르고 있습니다. 얼마나 아름다운 모습입니까?

사람은 평상시에는 거짓말도 잘하고 남도 미워하며 살 수 있습니다. 정직하지 못할 때가 있습니다. 그러나 죽음을 앞두고는 다 정직합니다. 그리고 진실하게 되어 있습니다. 그래서 죽음을 앞에 두면 미워하는 사람과도 화해를 하고 용서를 하게 됩니다. 그래서 사도 바울이 마가와 화해를 하려고 합니다.

그런 의미에서 보면 요셉은 참 얼마나 위대한 사람인지 모릅니다. 사실 요셉만큼 상처를 많이 받은 사람이 어디 있겠습니까? 요셉이 받은 상처는 사람의 말로 형용할 수가 없습니다. 피를 나눈 형제들에게 팔려서 애굽의 종이 되었고 또 보디발 아내에게 누명을 쓰고 감옥에 던져졌지 않습니까? 그런 배반을 당하고 어떻게 살 수 있습니까? 죽지 못해 산 것이 아닙니까?

그러나 그런 요셉은 하나님을 만났습니다. 하나님과 동행했습니다. 그러니까 하나님으로 인해 그 모든 상처가 물 씻기듯이 다 씻겨 나갔습니다. 그래서 애굽의 총리가 되어서도 형제들에게 전혀 보복을 하지 않았습니다. 오히려 형제들을 끌어안고 울었습니다. 그리고 그들을 먹여 살리지 않습니까?

그렇다고 지금 요셉이 죽음을 앞두고 있는 것도 아닙니다. 시퍼렇게 살아 있는 권력을 소유한 사람입니다. 그런데도 모든 형제들을 용서했습니다. 그런 그는 틀림없이 보디발 아내까지도 용서해 주고 남았을 것입니다. 오죽하면 바로가 요셉을 보고 감탄하지 않습니까? "내가 그대보다 높은 것은 나의 왕좌뿐이노라!"

> 창 41:40 너는 내 집을 다스리라 내 백성이 다 네 명령에 복종하리니 내가 너보다 높은 것은 내 왕좌뿐이니라

정말 얼마나 감동이었겠습니까? 사실 애굽의 총리가 되어 얼마든지 복수를 할 수 있는데도 형제들을 용서했습니다. 심지어는 보디발의 아내까지 용서하는 요셉을 보고 바로는 마음속으로는 요셉에게 엎드려 절을 하고도 남았을 것입니다.

우리의 마음속에는 여전히 증오의 쓴뿌리와 엉겅퀴, 날카로운 가

시가 무성해 있지는 않습니까? 해가 가기 전에 화해해야 합니다. 사랑해야 합니다. 우리가 살면 얼마나 삽니까? 7-80년, 길어야 100년을 살지 않습니까? 200년, 300년 싸울 수는 없지 않습니까? 사랑하며 살기에도 시간이 부족한데 아옹다옹하며 살아야 하겠습니까?

몇 년 전에 예비 장로, 안수집사, 권사 교육을 하였습니다. 중직자들과 함께 예수님을 생각하며 찬송도 부르고 기도도 하는데 첫눈이 내리는 것입니다. 그래서 첫눈 내리는 날 감성적 분위기 좀 잡아보자고 했습니다. 옛날 한동안은 사랑했는데 지금은 미워하고 증오했던 사람을 생각하면서 잠깐 이런 노래를 불러보자고 했습니다.

> ♪ ♩ 스치는 바람에 ♩ 그대 모습 보이면
> 난 오늘도 조용히 주님을 그리워하네
> ♩ 지난밤 꿈속에 ♩ 만났던 모습을
> 내 가슴속 깊이 여울져 남아있네

실제 그렇지 않습니까? 인생은 다 지나갑니다. 봄이 지나가고 여름이 지나갑니다. 그러다가 가을이 지나가면 겨울이 옵니다. 그래서 이 노래 후반부에도 그런 대목이 있지 않습니까?

> ♪ ♩ 아름다운 여름날이 멀리 사라졌다 해도
> ♩ 나의 사랑은 아직도 변함없는데~
> ♩ 난 너를 못 잊어 ♩ 난 너를 사랑해

우리가 이런 아름다운 노래라도 연상하면서 서로 화목하고 사랑하며 섬길 수만 있다면 얼마나 좋겠습니까? 그래서 이스라엘 백성들은 새해가 오기 전 "슬리코트"라는 인사를 한다고 합니다. "슬리코트" 이 말은 "제가 사과드립니다." 그런 뜻입니다. 그리고 새해를 맞습니다.

우리도 증오와 수치를 촛불과 함께 다 태워 버리고 서로 사과하고 용서하며 화해하는 마음을 가졌으면 좋겠습니다. 우리가 살면 얼마나 산다고 사랑하고 살기에도 너무 짧은 세상인데 말입니다. 그러므로 우리 모두 사랑의 꽃씨, 화해의 꽃씨, 사과의 꽃씨를 뿌리며 살아야 합니다.

4) 영원한 천국에 소망을 두고 살아야 합니다.

제 서재에는 벽난로가 있습니다. 저는 시골 출신이라 목가적이고 전원적인 삶을 그리워합니다. 그래서 저는 겨울이 오면 서재에 있는 벽난로 앞에 앉아 저만의 행복한 케렌시아를 누립니다. 벽난로에 장작불을 피워놓고 바라보다 보면 그것이 우리 인생살이와 너무나 똑같다는 생각이 듭니다.

> ♪ 인생은 연기 속에 재를 남기고 말없이 사라지는
> 모닥불 같은 것

정말 우리 인생은 모닥불과 같습니다. 왜 이렇게 인생이 빨리 타오르다가 사그라져 버린단 말입니까? 저도 예수님을 믿고 신학교를 간다고 집에서 쫓겨난 지가 엊그제 같은데 벌써 60대가 되었습니다. 올봄에 회갑을 치렀습니다.

인생의 서사가 이렇게 빨리 지나가 버리고 맙니다. 참 기가 막힌 일입니다. 60대를 생각하면 김광석 씨가 부른 "어느 60대 노부부의 이야기"라는 노래가 생각납니다. 70대도 채 안 되어 60대에 헤어진 부부의 슬픈 이야기를 담고 있는 노래입니다.

> ♪ 곱고 희던 그 손으로 넥타이를 매어주던 때
> 어렴풋이 생각나오 여보 그때를 기억하오 (중략)
> 세월은 그렇게 흘러 여기까지 왔는데
> 인생은 그렇게 흘러 황혼에 기우는데
> 다시 못 올 그 먼 길을 어찌 혼자 가려 하오
> 여기 날 홀로 두고 여보 왜 한마디 말이 없소
> '여보 안녕히 잘 가시게

제가 이 노래 영상을 유튜브로 보다가 우연히 댓글을 보았습니다. 그랬더니 이런 댓글이 올라와 있었습니다. "너무 보고 싶어. 우리 셋 남겨두고 먼 길 혼자 가느라 얼마나 힘들었을까. 어린 자식들 걱정하지 말고 먼저 좋은 데 가 있어. 내가 잘 키울게. 걱정하지마. 다음 생이 있다면 그때 꼭 다시 만나 우리 오래 같이 살자. 사랑해 여보."

제가 이 댓글을 보고 하룻저녁 잠을 못 잤다는 것 아닙니까? 저는 이 사람이 분명히 여자인 줄 알았습니다. 그런데 우리 교인 중의 한 분이 댓글을 계속 추적해 보니 남자라는 겁니다. 남자라니 더 서글펐습니다. 남편이 자신의 아내를 먼저 보내고 그리워하며 살아가는 것입니다.

이분은 분명히 예수를 믿지 않는 사람처럼 보입니다. 우리 교회 한 성도님이 그분에게 복음 편지를 보냈다는 얘기를 들은 적이 있습니다. 우리에게는 천국 소망이 있어서 얼마나 다행입니까? 사도 바울도 자신의 죽음을 앞두고 천국을 사모하고 소망하고 있지 않습니까?

> **딤후 4:8** 이제 후로는 나를 위하여 의의 면류관이 예비되었으므로 주 곧 의로우신 재판장이 그날에 내게 주실 것이며 내게만 아니라 주의 나타나심을 사모하는 모든 자에게도니라

그래서 그는 영혼의 겨울을 기쁨으로 맞았습니다. 그는 순교를 가장 영광스럽게 생각하였습니다. 예수님께서도 이런 말씀을 하시지 않았습니까? "내 아버지의 집에 거할 곳이 많으니 내가 너희를 위하여 처소를 예비하러 간 다음에 너희를 다시 데리러 오리라."

> **요 14:2-3** 내 아버지 집에 거할 곳이 많도다 그렇지 않으면 너희에게 일렀으리라 내가 너희를 위하여 거처를 예비하러 가노니 가서 너희를 위하여 거처를 예비하면 내가 다시 와서 너희를 내게로 영접하여 나 있는 곳에 너희도 있게 하리라

그 주님께서 부활 승천하신 후에 제자 사도 요한에게 천국을 보여주셨습니다. 그곳이 얼마나 아름다운지 요한은 마치 신부가 신랑을 위하여 단장한 모습과 같다고 했습니다.

> **계 21:2** 또 내가 보매 거룩한 성 새 예루살렘이 하나님께로부터 하늘에서 내려오니 그 준비한 것이 신부가 남편을 위하여 단장한 것 같더라

이 세상에서 가장 아름답게 보이는 것이 무엇일까요? 금강산일까요? 로키산맥일까요? 요세미티 공원일까요? 이태리의 나폴리 항구일까요? 예수님의 어머니 마리아를 돌보며 평생 홀로 살았던 사도 요한에게는 신부가 신랑을 위하여 단장한 모습이 가장 아름답게 보였던 겁니다.

그 아름다운 모습은 성곽의 모습이기도 했고, 아름다운 동산의 모습이기도 했습니다. 그런데 그 아름다운 천국은 다시는 사망이 없고 애통하는 것이나 곡하는 것이나 아픈 것이 다시 있지 않은 곳입니다.

> 계 21:4 모든 눈물을 그 눈에서 닦아주시니 다시는 사망이 없고 애통하는 것이나 곡하는 것이나 아픈 것이 다시 있지 아니하리니 처음 것들이 다 지나갔음이러라

그러므로 천국 소망을 가진 사람은 천국에 하나님의 위로와 상급을 쌓으려고 노력하게 되어 있습니다. 이 땅에서 부지런히 하나님을 기쁘게 하는 삶을 살고 사명을 감당하게 되어 있습니다. 그리고 눈물로 씨를 뿌립니다. 그런 사람에게는 하나님께서 이 땅에서도 보상해 주시지만 천국에서도 반드시 보상해 주십니다.

우리 모두는 언젠가 하나님 앞에 설 것입니다. 그때 우리가 부족하나마 주님 앞에 수고하고 충성한 것들을 하나님이 다 일일이 기억해 주시고 상급으로 갚아 주십니다. 특별히 힘들게 주의 일을 하고 뼈 빠지게 수고한 것을 주님이 일일이 기억해 주십니다. 우리의 눈물을 닦아주시고 우리를 해같이 빛나게 해주십니다.

♪ 천사도 흠모하는 아름다운 그 모습
　천국에서 해같이 빛나리

지금까지 얼마나 하나님께 충성하는 삶을 살아왔습니까? 얼마나 사명 감당하는 삶을 살아왔습니까? 그리고 앞으로 어떻게 천국에 소망을 두고 상급 쌓는 삶을 사시겠습니까? 우리가 이 세상에서 주님의 이름으로 당하는 고난은 장차 받을 상급과는 비교할 수조차 없다고 바울이 외치지 않았습니까?

롬 8:18 생각하건대 현재의 고난은 장차 우리에게 나타날 영광과 비교할 수 없도다

우리가 주님을 위해 수고하고 헌신하며 충성했던 것을 하나님께서는 반드시 이 땅에서 보상해 주시고, 또 천국에서도 상금으로 갚아 주실 것입니다. 하나님은 분명히 살아 계신 하나님이십니다. 그러므로 행여 이 땅에서 보상받지 못한 것이 있다 할지라도 반드시 천국에서 보상을 받게 됩니다.

천국 상급과 소망을 갖고 사는 성도들은 어떤 노래를 부를까요? 이런 노래를 부릅니다. 이런 하나님의 언약과 진리를 믿으면 믿을수록 우리는 천국 소망을 갖게 되어 있습니다. 천국 상급을 위하여 더 부지런히 신앙생활하며 충성하게 되어 있습니다. 바로 이런 노래를 부르면서 말입니다.

♪ 아름답다 저 동산 우리 다 같이 가보세
　무궁 세월 흐르는 풍파가 일지 않는 곳

평화의 동산 백합화 피고 공기는 신선
저 아름다운 저 동산 저 아름다운 저 기묘한 음악
천군 천사 화답함이라
아름답다 저 동산 우리 다 같이 가보세
무궁 세월 흐르는 풍파가 일지 않는 곳

16.
길이 끝나는 곳에서 새길을 열라

여호와께서 모세에게 이르시되 너는 어찌하여 내게 부르짖느냐 이스라엘 자손에게 명령하여 앞으로 나아가게 하고 지팡이를 들고 손을 바다 위로 내밀어 그것이 갈라지게 하라 이스라엘 자손이 바다 가운데서 마른 땅으로 행하리라 내가 애굽 사람들의 마음을 완악하게 할 것인즉 그들이 그 뒤를 따라 들어갈 것이라 내가 바로와 그의 모든 군대와 그의 병거와 마병으로 말미암아 영광을 얻으리니 내가 바로와 그의 병거와 마병으로 말미암아 영광을 얻을 때에야 애굽 사람들이 나를 여호와인 줄 알리라 하시더니 이스라엘 진 앞에 가던 하나님의 사자가 그들의 뒤로 옮겨가매 구름 기둥도 앞에서 그 뒤로 옮겨 애굽 진과 이스라엘 진 사이에 이르러 서니 저쪽에는 구름과 흑암이 있고 이쪽에는 밤이 밝으므로 밤새도록 저쪽이 이쪽에 가까이 못 하였더라 모세가 바다 위로 손을 내밀매 여호와께서 큰 동풍이 밤새도록 바닷물을 물러가게 하시니 물이 갈라져 바다가 마른 땅이 된지라 이스라엘 자손이 바다 가운데를 육지로 걸어가고 물은 그들의 좌우에 벽이 되니(출 14:15-22)

길이 끝나는 곳에서 새길을 여시는 하나님

　백창우 시인의 "길이 끝나는 곳에서 길은 다시 시작되고"라는 시가 있습니다.

> 이렇게 아무런 꿈도 없이 살아갈 수는 없지 (중략)
> 길이 없다고, 길이 보이지 않는다고 / 그대, 그 자리에 머물지 말렴
> 길이 끝나는 곳에서 길은 다시 시작되고
> 그 길 위로 희망의 별 오를 테니
> 길을 가는 사람만이 볼 수 있지 / 길을 가는 사람만이 닿을 수 있지
> 걸어가렴, 어느 날 그대 마음에 난 길 위로
> 그대 꿈꾸던 세상의 음악이 울릴 테니 (중략)
> 길은 끝나지 않았어, 끝이라고 생각될 때
> 그때가 바로, 다시 시작해야 할 때인걸

　길이 완전히 막히는 곳에 이르면 사람은 절망합니다. 또 길이 끝나는 곳에 이르러도 사람은 절망합니다. 그래서 어떤 사람은 길이 없다고 좌절하고, 또 어떤 사람은 길이 아예 막혀버렸다고 자살까지 시도합니다.

　그러나 우리는 반드시 알아야 합니다. 길이 끝나는 곳에서 오히려 새로운 길이 시작된다는 것을 말입니다. 아니, 우리 하나님께서는 길이 막히고 끝나는 곳에서 오히려 새로운 길을 열어주십니다. 성경에서도 하나님께서 길이 끝나는 곳에서 길이 다시 시작되게 하시는 것을 볼 수 있지 않습니까?

　이스라엘 백성들은 하나님이 내리신 열 가지 재앙으로 마침내 출

애굽을 하게 됩니다. 그들은 애굽 땅을 벗어나 광야를 걸어갔습니다. 얼마나 형통하고 승승장구한 길을 걸었는지 모릅니다. 참으로 그들의 사기는 하늘을 찌를 듯했습니다. 그러나 광야를 걸어가다 갑자기 홍해 앞에 서게 됩니다. 세상에 하나님께서 구름 기둥, 불기둥으로 그들을 홍해 앞으로 인도하신 것입니다.

하나님께서 홍해 앞으로 인도하시다니, 말이나 되는 소리입니까? 앞에는 홍해, 뒤에는 애굽 군대가 쫓아오고 있습니다. 앞으로 가야 하는데 길이 끊긴 것입니다. 길이 사라지고 막혀버린 것입니다. 앞에는 홍해가 있고, 뒤에는 애굽 군대가 쫓아오고 있습니다.

이제는 앞으로도 못 가고 뒤로도 못 가는 신세가 되어 버리고 말았습니다. 이러한 경우를 진퇴양난이라고 합니다. 이스라엘 백성들은 실로 진퇴양난에 빠진 것입니다. 지금 그들은 절벽 앞에 서 있습니다. 앞은 떨어지면 죽는 낭떠러지고, 뒤에서는 애굽 군대가 추격해 오는 중입니다.

그러자 이스라엘 백성들이 모세에게 온갖 원망과 불평을 내뱉습니다. "아니 도대체 애굽에 매장지가 없어서 우리를 이곳까지 끌어내 이 광야에서 죽게 합니까? 어찌하여 당신은 하는 일마다 우리를 위기 속으로 몰아넣는 것입니까? 애굽에서 우리가 말하기를 우리를 그냥 가만히 두라고 하지 않았습니까? 왜 우리를 이렇게 피곤하고 괴롭게 만든단 말입니까? 우리는 이 광야에서 죽는 것보다 차라리 애굽에 남아서 애굽 사람들을 섬기는 게 나을 뻔하였습니다"(출 14:11-12).

하나님께서 이스라엘 백성들을 홍해로 인도하신 것은, 바로를 완전히 망하게 하고 이스라엘에게는 황홀한 구원의 축복과 위대한 기적을 보여주시기 위한 계획이 있었기 때문입니다. 또한 홍해 사건을 통해 하나님만이 참 신임을 만천하에 보여주시고자 했던 것입니다.

누구도 예상치 못한 반전을 숨겨놓으셨단 말입니다.

그러나 이스라엘 백성들은 그것도 모르고 모세를 향해 불평과 원망을 퍼부었습니다. 조금 있으면 하나님께서 황홀한 구원의 드라마, 위대한 기적의 역사를 보여주실 텐데, 이스라엘 백성들은 한 치 앞도 내다보지 못하고 모세를 향해 원망과 불평을 쏟아내고 있었던 것입니다.

바로 이것이 어리석고 우둔한 인간의 한계입니다. 오늘 우리도 가끔 이러한 시험에 빠질 때가 있습니다. 우리에게 하나님이 예비하신 축복의 마스터플랜이 있음에도 우리는 당장 우리에게 다가오는 현실을 바라보며 하나님을 원망하고 불평합니다. 하나님께서 위대한 기적의 드라마와 구원의 역사, 그리고 역전의 축복을 예비해 두셨음에도 당장 원망하고 불평하는 어리석음을 범할 때가 있습니다.

그러므로 지나간 삶이 아무리 힘들고 어려웠다 할지라도 지금 이 순간에는 절대로 원망하지 말아야 합니다. 불평하지 말아야 합니다. 절망하거나 낙심하지 말아야 합니다. 주저앉거나 포기하지 말고 오직 주님만을 바라보아야 합니다. 어떤 역경과 환난 속에서도 주님이 기적을 주시고 위로를 더하실 것을 믿어야 합니다.

> ♪ 하나님 사랑의 눈으로 너를 어느 때나 바라보시고
> 하나님 인자한 귀로써 언제나 너에게 기울이시니
> 어두움에 밝은 빛을 비춰주시고
> 너의 작은 신음에도 응답하시니
> 너는 어느 곳에 있든지 주를 향하고 주만 바라볼지라

우리 하나님은 새길을 여시는 분이십니다. 어떻게 새길을 여시는 분입니까? 먼저 우리 하나님께서 이스라엘 가운데 임재하시고 운행

하셨습니다. 그리고 이렇게 말씀하셨습니다. "너희는 두려워하지 말라." 그리고 "가만히 서서 여호와 하나님께서 오늘 너희를 위하여 어떻게 구원을 행하시는지를 보라"고 하셨습니다.

> **출 14:13-14** 모세가 백성에게 이르되 너희는 두려워하지 말고 가만히 서서 여호와께서 오늘 너희를 위하여 행하시는 구원을 보라 너희가 오늘 본 애굽 사람을 영원히 다시 보지 아니하리라 여호와께서 너희를 위하여 싸우시리니 너희는 가만히 있을지니라

그러므로 우리가 어떠한 역경에 빠져도 하나님이 우리와 함께하시면 아무 걱정이 없습니다. 앞에는 홍해 바다요, 뒤에는 애굽의 군대가 추격해 온다 하더라도 하나님이 우리와 함께하시면 아무 염려가 없습니다.

왜냐하면 하나님이 우리에게 임재하시고 함께하시고 운행하시면 반드시 새길을 열어주시기 때문에 그렇습니다. 길이 끝났을지라도, 길이 막혔을지라도 다시 새길을 열어주시기 때문에 그렇습니다.

> ♪ 주 여기 운행하시네 나 경배해 주 경배해
> 주 여기 역사하시네 나 경배해 주 경배해
> 큰 길을 만드시는 주 큰 기적을 행하시는 주 그는 나의 하나님
> 약속을 지키시는 주 어둠 속의 빛이 되시는 그는 나의 하나님
> 우리 맘 만지시는 주 나 경배해 주 경배해
> 우리 맘 치료하시네 나 경배해 주 경배해
> 우리 삶 변화시키네 나 경배해 주 경배해
> 우리 맘 고쳐주시네 나 경배해 주 경배해

하나님을 향해 내민 손, 간절함과 갈망

그런데 아무리 주님이 임재하시고 운행하신다 하더라도 우리 편에서 보면 우리가 해야 할 일도 있습니다. 물론 그것은 우리가 찾아서 하는 것보다는 주님이 명령하시는 경우가 많습니다. 오늘 성경에 보니까 하나님께서 모세에게 손을 내밀라고 말씀하고 있습니다. "모세야, 너는 바다 위로 손을 내밀어라." 출애굽기 14장을 보면 이 말씀이 네 번이나 나와 있습니다.

> 출 14:16 지팡이를 들고 손을 바다 위로 내밀어 그것이 갈라지게 하라 이스라엘 자손이 바다 가운데서 마른 땅으로 행하리라

> 출 14:21 모세가 바다 위로 손을 내밀매 여호와께서 큰 동풍이 밤새도록 바닷물을 물러가게 하시니 물이 갈라져 바다가 마른 땅이 된지라

> 출 14:26 여호와께서 모세에게 이르시되 네 손을 바다 위로 내밀어 물이 애굽 사람들과 그들의 병거들과 마병들 위에 다시 흐르게 하라 하시니

> 출 14:27 모세가 곧 손을 바다 위로 내밀매 새벽이 되어 바다의 힘이 회복된지라 애굽 사람들이 물을 거슬러 도망하나 여호와께서 애굽 사람들을 바다 가운데 엎으시니

그래서 하나님 명령대로 모세가 손을 내미는 순간 가로막혀 있던 홍해 바다에 길이 열리게 된 것입니다. "십계"라는 영화를 보면 모세

가 지팡이를 들어 바다를 향하여 손을 내미니까 바다가 쫙 갈라집니다. 바다 양쪽에 벽이 생겨 버렸습니다. 그 가운데를 이스라엘 백성들이 걸어갔습니다.

어떻게 그런 기적이 일어날 수 있었단 말입니까? 바다가 육지가 되어 이스라엘이 마른 땅처럼 그 길을 걸어가다니, 세상에 이런 역사가 어디 있단 말입니까? 이거야말로 여호와 하나님만이 하실 수 있는 일 아닙니까?

아니, 그 넘실거리는 홍해 바다가 쫙 갈라져 고속도로가 되어 버렸으니, 그 길을 걸어가는 이스라엘 백성이 얼마나 감격했겠습니까? 그러니 모세와 아론, 그리고 미리암이 춤을 추며 찬양할 수밖에 없습니다. 그들은 소고까지 치며 찬양을 했습니다. 그러자 이스라엘의 모든 장로들과 두령들과 지도자들도 함께 춤을 추며 찬양했습니다.

> 출 15:20-21 아론의 누이 선지자 미리암이 손에 소고를 잡으매 모든 여인도 그를 따라 나오며 소고를 잡고 춤추니 미리암이 그들에게 화답하여 이르되 너희는 여호와를 찬송하라 그는 높고 엉화로우심이요 말과 그 탄 자를 바다에 던지셨음이로다 하였더라

그런데 여기서 이스라엘 백성들이 해야 할 일이 있었습니다. 이스라엘 백성들뿐 아니라 우리도 길이 막힐 때 반드시 해야 할 일이 있습니다. 그게 뭔지 아십니까? 바로 하나님 앞에 손을 내미는 것입니다. 하나님 앞에 손을 내민다는 것은 어떤 의미일까요? 먼저 하나님을 향한 간절함과 갈망의 의미일 것입니다.

우리가 기도할 때 그냥 기도하는 것보다 가슴에 손을 얹고 기도

하든지, 아니면 두 손을 번쩍 들고 기도할 때 더 간절한 기도를 하게 되지 않습니까? 그래서 하나님께서는 모세에게 손을 내밀라고 하신 것입니다. 그런 것처럼 우리도 길이 막힐 때 하나님 앞에 손을 내밀어야 합니다. 나의 손을 붙잡아달라고, 나의 삶을 붙잡아달라고, 하나님을 향해 손을 내밀어야 합니다. 간절함과 갈망하는 마음을 가지고 하나님을 향하여 손을 내밀어야 합니다. 내 앞에 닥쳐 있는 문제를 해결해 달라고 손을 내밀어야 합니다. 길이 끝나 버리고 막혀 있는 지점에서 하나님이 다시 새길을 열어달라고 손을 내밀어야 합니다.

> ♪ 주님여 이 손을 꼭 잡고 가소서 약하고 피곤한 이 몸을
> 폭풍우 흑암 속 헤치사 빛으로 손잡고 날 인도하소서

그뿐 아니라 손을 내민다는 말은, 이제는 순종해 하나님의 이름으로 바다를 향하여 명령하는 것입니다. 막힌 곳을 향하여 명령하는 것입니다. 길이 끝나는 지점에서 새로운 길이 열리라고 명령하는 것입니다.

명령하라고 해서 그냥 사탕발림의 말을 하는 것이 아닙니다. 하나님께 진심으로 순종하는 마음으로 최선을 다하여 명령하는 것입니다. 인간적인 차원에서 최선의 노력을 하란 말입니다. 모세가 "내가 여호와의 이름으로 명하노니, 홍해야, 갈라질지어다" 그랬을 때, 마침내 홍해 바다에 길이 활짝 열렸던 것입니다. 우리도 인생에서 홍해 바다와 같은 장애물이 있으면 명령해야 합니다. 그 어떠한 운명의 벽이 가로막고 있어도 외쳐야 합니다.

카페 니콜슨의 기적

　조앤 K. 롤링이라는 여자를 아십니까? 그녀는 1965년 영국 웨일스의 시골에서 태어나 엑서터 대학 불문학과를 졸업했습니다. 포르투갈에서 영어 강사로 일하다 결혼을 했지만 곧바로 이혼하게 됩니다. 그래서 그녀는 생후 4개월 된 딸과 함께 스코틀랜드 에딘버러에 방 한 칸을 얻어 정착했습니다.

　그러나 배가 고파서 칭얼대는 딸에게 우유 사줄 돈이 없어서 그저 물병만 입에 물리고 눈물을 흘려야 했습니다. 그리고 국가에서 주는 생활보조금 70파운드로 한 달을 살아야 했습니다. 온종일 갈 곳도 없어서 어린아이를 유모차에 태우고 거리를 하염없이 헤매었습니다.

　그러던 어느 날 공원에서 유모차를 세워놓고 벤치에 앉아 상념에 잠겨 있었는데 문득 이런 생각이 들었습니다. '내가 이렇게 인생을 허무하게 끝낼 수는 없지. 나도 소녀 시절에 가슴에 품었던 불씨가 있었는데…'

　소녀 시절 가슴에 품고 있었던 불씨가 막 살아나는 순간이었습니다. 갑자기 그녀는 글을 써보고 싶었습니다. 그녀는 소녀 직부디 글을 쓰는 것이 꿈이었던 것입니다. 조앤은 런던 뒷골목의 '니콜슨'이라는 허름한 낡은 카페 구석에 앉아 글을 쓰기 시작했습니다.

　한 손으로는 유모차를 흔들어주면서 미친 듯이 글을 써 내려갔습니다. 팔만 단어에 이르는 방대한 원고를 복사할 비용이 없어서 스스로 구식 타자기로 타이핑하면서 글을 썼습니다. 그리고 드디어 원고를 완성해 출판사에 보냈지만 모든 영국의 출판사들에서 거절을 당하였습니다.

　그래서 그녀는 독일의 한 작은 출판사에 원고를 위탁하였습니다.

그리고 책을 출판하였습니다. 그런데 이게 웬일입니까? 출간 즉시 베스트셀러가 되어 세계 최우수 아동도서로 선정된 것입니다. 그리고 이 책은 약 60여 개국 이상의 언어로 번역되어 3억 부 이상 팔리는, 출판 사상 유례가 없는 대성공을 거두었습니다.

이 책 제목이 무엇인지 아십니까? 바로 그 유명한 《해리포터》라는 책입니다. 이 원고가 책으로만 출판되었습니까? 아닙니다. 영화로도 제작되어 그녀는 이제 완전히 돈방석에 앉은 여자가 되었습니다.

우리가 살다 보면 사방으로 욱여쌈을 당할 때가 있습니다. 아무리 참고 인내해도 도무지 길이 보이지 않을 때가 있습니다. 가도 가도 끝이 없는 고난이요 광야 길뿐입니다. 그런데 그 광야 길마저도 끊기고 막혀 버릴 때가 있습니다.

그러나 그때도 하나님이 우리에게 임재하시고 운행하여 주시면 새롭게 길이 열린다는 사실을 알아야 합니다. 더구나 하나님의 명령을 따라 우리가 하나님을 향하여 손을 내밀고 순종하여 명령하면 새길이 열린다는 사실을 알아야 합니다.

하나님은 길 끝에서도 새로운 길을 만드시고, 아니 벽 속에서도 길을 만드시는 분이십니다. 우리의 길이 끝나는 곳에서 하나님의 길이 시작됩니다. 사람의 지식이 끝나는 곳에서 하나님의 말씀이 시작됩니다. 인간의 희망이 끝난 곳에서 하나님의 희망이 시작되는 것입니다. 사람이 볼 때는 벽이지만 하나님이 함께하시면 벽 속에서도 새로운 길이 열립니다.

벽을 뚫고 새길을 낸 유덕용 목사

충청도 청주에 온몸이 썩어 들어가고 있던 젊은 한센병 환자가 있었습니다. 한센병에 걸렸기 때문에 집에서는 살 수 없어 청주 무심천 다리 밑에서 피고름을 질질 흘리며 세상을 저주하며 살았습니다. 그러다 그는 여수 애양원으로 강제 수용되었습니다. 거기서 한 목사님이 이 청년에게 전도를 하였습니다. "형제여, 하나님이 당신을 사랑하십니다."

그러자 그는 이렇게 대꾸했습니다. "야, 이 목사 새끼야. 거짓말 그만해! 너는 건강해서 하나님이 사랑한다고 하지만 정말로 하나님이 나를 사랑한다면 왜 내 몸을 썩게 한단 말이냐!"

그러던 중 다리가 완전히 썩어 들어가 생명이 위태롭게 되었습니다. 그래서 어쩔 수 없이 방앗간 톱 같은 것으로 자신의 다리를 스스로 잘랐습니다. 정육점에서 소 뼈다귀를 자르듯 톱으로 자신의 다리를 윙 하고 잘라냈습니다.

얼마나 아팠는지, 그리고 얼마나 울었는지, 그는 태어나서 이때 가장 큰 소리로 울었다고 합니다. 자른 다리는 비닐로 똘똘 싸매 저 구석으로 휙 던졌습니다. 그리고 그것을 쳐다보면서 자기 인생이 너무나 저주스러워 자신의 삶을 한탄하며 엉엉 울고 있었습니다.

그때, 영화의 한 장면처럼 하얀 가운을 입은 아리따운 여간호사가 그 청년 앞에 와서 이런 말을 하는 것입니다. "형제여, 하나님은 당신을 결코 버리시지 않습니다. 하나님은 당신을 사랑하십니다. 당신이 살아서 일어나기만 한다면, 당신이 정말 살아서 일어나기만 한다면, 내가 당신과 결혼해서 당신의 아내가 되어 주겠습니다. 내가 하나님의 이름으로 약속합니다. 내가 평생 당신의 팔다리가 되어 주겠습니다. 내가 당신의 다리가 되어 주고, 당신의 팔이 되어 줄 테니 이 고통을 견디시기 바랍니다. 그리고 희망을 갖고 하나님께 기도하세요. 하나님은 형제님을 반드시 살려주시고 크게 사용해

주실 것입니다."

울고 있던 청년은 귀가 번쩍 뜨였습니다. 그 간호사의 말이 천사의 말처럼 들렸습니다. 그래서 그는 당장 일어나 이렇게 기도하였습니다. "하나님, 나는 당신이 계신지 안 계신지 모릅니다. 당신이 살아 있는지 죽어 있는지도 모릅니다. 그러나 당신이 계시고 살아 있기만 하다면, 나를 한 번만 살려주십시오. 부디 한 번만 살려주시면 저 여인과 결혼해서 행복한 삶을 살고 싶습니다. 그리고 하나님이 살려주시기만 한다면 뭐든 하겠습니다. 하나님이 시키시는 대로 다 하겠습니다."

그때 하나님께서 이 청년의 눈물을 보시고 기도를 들어주셨습니다. 마침내 그는 살아났습니다. 그리고 한센병도 고침 받았습니다. 그러나 이미 다리 하나는 잘린 상태고, 손은 다 오그라들어 있었습니다. 그럼에도 그 간호사는 약속대로 그 청년과 결혼해 주었습니다. 얼마나 고마운 여인입니까?

아내가 된 이 간호사가 남편을 설득합니다. "당장 신학 공부를 하여 목사가 되시면 좋겠습니다." 그래서 청년은 총신대학교에 지원합니다. 그런데 이게 웬일입니까? 신학교에서 한센병 전력이 있는 사람은 입학생으로 받아줄 수 없다고 냉혹하게 거절을 한 것입니다.

청년은 운동장으로 가서 땅을 치며 울었습니다. "하나님, 저는 목사가 되어 저 같은 한센병 환자들에게 복음을 전하려고 하는데, 신학교에서 저를 받아주지 않습니다. 하나님, 제가 이렇게 기도하고 교수님들께 애원을 하겠사오니 교수님들의 마음을 감동하여 주옵소서."

그렇게 눈물로 기도하고 다시 교수님들께 가서 애원하고 또 애원하였습니다. 그러자 교수님들이 회의를 하여 마침내 입학을 허락해 주었습니다. 공부를 하는 동안 글씨를 제대로 쓸 수 없어서 아내가 대신 써주며 공부를 하였습니다. 그렇게 해서 3년의 신학 과정을 마치고 졸업을 하게 되었습니다. 졸업식장에서 청년은 이런 간증을 하였다고 합니다.

"여러분, 나는 사람들로부터 부정하다고 저주를 받았던 한센병 환자였습니다. 한센병에 걸렸을 때 부모 형제는 나를 버렸지만 하나님은 나를 버리지 않으셨습니다. 여러분, 나처럼 몸이 썩어본 경험이 있습니까? 나처럼 울어본 경험이 있습니까? 이 세상에 태어나 나만큼 서러운 삶을 살아본 경험이 있습니까?"

♪ 오 주님께서 나를 살리셨네 십자가의 피로 구원하셨네
　오 주님께서 나를 고쳐주셨네 전혀 알지 못했던 은혜일세

이 간증을 듣고 그 자리에 있던 모든 학생, 교수, 내빈이 눈물을 흘렸다고 합니다. 그 이후 청년은 목사가 되어 소록도 나환자촌에 가서 목회를 하였습니다. 소록도에는 3천 명이 넘는 한센병 환자들이 계시는데, 그분들의 목자가 되어 주었습니다. 그 많은 한센병 환자들의 눈물을 닦아주고 가슴을 어루만져 주는 목회를 하였습니다.

이분이 누구인지 아십니까? 그 유명한 유덕용 목사님이십니다. 그 목사님에게는 막다른 인생의 길이 있었습니다. 너무나 높고 높은 삶의 벽이 있었습니다. 그러나 그 목사님은 인생의 길이 끝난 그 지점에서 다시 새로운 길을 열었던 것입니다. 그 높고 높은 장벽을 뚫고 새로운 인생의 길을 연 것입니다. 그분은 천사 같은 사모님과 함께 평생을 목회하시다 천국에 가셨습니다. 그리고 자녀들도 대부분 목사가 되어 아버지의 뒤를 이어가고 있습니다.

수렁 속에서 나와 새길을 열어야

얼마나 감동적인 이야기입니까? 이런 분도 길이 끝나는 지점에서 새길을 열고, 도저히 뚫을 수 없는 장벽을 뚫고 새길을 열었다면 하물며 우리는 어떠해야겠습니까? 이런 분도 이렇게 쓰임 받는 감격으로 가득했다면 이토록 건강한 우리는 어떠해야겠습니까? 인생이 힘드십니까? 길이 막혔습니까? 길이 끝났다고 생각하십니까?

그래도 저만큼 힘들었던 사람이 얼마나 있겠습니까? 저는 무슨 자리에 연연하는 사람이 아니라, 오직 한국교회를 연합시키려는 사람입니다. 제가 코로나 때문에 정부를 상대로 협상을 해봐서 압니다. 한국교회가 각자 다른 목소리를 낸다는 게 얼마나 큰 재앙이고 불행인지 저만큼 뼈저리게 느낀 사람도 없을 겁니다.

작년에 제가 얼마나 애먼 소리를 많이 들었습니까? 입에 담지도 못할 인포데믹, 가짜 뉴스들…. 그런데 저는 그런 공격을 당하는 것 때문에 힘든 게 아니라, 그런 사람들이 너무 불쌍해서 힘들었습니다. 그런 말을 하는 사람도 다 알 것입니다. 자기가 한 말들이 거짓말이라는 사실을 말입니다.

그래서 그 사람들이 가짜라는 사실을 안다고 생각하니까 그게 더 안타깝게 느껴지고, 또 그걸 믿는 사람이 있다는 걸 생각하니 더 가슴이 아팠습니다. 그러나 저는 수많은 경험이 있지 않습니까? 하나님께서는 저에게도 반드시 새길을 열어주십니다.

우리는 길이 끝나도 다시 새길을 만들면 됩니다. 다시 새길을 열면 됩니다. 길이 없어도 우리가 걸어가면 길이 되는 것입니다. 중요한 것은 우리가 그 어려운 상황 속에 빠져서는 안 된다는 사실입니다. 그 수렁 속에 빠지면 안 된다는 것입니다.

거기서 허우적거리다 보면 어느새 우리 인생이 끝나 버릴 수 있습니다. 거기서도 하나님이 함께하시면 손을 내밀면 되는 겁니다. 손을 내밀고 그 수렁 속에서 나와 새길을 내는 것입니다. 이스라엘 백성들은 하나님이 여신 새길을 춤을 추며 걸어갔다고 했습니다. 장구 치고 소고 치며 걸어갔다고 했습니다.

그들이 노래했던 주제가 무엇인지 아십니까? "우리 하나님은 우리를 위해 싸우시는 진정한 용사요, 새로운 길을 여시는 분이다. 그러므로 우리는 앞으로 어떤 상황에 직면하든지 절망해서는 안 된다. 낙심해서는 안 된다. 길이 끝난 곳에서도 하나님의 은혜로 새길을 열어야 한다. 길이 막힌 곳에서도 손을 내밀어 새길을 열어야 한다."

우리 모두 이런 믿음을 가져야 합니다. 이런 신앙을 가져야 합니다. 그래서 막혔던 길에 새길을 내야 합니다. 새길을 열어야 합니다. 새길을 만들어야 합니다. 아니, 하나님께서 새길을 열어주실 것입니다. 그 새길은 작은 길이 아닙니다. 큰 길입니다. 엄청난 길입니다. 시온의 대로입니다. 축복을 이어주는 고속도로 활주로가 될 것입니다.

♪ 주 여기 운행하시네 나 경배해 주 경배해
  주 여기 역사하시네 나 경배해 주 경배해
  큰 길을 만드시는 주 큰 기적을 행하시는 주 그는 나의 하나님
  약속을 지키시는 주 어둠 속의 빛이 되시는 그는 나의 하나님
  우리 맘 만지시는 주 나 경배해 주 경배해
  우리 맘 치료하시네 나 경배해 주 경배해
  우리 삶 변화시키네 나 경배해 주 경배해
  우리 맘 고쳐주시네 나 경배해 주 경배해

17.
절망의 바람에 희망의 연을 날려라

끝날에 이르러는 여호와의 전의 산이 산들의 꼭대기에 굳게 서며 작은 산들 위에 뛰어나고 민족들이 그리로 몰려갈 것이라 곧 많은 이방 사람들이 가며 이르기를 오라 우리가 여호와의 산에 올라가서 야곱의 하나님의 전에 이르자 그가 그의 도를 가지고 우리에게 가르치실 것이니라 우리가 그의 길로 행하리라 하리니 이는 율법이 시온에서부터 나올 것이요 여호와의 말씀이 예루살렘에서부터 나올 것임이라 그가 많은 민족들 사이의 일을 심판하시며 먼 곳 강한 이방 사람을 판결하시리니 무리가 그 칼을 쳐서 보습을 만들고 창을 쳐서 낫을 만들 것이며 이 나라와 저 나라가 다시는 칼을 들고 서로 치지 아니하며 다시는 전쟁을 연습하지 아니하고 각 사람이 자기 포도나무 아래와 자기 무화과나무 아래에 앉을 것이라 그들을 두렵게 할 자가 없으리니 이는 만군의 여호와의 입이 이같이 말씀하셨음이라 (미 4:1-4)

1%의 희망만 있다면

랜스 암스트롱이 쓴 《1%의 희망》이라는 책이 있습니다. 그는 사이클 선수였는데 고환암에 걸리고 맙니다. 사이클 선수가 고환암에 걸리면 어떻게 되겠습니까? 그러나 그는 고환암을 극복하고 사이클 대회에 나가 무려 7연패를 달성하였습니다. 참으로 위대한 인간 승리 중의 승리라고 할 수 있습니다.

그가 고환암을 극복하고 7연패를 달성한 비결이 어디 있는 줄 아십니까? 1%의 희망 때문이었다는 것입니다. 담당 의사는 그가 암을 이길 수 있는 확률은 딱 1%라고 하였다고 합니다. 그런데 그는 그 1%를 희망으로 삼고 도전에 도전을 거듭하였던 것입니다.

보통 사람들은 치료할 수 있는 확률을 1%라고 이야기하면 다 포기해 버리고 맙니다. 그러나 그는 그렇지 않았습니다. 바로 그 1%에 희망을 걸었던 것입니다. 그는 사이클 대회뿐 아니라 철인 3종 경기에 나가서도 우승하였습니다. 그 비결이 무엇이었겠습니까? 그 원동력이 무엇이었겠습니까? 1%의 확률에 도전하였기 때문입니다.

그는 1996년에 고환암 진단을 받았습니다. 그런데 이 암세포가 가슴과 뇌까지 침투하여 담당 의사로부터 생존 확률이 높아야 3%라는 소견을 받았습니다. 이런 사망 선고에도 그는 삶을 포기하지 않았습니다.

한쪽 고환을 잘라내고 뇌를 절단하는 등의 대수술을 하였습니다. 그리고 16개월의 항암 치료와 투병의 세월을 이겨내고 복귀하여 투르 드 프랑스 대회에서 우승하였습니다. 그리고 그는 2005년까지 내리 7연패의 위업을 달성하며 미국의 영웅이 되었던 것입니다.

이 책에 보면 이런 말이 나옵니다. "나에게 1%의 희망만 주어져도 나는 그 희망을 위해 달린다." 그는 단 1%의 희망을 가지고 달리고 달려서 일곱 번이나 승리를 했습니다. 그 1%의 희망이 죽음도 이겼을 뿐 아니라 멋진 인간 승리를 일궈낸 것입니다.

사람들은 보통 희망이 1%밖에 없다면 당장 포기해 버리고 맙니다. 그러나 그는 그러지 말라는 것입니다. 1%의 희망만 있어도 그 희망을 위해 달리라고 합니다. 그러면 죽음도 이기고 위대한 인간 승리를 할 수 있다는 것입니다.

물론 그가 사이클 경기를 앞두고 약물 복용을 한 것은 사실입니다. 그러면서도 약물 복용을 안 했다고 거짓말을 하였습니다. 그래서 수상 실적과 상금을 박탈당한 것도 사실입니다. 그러나 고환암을 극복하고 사이클 경기에 도전하여 수많은 암 환자들에게 희망을 주었다는 것만큼은 정말 대단한 일입니다.

그가 거짓말만 안 했다면 더 좋았겠지만 1%의 희망을 가지고 고환암을 극복하고 사이클 대회에 도전한 것만큼은 우리에게 도전이 되어야 합니다. 오늘 우리에게는 몇 퍼센트의 희망이 있습니까? 99%, 100%의 희망이 있습니다.

아니, 저는 더 도전되는 메시지를 주고 싶습니다. 설사 1%의 희망도 없고 전적인 절망의 바람만 불어오더라도, 그때 그 절망의 바람에 희망의 연을 날리라고 말입니다. 절망의 바람이 불어올수록 그 바람에 희망의 연을 날리라는 것입니다.

제가 어린 시절에는 시골에서 연을 날렸습니다. 연은 그냥 날릴 수가 없습니다. 바람이 불어야 날릴 수 있습니다. 바람이 안 불면 뛰어가면서 연을 날려야 했습니다. 그러나 아무리 뛰고 뛰어도 그 연은 높이 날릴 수가 없습니다.

연을 높이 날리려면 바람이 불어야 합니다. 그때는 겨울바람이 얼마나 매서웠는지 모릅니다. 얼마나 혹독했는지 모릅니다. 그래서 그 칼바람에 손이 시려 손을 입김으로 호호 불며 연을 날렸습니다. 그래도 그 매서운 바람 때문에 연을 높이 날릴 수 있었던 것입니다.

당신에게 절망의 바람이 불어옵니까? 단 몇 퍼센트의 희망도 보이지 않은 채 혹독하고 매서운 절망의 바람이 불어오고 있습니까? 낙심이라고 하는 매서운 바람이 불어옵니까? 그럴 때는 하나님 자신을 나의 꿈으로 삼으면 됩니다. 하나님의 비전이 나의 꿈이 되면 됩니다. 그때 비로소 우리가 그 절망의 바람에 예수 그리스도라는 희망의 연을 날릴 수 있는 것입니다.

> ♪ 하나님의 꿈이 나의 비전이 되고
> 예수님의 성품이 나의 인격이 되고
> 성령님의 권능이 나의 능력이 되길
> 원하고 바라고 기도합니다

타조는 어떻게 우는가

미가 선지자는 주전 8세기경 활동했던 사람입니다. 이 시기에 이스라엘은 내우외환으로 큰 위기를 맞고 있었습니다. 내부적으로는 영적으로 피폐하고 도덕적으로 매우 타락했던 때입니다. 외부적으로는 앗수르라는 초강대국이 부상하며 이스라엘을 위협하고 있었습니다. 이런데도 북왕국 이스라엘은 북왕국 이스라엘대로, 남왕국 이스라엘은 남왕국 이스라엘대로 타락하여 갔습니다.

미가 선지자와 이사야 선지자는 동시대에 활동했던 인물입니다. 그러나 미가 선지자는 이사야 선지자와 매우 대조적인 인물입니다.

이사야는 귀족 출신이고 학식도 뛰어나고 정치적인 배경도 든든하였습니다. 그러나 미가 선지자는 시골뜨기인 데다 천한 가문 출신이었습니다. 성경은 그의 아버지가 누구인지, 어느 집안 출신인지도 소개하지 않습니다. 단지 그가 모레셋이라는 작은 시골 마을 출신이라고만 언급합니다.

> **미 1:1** 유다의 왕들 요담과 아하스와 히스기야 시대에 모레셋 사람 미가에게 임한 여호와의 말씀 곧 사마리아와 예루살렘에 관한 묵시라

그래서 그의 표현에는 다소 투박하고 원초적인 분위기가 있습니다. 남왕국 유다와 북왕국 이스라엘의 현실이 얼마나 절망적이었으면 이런 표현을 썼겠습니까만, 그가 얼마나 애통했던지 벌거벗은 몸으로 행하며 들개같이 애곡하고 타조같이 애통한다고 표현하지 않습니까?

> **미 1:8** 이러므로 내가 애통하며 애곡하고 벌거벗은 몸으로 행하며 들개같이 애곡하고 타조같이 애통하리니

얼마나 현실적으로 불어닥친 상황이 기가 막혔으면 벌거벗은 몸으로 행하고 들개와 같이 애곡하고 타조처럼 애통하였겠습니까?

남왕국 유다와 북왕국 이스라엘이 힘을 합쳐도 앗수르를 상대하기가 버거울 텐데, 지금 이스라엘은 두 동강이 나서 서로가 정죄하고 증오의 카르텔을 쌓고 있었습니다. 그러면서 두 나라는 하나님을 섬기지 않고 우상을 섬기고 있었습니다. 그러니 미가 선지자는 알몸으로 애통하는 것도 모자라 들개처럼 애곡하고 타조처럼 애통한다는 것입니다.

여기서 들개는 자칼이라는 말로도 번역이 가능하고, 늑대라는 말로도 번역이 가능한 동물입니다. 그리고 타조는 여기서 어미 잃은 타조 새끼들을 의미합니다. 타조 새끼들이 어미를 잃었다면 얼마나 구슬프게 울어댔겠습니까?

두 동물은 공통된 특징이 있습니다. 주로 어두운 밤에 구슬프게 울어댑니다. 늑대는 밤에 어떻게 웁니까? "어우~" 그 늑대 소리가 얼마나 구슬프게 들리는지 모릅니다. 타조 새끼들의 경우는 물론 낮에도 어미를 찾아 울겠지만, 밤에 어미를 찾는 울음소리는 훨씬 더 구슬프게 들립니다.

그런데 제가 타조의 울음소리를 검색해 보니 타조에게는 성대가 없다고 합니다. 그래서 보통은 소리를 내지 않는다고 합니다. 어쩌다 타조가 소리를 낼 때는 우두머리 수컷만 소리를 냅니다. 성대는 없지만, 목에다 공기를 많이 집어넣은 다음 공기를 확 빼면서 "우욱~ 우욱~" 이렇게 운다는 것입니다.

그런데 이것은 다른 수컷과 암컷들에게 자기가 1인자라는 걸 과시하기 위해서 내는 소리라고 합니다. 그러나 성경이 말하는 것은 그런 수컷의 울음이 아니라 엄마를 잃어버린 타조 새끼의 울음이라는 겁니다.

그러면 타조 새끼는 어떻게 울었을까요? 둘 중 하나입니다. 잃어버린 엄마를 찾기 위해 본능적으로 목에 공기를 마구마구 넣은 다음 공기를 배출하면서 "우욱~ 우욱~ 우욱~" 했거나, 아니면 소리를 낼 수 없으니 온몸으로 울지 않았겠습니까?

저는 성대 수술을 두 번이나 하였기 때문에 이러한 형편을 이해할 수 있을 것 같습니다. 말은 해야 하는데 성대에 칼질을 했으니 어떻게 말을 합니까? 그러니까 온몸으로 말을 할 수밖에요. 그래서 저는 심방을 할 때 칠판을 갖고 다녔습니다. 그리고 온몸으로 저의 마음을 전했습니다.

만약에 타조 새끼가 그렇게 온몸으로 울었다면, 미가 선지자의 표현이 더 역설적이고 더 애절하게 느껴지지 않았겠습니까? 차라리 늑대처럼 "어우~" 하고 울면 좋겠지만, 새끼 타조는 소리도 못 낸단 말입니다. 그러니 얼마나 역설적이고도 애절한 애통이며 애곡입니까?

말을 하고 싶어도 할 수 없는 심정, 소리쳐 애통하고 싶어도 할 수 없는 상황, 그 얼마나 가슴 아프고 애타는 상황이겠습니까? 저는 이러한 미가의 표현을 통해서 하나님의 처절한 심정이 느껴집니다. 벙어리가 되어도 온몸으로 애통하고 애곡하고 싶어 하는 심정 말입니다.

> ♪ 주여 주여 나의 죄를 위하여 주여 주여 십자가를 지셨네
> 나의 생명 다하여 주를 위해 살리라
> 벙어리가 되어도 애곡하며 살리라 찬양하며 살리라

들개처럼, 타조처럼 애곡한 미가 선지자

미가 선지자는 하나님의 영의 감동으로 미가서를 썼습니다. 미가 자신이 스스로 이런 슬픈 감정에 젖어서 쓴 게 아니라 성령의 감동으로 미가서를 썼습니다. 그러므로 그는 성령의 감동으로 자신의 의복을 벌거벗고 온몸으로 애곡을 하고 있는 것입니다. 저 자칼이나 늑대처럼 소리를 내서 애곡을 하기도 하고, 어미 잃은 타조 새끼들처럼 소리 없는 소리, 혹은 본능적으로 짜내는 울음을 내뱉듯이 애통을 한다는 것입니다.

미가 선지자는 왜 이렇게 애통해야 합니까? 아니, 하나님께서 왜

이렇게 애통해야 한단 말입니까? 이스라엘이 두 동강이 난 상태에서 하나님을 버리고 우상을 섬기고 있는 짓거리들을 바라보고 있기 때문입니다. 그리고 두 나라가 서로 비난하고 공격하고 분열과 증오의 카르텔을 쌓고 있었기 때문입니다.

그 모습을 보고 우리 하나님이 얼마나 마음 아파하셨는지 모릅니다. 그런 하나님의 마음을 미가는 이렇게 표현한 것입니다. 자신이 벌거벗은 몸으로 행하며 들개같이 애곡하고 타조같이 애통한다는 것입니다. 이것이야말로 동시대의 상황 속에서 예언자의 가슴과 하나님의 가슴이 만나는 말씀이 아니겠습니까?

저는 이러한 상황을 지금 우리 한국교회와 연결해 보고 싶습니다. 수많은 불신자들로부터 욕을 먹고 젊은이와 지성인들로부터 외면당하고 있는 한국교회. 그럼에도 계속 분열과 증오의 카르텔을 쌓고 서로 비난하고 공격하는 모습을 보고 하나님은 얼마나 가슴 아파하실까….

우리에게 그런 하나님의 마음이 전달되고, 우리가 그 하나님의 마음을 느끼고 있다면 어떻게 우리가 분열할 수 있겠습니까? 어떻게 서로가 서로를 비난할 수 있겠습니까? 어떻게 온갖 거짓말을 다 동원해서 서로를 공격할 수 있단 말입니까? 결국 하나님의 마음을 느끼지 못해서 그런 것이 아닐까요? 오로지 그 내면을 자기 자신이라는 우상이 다스리고 있으니까 그러지 않겠습니까?

우리가 신앙생활하면서 하나님의 마음을 느끼는 것이 얼마나 중요한지 모릅니다. 하나님의 아픈 가슴이 내 아픈 가슴이 되고, 하나님의 애곡이 내 애곡이 되며, 하나님의 애통이 나의 애통이 되어야 합니다. 그래야 우리가 하나님을 위해 일어날 수 있고, 하나님을 위해 일할 수 있는 것입니다.

♪ 아버지 당신의 마음이 있는 곳에 나의 마음이 있기를 원해요
아버지 당신의 눈물이 고인 곳에 나의 눈물이 고이길 원해요
아버지 당신이 바라보는 영혼에게 나의 두 눈이 향하길 원해요
아버지 당신이 울고 있는 어두운 땅에
나의 두 발이 향하길 원해요
나의 마음이 아버지의 마음 알아 내 모든 뜻
아버지의 뜻이 될 수 있기를
나의 온몸이 아버지의 마음 알아 내 모든 삶 당신의 삶 되기를

그런데 정말 놀라운 일은 미가가 이런 하나님의 마음을 느끼고 이렇게 표현하면서도, 절망에 머무르지 않았다는 사실입니다. 그 절망의 한복판에서 희망을 이야기하고 있다는 것입니다. 어떻게 희망을 이야기하고 있습니까? 어떤 희망의 메시지를 주고 있습니까?

하나님께서 먼저 그런 무지몽매한 이스라엘 백성들을 가르치신다는 것입니다. 하나님의 말씀을 가르치고 축복의 도를 가르치신다는 것입니다. 그래서 마침내 하나님의 거룩한 율법이 시온에서 나오고 여호와의 말씀이 예루살렘에서 나올 것이라는 것입니다.

미 4:2 …그가 그의 도를 가지고 우리에게 가르치실 것이니라 우리가 그의 길로 행하리라 하리니 이는 율법이 시온에서부터 나올 것이요 여호와의 말씀이 예루살렘에서부터 나올 것임이라

그뿐입니까? 하나님께서는 칼을 쳐서 보습을 만들고 창을 쳐서 낫을 만들게 하겠다는 것입니다. 그래서 이제는 그들이 전쟁터에 끌려가지 않고 자기 포도나무 아래와 자기 무화과나무 아래에 앉아

있게 하신다는 것입니다.

> **미 4:3-4** 그가 많은 민족들 사이의 일을 심판하시며 먼 곳 강한 이방 사람을 판결하시리니 무리가 그 칼을 쳐서 보습을 만들고 창을 쳐서 낫을 만들 것이며 이 나라와 저 나라가 다시는 칼을 들고 서로 치지 아니하며 다시는 전쟁을 연습하지 아니하고 각 사람이 자기 포도나무 아래와 자기 무화과나무 아래에 앉을 것이라 그들을 두렵게 할 자가 없으리니 이는 만군의 여호와의 입이 이같이 말씀하셨음이라

무슨 말씀입니까? 전쟁이 없는 세상을 만들어 주겠다는 것입니다. 칼을 쳐서 보습을 만들게 하겠다고 하지 않습니까? 칼을 녹여 쟁기의 보습을 만들게 하겠다는 것입니다. 그리고 창을 쳐서 낫을 만들게 하겠다는 겁니다. 그래서 서로 전쟁하지 않고 평화로운 세상을 누리게 하겠다고 합니다.

그러므로 그런 절망의 세상에서도 희망을 말하라는 것입니다. 아니, 희망을 말할 뿐 아니라 희망의 전도사로 살라는 것입니다. 아니, 절망의 바람이 불면 불수록 희망의 연을 날리라는 것입니다.

'호프'(HOPE) 처방전의 치유력

희망이 얼마나 중요한 줄 아십니까? 잭 캔필드라는 사람이 《가장 절망적일 때 가장 큰 희망이 온다》라는 책을 썼습니다. 이 책을 보면 서로 절친인 암 전문의 두 사람이 주고받는 간단한 대화가 나옵니다.

한 의사가 자기 친구 의사에게 이렇게 말합니다. "나는 도대체 이해가 안 돼. 자네나 나나 전이성 암 환자에게 약을 똑같은 양만큼,

똑같은 일정에 따라, 똑같은 용도로 처방을 하지 않는가? 그런데 왜 나는 22퍼센트밖에 성공을 하지 못하고, 자네는 74퍼센트나 성공을 하지? 자네 무슨 비결이라도 따로 있나?"

그러자 그 친구 의사가 이렇게 말합니다. "여보게, 자네나 나나 똑같은 약을 똑같은 양만큼 처방하고 있는 건 사실이지. 우리가 전이성 암 환자에게 처방하는 약은 에토포사이드(Etoposide), 플라티눔(Platinum), 온코빈(Oncovin), 히드록시우레아(Hydroxyurea) 이 네 가지뿐이야. 나도 자네가 처방하는 그대로 환자에게 처방하고 똑같은 약을 주고 있지. 그런데 자네는 아마 틀림없이 그 약을 줄 때 환자에게 '이 약은 에포(EPOH)라는 약입니다'라고 말할 거야."

여기서 '에포'(EPOH)란, 그들이 처방한 네 가지 약의 첫자를 따서 줄인 말입니다.

그는 계속해서 말합니다. "그러나 나는 에포를 처방할 때 회복 가능성이 없는 사람일수록 '에포'(EPOH)라는 단어를 거꾸로 한 '호프'(HOPE)라는 처방도 함께 해주지."

'에포'(EPOH)라는 단어의 철자를 거꾸로 하면 '호프'(HOPE) 곧 '희망'이 되지 않습니까? 즉, 그 의사는 '에포'라는 약과 함께 '호프'라는 특별한 처방을 해주었던 것입니다. 그런데 에포만 처방한 사람은 22퍼센트의 효과를 보고, 호프를 함께 처방한 사람은 74퍼센트, 때로는 80퍼센트까지 성공을 했다는 것입니다. 희망이라는 처방이 이렇게 중요합니다. 문병란 시인의 "희망가"라는 시가 있습니다.

얼음장 밑에서도 / 고기는 헤엄을 치고
눈보라 속에서도 / 매화는 꽃망울을 튼다. (중략)
꿈꾸는 자여, 어둠 속에서 / 멀리 반짝이는 별빛을 따라

긴 고행길 멈추지 말라.
인생항로 / 파도는 높고 / 폭풍우 몰아쳐 배는 흔들려도
한 고비 지나면 / 구름 뒤 태양은 다시 뜨고
고요한 뱃길 순항의 내일 꼭 찾아온다.

참 아름다운 시입니다. "얼음장 밑에서도 고기는 헤엄을 치고 눈보라 속에서도 매화는 꽃망울을 튼다." 얼마나 희망적인 시입니까? 물론 저도 이에 못지않은 시를 썼습니다. 미연방 하원의원을 지내신 김창준 장로님의 출판기념식에서 제가 축시를 낭독한 적이 있습니다. 그 일부를 소개해 드립니다.

저녁 석양이 아름다운 것은…
아침으로 가는 길목, 붉은 여명을 향한 기대와 희망의 별빛이
새벽이슬처럼 빛나고 있기 때문이거니

김창준 전 의원이여
미국 교과서에 실린 아메리칸 드림의 상징이여
이제 대륙의 그 거친 역사의 지평 위에
찬란하게 빛나는 희망의 수레를 이끌어 가소서

세계를 향한 조국 웅비의 거대한 비전을 품고
저 광활한 세계의 창공을 향하여 희망의 연을 높이 날리소서
바람이 거세게 불어오고 흔들수록 희망의 연은 더 높이 날아오르리니
희망의 줄을 더 굳게 붙잡고 폭풍의 하늘을 비상하소서

그뿐입니까? 방탄소년단(BTS)도 카타르 월드컵 개막식에서 "드리머스"(Dreamers)라고 하는 노래를 부르지 않았습니까? 세상에 이 노래가 카타르 한복판에서 한국어로 자막이 떴다는 것 아닙니까? "우리가 누군지 봐. 우리는 꿈꾸는 사람들이야. 우리는 이뤄낼 거야. 왜냐하면 우리는 믿으니까. 우리가 누군지 봐. 우리는 꿈꾸는 사람들이야. 우리는 이뤄낼 거야. 왜냐하면 우리는 볼 수 있으니깐…" 이런 걸 보면 우리 대한민국이 얼마나 축복받은 나라인지 모릅니다.

그렇다고 미가서는 무턱대고 그냥 꿈, 희망만을 외치지 않습니다. 미가 선지자는 우리가 어떻게 꿈을 꿔야 할 것인가를 말씀하고 있습니다. 그러면 어떻게 희망의 연을 날리라는 것입니까? 하나님의 성전으로 나아와 꿈을 꾸고 희망의 연을 날리라는 것입니다.

> 미 4:2 곧 많은 이방 사람들이 가며 이르기를 오라 우리가 여호와의 산에 올라가서 야곱의 하나님의 전에 이르자

여호와의 산에 올라가서 꿈을 꾸고 희망을 말할 때 하나님께서 마침내 그의 도를 가르쳐주신다는 것입니다. 희망의 도를 가르쳐주시고, 축복의 도를 가르쳐주시고 승리와 평강의 도를 가르쳐주시겠다는 것입니다.

그래서 이제는 시온에서 하나님의 거룩한 율법이 나오고 예루살렘에서 하나님의 말씀이 나오는 세상을 만들어 주시겠다는 것입니다. 왜냐하면 하나님 자신이 진정한 소망과 희망이 되시기 때문입니다. 우리의 삶과 상황에 1퍼센트의 희망도 보이지 않는다 하더라도 예수 그리스도가 우리의 희망이 되시기 때문입니다. 그래서 이런 희망가가 있습니다.

♪ 이 풍진 세상을 만났으니 우리의 희망이 무엇인가
　부귀와 영화를 누렸으면 희망이 족할까
　여러분 모두 예수 믿어요 그분이 우리의 희망이요
　세상만사는 춘몽이니 예수를 믿읍시다

　카피라이터 노수봉 씨가 《뜨끔뜨끈 광고회사인 메모장》이라는 책을 썼습니다. 거기에 보면 인턴사원에 대한 이야기가 소개됩니다. 그는 인턴사원의 '인턴'을, '참을 인, 되돌아갈 턴'이라고 설명했습니다.
　참고 참고 또 참으면 정직원이 될 것이라는 작은 희망에 다시 한 번 참고 참고 또 참다가 결국은 무직으로 돌아가는 직업 아닌 직업, 심한 고문만 당하다 눈치에 비명 한 번 못 지르고 금쪽같은 청춘의 시간만 다 내어주는 숭고한 직급이 인턴사원이라는 것입니다. 혹은 비정규직 사원입니다.
　그러나 또 현실은 그렇다 할지라도 우리에게는 진정한 희망이 있습니다. 세상의 소망을 넘은 진정한 소망이 있습니다. 그 소망 자체가 누구이십니까? 우리 하나님이요, 예수 그리스도이십니다.
　그래서 오늘 미가 선지자는 하나님을 희망으로 삼자고 합니다. 그래서 하나님의 성전으로 모여 진정한 소망을 갖고 꿈을 꾸자고 하는 겁니다.
　정말로 하나님을 소망으로 삼고 예수 그리스도를 참된 희망으로 삼는 사람은 1퍼센트의 희망만 있어도 그 희망을 붙잡고 달려갑니다. 아니, 1퍼센트의 희망이 아니라 절망의 바람에도 희망의 연을 날리게 됩니다.

"바보야, 결론은 후반전이야"

우리 가운데 송명희 시인을 모르는 사람은 없을 것입니다. 그는 어릴 때부터 뇌성마비 환자로 살았습니다. 그러니 그녀에게 무슨 낙이 있고 희망이 있었겠습니까? 그러나 그녀는 하나님을 만났습니다. 예수 그리스도가 자신의 인생의 구주요, 희망이요, 소망이라는 사실을 알았습니다. 그래서 그는 이런 시를 쓰지 않았습니까? 그리고 이 시는 아름다운 노래로 불리게 되었습니다.

> ♪ 나 가진 재물 없으나 나 남이 가진 지식 없으나
> 나 남에게 있는 건강 있지 않으나 나 남이 없는 것 있으니
> 나 남이 못 본 것을 보았고 나 남이 듣지 못한 음성 들었고
> 나 남이 받지 못한 사랑 받았고 나 남이 모르는 것 깨달았네
> 공평하신 하나님이 나 남이 가진 것 나 없지만
> 공평하신 하나님이 나 남이 없는 것 갖게 하셨네

송명희 시인은 자신의 삶에 불어닥친 절망의 바람에 희망의 연을 날린 사람입니다. 송명희 시인이 그랬다면 우리는 어떠해야겠습니까? 우리는 100퍼센트의 가능성을 가지고 있는 사람들입니다.

송명희 시인도 이런 꿈을 꾸고 희망의 연을 날렸다면 우리가 무엇을 못 하겠습니까? 100퍼센트의 가능성이 있는 데다 예수 그리스도가 우리의 희망이고 하나님이 우리의 참된 소망이라면 우리가 어떤 꿈을 꾸지 못하겠습니까?

비록 우리의 삶의 한복판에 절망의 바람이 불어닥치고 냉혹한 낙심의 바람이 불어오더라도 우리는 모두 예수 그리스도라는 희망의

연을 날려야 합니다. 예수 그리스도 안에 있는 우리의 모든 꿈과 희망을 날려야 합니다. 그럴 때 우리 하나님께서 우리에게 승리의 도를 가르쳐주실 것입니다. 축복의 도를 가르쳐주실 것입니다. 칼을 쳐서 보습을 만들고 창을 쳐서 낫을 만들게 하심으로 평화와 풍요의 축복을 얻게 하실 것입니다.

이런 이야기를 하면 '저는 나이를 많이 먹었으니 꿈 같은 건 그만 꾸고 그냥 적당히 살다 죽겠습니다'라고 생각하는 분이 계실지 모르겠습니다. 그러나 저는 그런 분에게 이런 말을 하고 싶습니다. "바보야, 결론은 후반전이야." 이 책은 제가 매우 존경하는 두상달 장로님께서 쓰신 책의 제목이기도 합니다.

제가 이 책을 100권을 사서 부교역자들에게 반드시 읽으라고 나누어주었습니다. 두 장로님에 의하면 진짜 인생은 하프타임을 지나 후반전부터 시작된다고 합니다. 그러므로 인생의 후반전에 임하는 분들도 희망의 연을 날리셔야 합니다. 쟁기의 보습과 낫으로 쓰임 받으셔야 합니다.

그러므로 이제 주님께 더 가까이 나아가야 합니다. 주의 성전으로 달려와야 합니다. 더 주님을 붙잡아야 합니다. 주님께서 새로운 은혜를 부어주실 것입니다. 우리를 붙잡아주실 것입니다. 우리를 이끌어 주실 것입니다. 독수리가 날개 치며 올라가듯 주님과 함께 날아가게 하실 것입니다.

♪ 주 사랑 나를 붙드시고 주 곁에 날 이끄소서
　독수리 날개 쳐 올라가듯
　나 주님과 함께 일어나 걸으리 주의 사랑 안에

누구나 생은 처음이니까
하나님의 마음 만짐

1판 1쇄 인쇄 _ 2023년 9월 5일
1판 1쇄 발행 _ 2023년 9월 12일

지은이 _ 소강석
펴낸이 _ 이형규
펴낸곳 _ 쿰란출판사

주소 _ 서울특별시 종로구 이화장길 6
편집부 _ 745-1007, 745-1301~2, 743-1300
영업부 _ 747-1004, FAX 745-8490
본사평생전화번호 _ 0502-756-1004
홈페이지 _ http://www.qumran.co.kr
E-mail _ qrbooks@daum.net / qrbooks@gmail.com
한글인터넷주소 _ 쿰란, 쿰란출판사
페이스북 _ www.facebook.com/qumranpeople
인스타그램 _ www.instagram.com/qrbooks
등록 _ 제1-670호(1988.2.27)
책임교열 _ 이주련·오완

ⓒ 소강석 2023 ISBN 979-11-6143-862-7 03230

책값은 뒤표지에 있습니다.
이 출판물은 저작권법에 의해 보호를 받는 저작물이므로 무단 복제할 수 없습니다.
파본(破本)은 구입처에서 교환해 드립니다.